Selvarajan Yesudian

Selbstvertrauen durch Yoga

Selvarajan Yesudian

Selbstvertrauen durch Yoga

Mit Illustrationen und Zeichnungen des Verfassers

Aquamarin Verlag

ISBN 978-3-89427-828-1

Voglherd 1 D-85567 Grafing
www.aquamarin-verlag.de

Umschlagestaltung: Annette Wagner

Druck: CPI • Birkach

Inhaltsverzeichnis

Vorwort

Der Verfall in der heutigen Zeit ist bedruckend. Das irrsinnige Jagen nach einer in der vergänglichen Welt vermuteten Sicherheit verwirrt den Menschen; es lässt ihn nach einem Trugbild greifen, das ihm von seiner Einbildungskraft vorgegaukelt wird. Er ist zu einem Träumer im Reich der Täuschung geworden. Er ist ein Nachtwandler auf den schneebedeckten Firsten von Wolkenkratzern, und jeden Augenblick kann er stürzend im Abgrund untergehen. Die stofflich-sinnliche Welt, auf der er sein ganzes Leben aufgebaut hat, ist mehr als einmal von Erdbeben erschüttert worden, und mehr als einmal ist sein auf Treibsand errichtetes Gebäude über Nacht versunken. Was bedeuten diese Zeichen der Zeit? Wohin führen diese Ereignisse? Was ist diese Stimme, welche alle Augenblicke aus den sich zuspitzenden Begebenheiten ihre Warnrufe erschallen lässt? Was dieser furchtbare Griff einer unsichtbaren Hand, die uns nicht loslässt, uns Schmerz und Gram auferlegt, uns den Sinn beugt und ihn zur Einsicht zwingt?

Wir lernen durch Yoga erhobenen Hauptes zu gehen. Wir lernen, unsere Augen zu öffnen, das Leben zu sehen und unseren Blick zum weiten Horizont zu erheben. Wir lernen aufrecht zu stehen und furchtlos der Zukunft zu begegnen. Wir lernen, dass Schicksal nichts anderes ist, als die Wirkung unserer Taten. Wir lernen die Natur zu besiegen und sie zu unserer treuen Dienerin zu machen. Wir lernen, des Lebens Schönheit zu sehen. Wir lernen, die Burg der Finsternis zu verlassen und unser wahres Erbteil der Freiheit anzutreten. Wir lernen die Göttlichkeit der Schöpfung kennen. Wir lernen, die Göttlichkeit des Menschen zu sehen. Wir lernen, ihres eigenen Wertes und ihrer Göttlichkeit bewusste Menschen zu sein.

Wir hoffen, dass Yoga, jene alte Wissenschaft der Selbsterziehung, soweit als möglich allen zugänglich wird: Den Alten und den Jungen, den Einfachen und den Gebildeten. Wir hoffen, ihn dem Mann des Glaubens, dem Mann der Tat, dem Mann, der die ungeheuren Naturkräfte in sich erkennt und diese beherrschen will, und dem Philosophen so deutlich wie möglich darzustellen. Wir hoffen klarzumachen, dass es sich nicht um eine orientalische Zauberei oder Hypnose handelt, um okkulte Kräfte zu erlangen. Wir wünschen, den Begriff des Yoga von allen solchen falschen Vorstellungen zu befreien, um ihn in seinem wahren Licht der Reinheit und der Kraft zu zeigen. Wir möchten verkünden, dass Yoga ein gemeinschaftlicher Besitz der Menschheit und keinesfalls nur das Eigentum eines alten Volkes ist. So wie ein Mensch, der auf eine lange Reise geht, sich dafür ausrüstet, so stattet Yoga den Menschen aus für die Lebensreise, indem er jedem den ihm angemessenen Weg zum höchsten Ziel, der Glückseligkeit, weist.

Wie weit voneinander wir auch verstreut leben mögen, wir sind doch Glieder jener starken Kette der Liebe, verbunden in einer gemeinsamen Bruderschaft. Wo immer wir sind, ist sie wirksam in jenem gemeinsamen Bestreben, zu helfen statt zu hindern, aufzubauen statt zu vernichten, Frieden und Licht zu bringen statt Krieg und Vernichtung.

Zweck dieses Werkes ist die Ausbildung des Einzelnen. Hier liegt, wie wir glauben, der einzige Weg, wodurch man der Allgemeinheit näher kommen und auf sie einwirken kann. Wir sind deshalb immer dankbar, wenn Menschen uns in der Verbreitung unserer positiven Gedanken helfen wollen. »Menschen zu schaffen« – selbstbestimmte Menschen – ist unser Ziel. Wenn ein Mensch kraftvoll bis ins Mark, wenn ein Einzelner furchtlosen Geistes und seiner Würde bewusst wird, ist das mehr wert als Tonnen theoretischer Erkenntnis. Was wir brauchen, sind aufrichtige Männer, Frauen und Kinder, welche bereit sind, die träge Vergangenheit abzuschütteln und für das Wohl anderer zu wirken. Yoga betont immer wieder nachdrücklich, dass die einzige Hilfe, welche wir der Welt geben können, darin besteht, dass wir zuerst uns selbst helfen. Erst wenn ich selbst stark, furchtlos und unabhängig bin, bin ich in der Lage, auch in anderen den Drang zu erwecken, ebenfalls so zu werden, aber niemals vorher. Einmal erwacht, wird der Einzelne den Leitgedanken seines Lebens dem Beispiel entnehmen, das er vor Augen hat. Unser Ziel ist also Selbsterziehung. Gib einer Eiche den richtigen Boden, und sie wird bald wachsen und ihre gewaltigen Äste ausbreiten! Gib einem Mitmenschen den Leitgedanken der Kraft – und er wird wie ein Weiser handeln! Solch eine stille, bewusste Erziehung– ist Yoga.

S. Yesudian

Allein kam ich zur Welt, um
allein meiner Tage Lauf zu durchwandern.
Zu Ende ist die Wanderschaft.
Alleine schreit ich heimwärts Tag für Tag –
der Heimat zu, die mich geboren.

S. Y.

I. RÜCKBLICK

1. Unsere Arbeit im Westen

Umstände sind unsere besten Freunde in der Not. Nicht immer sprechen sie mit Engelszungen, sondern oft wie grausame Sklaventreiber. Sie peitschen uns zur Tätigkeit auf und zwingen uns, eine Arbeit zu verrichten, der wir auszuweichen versuchen. Gebeugt von der uns auferlegten Last, sind wir an dem Punkt zusammenzubrechen, plötzlich ein sechster Sinn uns stärkt und aufrichtet. Wenn wir wieder aufrecht stehen, fallen die Fesseln, die uns gefangen hielten, und wir stellen fest, dass wir, weit davon entfernt, schwach zu sein, unversehens stark geworden sind. Mit einer Welt von Erfahrungen hinter uns, tauchen wir neugeboren wieder empor.

Als ich in den Westen kam, hatte ich nicht die geringste Absicht, Yoga-Unterricht zu geben. Ich kam, um Medizin und Körpererziehung zu studieren, um beide mit den indischen Systemen, den ältesten auf dieser Erde, zu vergleichen; denn meine medizinisch geschulten Eltern wünschten, dass ich die Dynastie der Ärzte in unserer Familie fortsetzen sollte. Da sich die abendländischen Systeme vollständig von den indischen unterscheiden, wurde ich oft gebeten, meine Ideen und meine Überzeugung auszulegen. Ich kam den Bitten nach und erklärte bis zu einem gewissen Maß die Lehren des Hatha- und des Raja-Yoga, beides Lehren, die das vollkommenste Mittel zur Erziehung des Körpers und des Geistes sind. Die indische Wissenschaft der Medizin, Ayurveda, zielt darauf ab, den Menschen als Einheit zu behandeln, und ermöglicht es dadurch, die Ursachen der Krankheiten zu diagnostizieren. Das Interesse vieler meiner Freunde am Yoga wurde wach, und sie baten mich, darüber zu schreiben und Vorträge zu halten. Nach dem Erscheinen einiger kleiner Artikel meldete sich ein breites Interesse. Eine gewisse Scheu vor der Öffentlichkeit veranlasste mich jedoch, mich zurückzuziehen und mich ausschließlich meinem Studium zu widmen. Das Schicksal aber hatte es anders beschlossen. So sehr ich auch zögerte, nichts vermochte die Lawine des Interesses aus allen Schichten der Gesellschaft aufzuhalten. Das Buch »Sport und Yoga« wurde mit der gütigen Hilfe vieler Freunde herausgegeben. Durch eine merkwürdige List des Schicksals kam ich mit einer unter den westlichen Kennern hervorragenden Sachverständigen der Vedas, Upanishaden, Bhagavad Gita und Philosophie des Yoga in Berührung, einer Sachverständigen, die in den Philosophien des Westens ebenso bewandert war wie sie eine Autorität für die Auslegung der Bibel war. Diese verehrte Lehrerin war Elisabeth Haich. Zusammen eröffneten wir in ihrem geräumigen Bildhaueratelier unsere erste Yoga-Schule.

Überaus kritisch in ihren Ansichten, sind die Ungarn nicht leicht durch westliche oder östliche Ideen zu beeinflussen. Sie haben ihr festes eigenes Urteil über die Dinge und sind sehr freiheitsliebend. Das Missverständnis, dass Yoga ein fremdes religiöses Ritual der Hindus sei, um mysteriöse Kräfte zu erlangen, war bereits verbreitet, und ich wurde auch oft gefragt, ob Yoga nicht eine Art Religion sei. Viele verwechselten Yoga mit sensationellen Körperverrenkungen von Fakiren, die oft in selbst auferlegter Bußhaltung verharren. Andere dachten, Yoga sei etwa das Liegen auf einem Nagelbrett oder das Beibringen einer tödlichen Wunde durch Schlangenbiss und ihre Heilung durch Singen von magischen Silben. Einige fragten, ob ich auch Glasscherben schlucken könne, wie das einige wandernde Bettler taten, um ihr Brot zu verdienen. Andere glaubten, Yoga lehre den berühmten Seiltrick. So wie das Bild von Buddha oft in unwürdiger Weise in einem westlichen Nachtklub oder einer Bar durch die Unwissenheit des Lokalbesitzers missbraucht wird, um eine sogenannte »östliche Atmosphäre« zu schaffen, so wurde Yoga oft auf den niederen Grad einer Zirkusattraktion herabgezogen oder durch die Feder einiger unwissender Schreiber als eine magische oder religiöse Verwirrung dargestellt.

Wenn ich zuerst vor der Aufgabe, über dieses Thema zu sprechen oder zu schreiben, zurückschreckte, so war es, weil dieser Geist der Unwissenheit und der Verworrenheit stark verbreitet war. Ich konnte zuerst nicht sehen, dass gerade deshalb für mich die Gelegenheit da war, Licht in diese Sache zu bringen, bis es mir durch Frau Haich und das wachsende Verlangen der Menschen klargemacht wurde. So schrieben wir dann zusammen über dieses Thema und hielten landauf und landab Vorträge über das, was Yoga in Wirklichkeit ist.

Für die Sport liebende Welt hatte das Wort »Sport« eine große Anziehung, und so betitelten wir unser Buch »Sport und Yoga«, da in seinen Seiten die Anwendung von Yoga auch in vielen Sportarten zu finden ist. Nach drei Monaten war die erste Ausgabe von 5000 Exemplaren ausverkauft, und in weniger als achtzehn Monaten hatte das Buch die neunte Auflage erreicht. Da sah ich deutlich die Hand des Schicksals unsere Arbeit in diesem Land lenken. Die falschen Auffassungen über Yoga waren bald ausgelöscht, und die Leute wurden überzeugt, dass diese Wissenschaft dem Menschen hilft, ein gesundes Glied der Gesellschaft zu sein. Sie lernten, dass Yoga »den Menschen zu einem besseren Menschen, den Hindu zu einem besseren Hindu und den Christen zu einem besseren Christen« macht. Die ungarischen Zeitungen äußerten sich während Monaten begeistert über Yoga, denn sie erkannten, dass es das gesündeste System zur Regeneration der Nation war. Die einfache und korrekte Form des Atmens, wie sie im Buch beschrieben ist, sowie auch einige Körperübungen oder Asanas, wurden in ganz Ungarn in Hunderten von Schulen eingeführt. Die Armee und die Piloten übten Yoga. Spitäler experimentierten mit der vollen Yogi-Atmung und beurteilten sie als eine ausgezeichnete Kur und Vorbeugung bei hohem Blutdruck, nervösen Spannungen, Schlaflosigkeit und verschiedenen neurotischen und inneren Störungen. Blutproben ergaben, dass nach drei bis fünf Minuten korrekter Atmung das ermüdete Blut von seinen Giftstoffen befreit und mit Sauerstoff und Prana aufgeladen wurde. Der heilende Wert der Yoga-Übungen wurde schrittweise immer mehr beachtet und anerkannt, denn Experimente in verschiedenen Spitälern bewiesen die Wirksamkeit gewisser Asanas zum

Beispiel als Hilfe zur Entfernung von Nierensteinen oder zur Anregung der Bauchspeicheldrüse und zur Normalisierung ihrer Funktion in der Absonderung des Bauchspeichelsekretes, das sich mit der Galle in das Verdauungssystem ergießt. Obwohl ich mich davon fernhielt, Patienten zu behandeln und diese alle zu unseren Ärzten sandte, bekam ich gelegentlich den Besuch einiger Ärzte mit ihren Patienten und wurde nach der Ursache der Erkrankung gefragt. Viele Fälle waren chronisch, und meistens wurzelte die Ursache in der Seele. Wenn der Patient willens war, seinen Gemütszustand und sein Denken durch Selbstdisziplin zu ändern, nahm die Krankheit oder das Symptom einen anderen Verlauf – und die Heilung setzte ein. Dr. Alexander Margitai machte mittels seines Manometers einen Test an einem seiner Patienten, der an hohem Blutdruck litt. Nach fünf Minuten verlangsamter Bauch-Atmung sank der Blutdruck von 200 auf 160 und blieb nach zwei Monaten regelmäßiger Atemübungen auf dieser Höhe. Auch in chirurgischen Fällen wurde beobachtet, dass hartnäckige und schwer heilende Wunden sich schneller schlossen, wenn dem Organismus durch systematisches Atmen mehr Sauerstoff zugeführt wurde.

Wir waren sehr glücklich festzustellen, wie bekannt Yoga in weniger als zwei Jahren geworden war. Die Popularität vermochte aber seine Ernsthaftigkeit nicht zu gefährden. Im Gegenteil, »Sport und Yoga« befasste sich ausschließlich mit den körperlichen Aspekten des Yoga und öffnete so den Weg in das Herz und Heim der Nation. Der täglich eintreffende Strom von Briefen forderte umfassendere Literatur über das Thema seelischer und geistiger Erziehung. Durch die Zusammenarbeit von Frau Haich und mir entstand das zweite Buch – »Raja Yoga«. Die körperliche und geistige Evolution des Menschen wurde in den Seiten dieses Bandes ausführlich erörtert.

Das große Interesse, das auch die Kirche dem Yoga entgegenbrachte, freute uns sehr. Wir kamen dadurch mit aufgeschlossenen Priestern und Geistlichen in Berührung, die das körperliche sowie das geistige Training, welches Yoga vorschlägt, praktizierten. Daraus Nutzen ziehend, empfahlen sie ihren Novizen Übungen zur Entwicklung körperlicher Widerstandskraft und Konzentration.

Da es keine Gelegenheit für Privatstunden gab, nahmen die aristokratischen Kreise von Budapest ebenfalls an den Gruppenklassen teil. Jedermann legte seinen Mantel der Konvention zur Seite und war bereit, die Wichtigkeit seiner Person für wenigstens eine Stunde zu vergessen. In einer Klasse, in welcher zahlreiche Studenten teilnahmen, wusste keiner, wer sein Nachbar war. Um das rastlose Gemüt zu beruhigen, wurde vollkommene Ruhe bewahrt; keiner verlangte zu sprechen. In jeder der Klassen gewann die Disziplin auf ganz natürliche Weise die Oberhand, und der Geist der Einheit wurde zum gemeinschaftlichen Besitz aller. Trotz der verschiedenen Gesellschaftsschichten, die vertreten waren, trotz der verschiedenen Glaubensarten, zu welchen sich ein jeder bekannte, und trotz der verschiedenen Rassen, welchen sie angehörten, verschwand jeglicher Unterschied in dem Moment, wo wir auf unseren Matten Platz nahmen. In diesen Zusammenkünften mischten sich arme Studenten mit Universitätsprofessoren; ein einfacher Arbeiter kam neben einem Prinzen zu sitzen oder ein jüdischer Geschäftsmann neben einen unerkannten katholischen Priester. Wir kamen als Gemeinschaft mit der einen Absicht zusammen, das eine und dasselbe Ziel zu erreichen.

Nach der Beendigung eines öffentlichen Vortrages in der Musik-Akademie von Budapest wünschten viele der Anwesenden persönlich mit mir zu sprechen. Darunter bemerkte ich die Gestalt eines geduldig wartenden Knaben. Gerührt, ein so junges Gesicht zu sehen, trat ich auf ihn zu und fragte ihn nach seinen Wünschen. »Ich bin vierzehn Jahre alt und kann nicht mehr wachsen. Können Sie mir helfen?«, flehte er. »Komme morgen zu der Fünf-Uhr-Gruppe; wir werden sehen, wie wir dir helfen können.« Mit diesen Worten gingen wir auseinander. Josef Kiraly kam, sein Gesicht erhellte sich in Hoffnung und Freude. Er hatte das Buch viermal gelesen und kannte die Namen der Übungen auswendig. Er übte eifrig und überraschte uns alle, denn schon in drei Monaten war er zweieinhalb Zentimeter in die Höhe geschossen. Seine am Wachstum gehinderte Gestalt von wenig mehr als einem Meter veränderte sich schnell. In zwei Jahren maß er 1,59 Meter. Kiraly war sehr arm und kam dreimal in der Woche aus beträchtlicher Entfernung zu Fuß zu den Yoga-Klassen und den Vorträgen über Selbsterkenntnis sowie zur Meditation. Obwohl das Hemd unter seiner sauberen Jacke zerrissen und ärmellos war, waren seine Kleider trotz größter Armut immer rein. Mit scheuem Gesicht trat er nach drei Monaten eines Tages auf mich zu und entleerte den Inhalt seiner rechten Tasche auf meinen Tisch. Dieser bestand aus Fünfrappenstücken, welche er während dieser ganzen Monate gesammelt hatte. »Seien Sie mir nicht böse, Herr Yesudian. Dies ist alles, was ich Ihnen heute geben kann. Werden Sie mir weiterhin erlauben zu kommen?«, fragte er scheu. Ich versicherte ihm, dass er auch ohne zu bezahlen willkommen sei und gab ihm sein Geld zurück. Das Gesicht des Knaben wurde ernst und zeigte Enttäuschung. Er hatte gespart, um seinen ganzen Besitz mit freudigem Herzen beizusteuern. Meine Zurückweisung schmerzte ihn sehr. »Gut, Josef, ich werde diesen Beitrag, der dir und uns so wertvoll ist, annehmen.« Lächelnd schüttelten wir uns die Hände.

Die Mehrzahl unserer Schulteilnehmer bestand aus Männern und Frauen, die den Wunsch hegten, ihrer Gesundheit mehr Aufmerksamkeit zu widmen. Man könnte annehmen, dass Frauen die Überzahl der Teilnehmer bildeten. Das Gegenteil war der Fall. Das ernste Interesse der ungarischen Bevölkerung zeigte sich in dem immer gleichbleibenden Zustrom männlicher Mitglieder, die der Schule während vieler Jahre treu blieben. Ein nicht enden wollender Strom von Knaben stellte sich ein. Die meisten darunter waren arme Studenten aus Schulen und Universitäten. Dutzende von Medizinstudenten erschienen. Eifrig studierten sie den therapeutischen Wert und die Anwendung des Yoga in körperlichen Gebrechen sowie in Geisteskrankheiten. Dem Platzmangel geschuldet, bildeten wir für die Neueintreffenden Klassen, die bis in die Nacht hinein dauerten.

Der Krieg stand bevor, und Ungarn traf das schreckliche Los, bald darin verwickelt zu sein. Panik und Kriegspsychose verbreiteten sich im ganzen Land. Um die Grenzen zu verteidigen, wurde eine obligatorische Rekrutierung eingeführt. Dennoch marschierten die Deutschen bald in Ungarn ein, und die ungarischen Truppen wurden gezwungen, an deutscher Seite an der russischen Front zu kämpfen. Ein Schrei der

Verzweiflung erhob sich, denn dies bedeutete einen sinnlosen Kampf und die Verschwendung nationaler Menschenkräfte. Die Mehrzahl unserer männlichen Mitglieder musste uns verlassen. Die Judenverfolgung wütete Tag und Nacht. Alle Häuser um uns mussten innerhalb von vierundzwanzig Stunden evakuiert werden und wurden von deutschen Truppen besetzt. Ein großer Häuserblock gegenüber der Villa Haich wurde zum Gestapo-Hauptquartier. Bis zum heutigen Tag kann ich nicht verstehen, warum unser Haus, welches sehr exponiert war und sich in guter Lage befand, verschont blieb. Als ob eine unsichtbare Hand uns beschützte, wurden wir durch den ganzen Krieg hindurch behütet – und niemand legte Hand an uns. Einige unsere Schule besuchende Polizeioffiziere warnten mich, auf die Straße zu gehen, weil sie befürchteten, ich könnte als britischer Staatsbürger ergriffen werden. Ich gehorchte und hielt die Klassen vorsichtigerweise nach Sonnenuntergang. Im Geheimen erschienen auch einige Juden. Sie trugen alle den großen gelben Stern, der ihnen von den Nazis aufgezwungen wurde, um sie von den Christen unterscheiden zu können. Unsere Herzen weinten beim Anblick dieser Demütigung. Auch die jüdischen Kinder waren mit diesem Zeichen abgestempelt. Als diesen Menschen die symbolische Bedeutung des Davidsterns und sein ungeheurer Einfluss, den er auf den einzelnen Träger ausübte, bewusst wurde, und als sie lernten, dass er die Vereinigung aller im Menschen arbeitenden Kräfte darstellte und Friede und Kraft ausstrahlte, beseelte sie neuer Mut. Überzeugt, dass des großen Jehovas führende Hand über ihnen lag, gingen sie fortan furchtlos durch die Stadt. Sie glaubten, die Hand des Gottes ihrer Rasse, der schon ihre Väter und Vorväter geführt und geleitet hatte, werde sie beschützen. Ein unerschütterlicher, beinahe fanatischer Glaube nahm von ihnen Besitz. Wir waren überrascht, von ihnen die genaue Wiedergabe des Textes unserer wöchentlich in der Schule verteilten Übungsblätter zu hören. Nie habe ich den Ausdruck der Angst so nachdrücklich auf dem Gesicht eines Menschen gesehen wie auf den Gesichtern einiger dieser zutiefst erschrockenen Menschen. Sie waren sich bewusst, dass der Tod sie jeden Augenblick heimsuchen konnte. Einerseits vorbereitet, dem Tod gegenüberzutreten, und andererseits überzeugt, der Gott ihrer Väter werde sie retten, gingen und kamen sie. Nach den Meditationsabenden, in denen Frau Haich ihnen göttlichen Mut einflößte, erhellten sich ihre Gesichter in Liebe und Vergebung für ihre Feinde; und Leben oder Tod missachtend, gingen sie nach Hause. In dieser letzten Stunde des Ultimatums wurde für diese Menschen das Bestreben, Gott zu verwirklichen, zu einem großen, alles andere überbietenden Drang. Manchmal vermochte ich die gedämpfte Stimme einer älteren jüdischen Dame aufzufangen, die wiederholt die Worte des Krieger-Mönches Vivekananda sprach: »Wenn es ein Wort gibt, das du wie eine Bombe von den Upanishaden kommen fühlst, das wie eine Granate über der Masse von Unwissenheit zerschellt, dann ist es das Wort *Furchtlosigkeit.* Die Religion der Furchtlosigkeit ist die einzige Religion, die unterrichtet werden sollte. Es ist wahr, dass in dieser Welt und in der Welt der Religion Furcht die wahre Ursache von Degradierung und von Sünde ist. Es ist die Furcht, die Elend bringt; Furcht, die den Tod bringt; Furcht, die Böses bringt. Mache deine Nerven stark! Was wir nötig haben, sind Muskeln aus Eisen und Nerven aus Stahl. Wir haben lange genug geweint. Kein Weinen mehr; aber lasst uns aufrecht stehen und Männer sein!« Solche auf Papierstreifen geschriebene Gedanken ließ diese Dame von einem zum andern zirkulieren.

Viele Monate vor ihrer Hinrichtung lernten diese Menschen, dass kein Gedanke verloren geht, denn jeder einzelne Gedanke geht in Form von Energie in die Atmosphäre über. Ebenso wie die Luft jede Bresche und jeden Raum füllt, füllen gute, positive und starke Gedanken die uns umgebende Atmosphäre und errichten eine Festung, die uns vor allem Bösen schützt. Ebenfalls lernten sie, dass, wenn sich einige tausend Menschen hinsetzen würden, um sich auf Frieden zu konzentrieren, ein jeder Angriff durch die Macht ihrer Gedanken, die sie in aller Stille ausstrahlten, zurückgeschleudert würde. Mit großen und kühnen Buchstaben auf unsere Schultafel geschrieben, lasen sie: »Menschen, wahre Menschen werden gesucht; alles andere wird sich ergeben, aber starke, gläubige, tatkräftige junge Menschen – aufrichtig bis ins Rückenmark – sind benötigt. Ein Hundert von solchen, und die Welt wird eine Umwälzung erleben.«

Eines Tages trat eine Dame mittleren Alters auf mich zu und sagte: »Herr Yesudian, Sind Sie sich der Gefahr nicht bewusst, die Sie heraufbeschwören, indem Sie so vielen Juden erlauben, an den Klassen teilzunehmen? Sie riskieren Ihr Leben und das Leben derjenigen, die hierherkommen. Eine Person mit schlechten Absichten könnte Sie jeden Augenblick der Gestapo melden, und das Ende wäre ein Blutvergießen. Überdies, sehen Sie nicht, wie groß der Widerstreit ist, der in den gegenwärtigen Zeiten gegen die Juden herrscht? Ich versichere Ihnen, viele unserer christlichen Mitglieder teilen dieselben Gefühle.« Durch die brutale Offenheit dieser Worte in tiefstem Herzen getroffen und gleichzeitig traurig, dass diese Frau nicht mehr Nutzen aus der Yoga-Lehre, die als Lehre der Liebe und des Verstehens gilt, gezogen hatte, blieb ich für einen Augenblick still. »Frau Royko«, sagte ich dann, »seit diese Schule gegründet wurde, waren ihre Türen offen für Männer und Frauen aller Sekten, Glaubensbekenntnisse und Rassen. Es tut mir weh, Ihre Abneigung gegen die Juden zu sehen. Ich werde diese auf keinen Fall wegschicken, nur weil einige christliche Mitglieder es unbehaglich finden, denselben Raum mit ihnen zu teilen. Überdies bin ich erstaunt, Ihre Bemerkungen zu hören, denn ich glaubte, Sie hätten die Lehren der Toleranz in sich aufgenommen. Schauen Sie, wie diese armen Menschen zu uns kommen, um den einzigen Trost zu suchen, den sie haben, nämlich Gott. Können wir sie jemals fortschicken? – Nein, Frau Royko! Wenn Sie deren Gesellschaft für Ihre Gemütsruhe als störend empfinden, möchte ich Sie bitten, bis zur Beendigung dieser Unruhen vom Kommen abzusehen.«

Zwei große Tränen rollten über ihre Wangen, als sie mir tief in die Augen blickte. Ihr Gesichtsausdruck hatte sich plötzlich zu einem der Sympathie und der Liebe gewandelt. Vor Erregung am ganzen Körper zitternd, knöpfte sie ihren Regenmantel auf und entblößte einen riesigen, auf ihre Bluse genähten gelben Judenstern.

Als die Russen Budapest nach einer Belagerung von zwei Monaten eingenommen hatten und sich der Mangel an Lebensmitteln bedenklich fühlbar machte, brachte uns Frau Royko während zwei Wochen regelmäßig eine Schüssel voll Suppe, die sie durch Betteln gesammelt hatte. Unter den schweren Bombardierungen stürzte unser Haus ein, und wir wurden beinahe lebendig im Keller begraben. Da wir nirgendwo hingehen konnten, blieben wir trotzdem weiterhin in den Ruinen, bis uns eines Tages neue russische Besatzungstruppen grob aus unserem Unterschlupf vertrieben. Für mich folgte eine kurze, aber erschütternde Zeit in russischer Gefangenschaft, den anderen jedoch gelang es, anderswo eine Unterkunft zu finden; und bald waren wir alle wiedervereinigt.

Ihr eigenes Leben aufs Spiel setzend, suchte Frau Royko tagelang nach uns, bis sie uns alle in zwei Räume gestopft auffand.

Der Krieg ging seinem Ende entgegen. Die Stadt befand sich im Belagerungszustand. Buda und Pest sind durch die Donau getrennt. Nachdem die Deutschen auf ihrem Rückzug vor den Russen die vier Brücken gesprengt hatten, war jegliche Verbindung zwischen den beiden Ufern für mehrere Wochen eingestellt. Trotz endloser Schwierigkeiten marschierten zwei in Pest lebende Schülerinnen über zwölf Kilometer, um uns ein kostbares Lebensmittelpaket zu bringen, mit dessen Hilfe wir noch einige Tage auszuhalten vermochten. Es war rührend, die Zusammenarbeit und den Familiengeist so vieler unserer Schüler zu beobachten.

Nachdem die Belagerung Budapests vorbei war und die Russen die Stadt besetzt hatten, zogen wir nach Pest und eröffneten dort vorübergehend unsere Schule. Eines Tages eilte unser Hauswart aufgeregt in unser Zimmer und berichtete seine Geschichte: »Ich stand vor einer Schaufensterauslage, als ich einen russischen Offizier bemerkte, der nach einer bestimmten Literatur suchte. Er sprach kein Ungarisch, doch gelang es ihm, mir durch Zeichen verständlich zu machen, dass er hoffte, hier etwas über Yoga zu finden. In dem Geschäft jedoch war kein Buch über dieses Thema vorhanden, und so erzählte ich ihm, dass ich einen Hindu-Yogi kenne, der in demselben Haus wohne wie ich. Er wollte mir nicht glauben, und sein Freund, ebenfalls ein Offizier, brach in ein Gelächter aus und verspottete die Idee, hier einen Hindu antreffen zu können, und bezeichnete es als den besten Witz des Tages. Ich versprach, den Inder noch heute in sein Haus zu führen. Damit verabschiedeten wir uns. Herr Yesudian«, fuhr er fort, »Sie brauchen nichts zu befürchten, bitte begleiten Sie mich! Er lebt ungefähr einen Kilometer von uns entfernt. Auch Sie, gnädige Frau, bitte kommen auch Sie mit uns«, flehte er, schon ganz außer Atem. In jener Zeit war die politische Lage alles andere als sicher. Verdächtige wurden ohne langes Zögern erschossen. Meine dunkle Hautfarbe konnte leicht Misstrauen erregen. »Gnädige Frau«, drängte er weiter, »ich habe die Aufsicht über einen Block von zehn Häusern und kann nicht riskieren, von den Russen, die mich an diesen verantwortungsvollen Posten gestellt haben, gefangen genommen zu werden. Ich versichere Ihnen, dass wir noch heute Nacht wohlbehalten hierher zurückkehren werden. Bitte, lassen Sie mich nicht im Stich!« Frau Haich war einverstanden. Abends um neun Uhr standen wir vor des Hauptmanns Tür. Sein Freund starrte uns sprachlos an, und der Hauptmann selbst war über alle Maßen erfreut, uns zu sehen. Nach russischer Sitte umarmte er mich aufs Herzlichste und begrüßte Frau Haich mit größtem Respekt. Die zwei Russen hatten eine Wette über mein Kommen abgeschlossen; der Hauptmann gewann die Wette. In gebrochenem Deutsch sprach er von seiner Begeisterung für Yoga. Frau Haich übersetzte seine Fragen und Kommentare, und bald war er über das Thema aufgeklärt. Nach einer sehr interessanten Stunde verabschiedeten wir uns. Auf unsere Einladung hin besuchte uns der Hauptmann am nächsten Morgen. Im selben Augenblick, als er an unserer Wohnungstür läutete, hörten wir lautes Schreien und Wehklagen, begleitet von wildem Brüllen und Gewehrschüssen, zu uns herauftönen. Durch das Fenster blickend, sah ich, dass ungefähr fünfzehn Soldaten, die den Hof betreten hatten, sich anschickten, die Mieter unter uns gewaltsam aus ihren Wohnungen zu vertreiben. Der Hauptmann eilte mit seinem Kameraden hinunter und warf die ganze Bande von Plünderern hinaus. »Dies ist das Haus meines Lehrers, und ich bin hier«, brüllte er aus vollem Hals. »Ich dulde diesen Unsinn nicht! Macht euch davon, bevor es Schwierigkeiten gibt.« Die Mieter waren überaus dankbar für die Hilfe, die er ihnen hatte angedeihen lassen. Es erübrigt sich zu erwähnen, dass auch wir aufrichtige Dankbarkeit für sein Eingreifen empfanden. Wie geheimnisvoll doch die Wege des Schicksals sind, dachte ich. Hätten wir diesen Offizier nicht getroffen, hätten wir dieses Haus bestimmt verlassen müssen. Eine Wohnung zu finden, war keine Kleinigkeit in diesen Tagen.

Der Hauptmann und sein Freund erschienen täglich, um Yoga zu üben. In wenigen Tagen ließ er eine Kopie »Sport und Yoga« aus dem Ungarischen ins Russische übersetzen und sandte sie nach Russland. Kurz danach meldete er uns, dass einige Generäle und höhere Offiziere nach seinen Instruktionen und dem Inhalt des Buches die verschiedenen Asanas übten. Er versuchte beharrlich, uns zu bewegen, nach Moskau zu kommen, um bei den dortigen Menschen Yoga einzuführen. Alles würde zu unserer Verfügung stehen, sagte er, allerdings würde es uns nicht erlaubt sein, Russland für die Dauer einiger Jahre zu verlassen. Aus verschiedenen Gründen schlugen wir die Einladung aus.

Nach dem Wiederaufbau der Yoga-Schule sowie eines Teiles des Familienhauses kehrten wir in unsere Räumlichkeiten zurück. Das frühere Interesse an Yoga hatte sich nicht vermindert. Im Gegenteil, es hatte dermaßen zugenommen, dass die neue Regierung darauf aufmerksam wurde. Viele Mitglieder des kommunistischen Regimes nahmen an unseren Klassen teil. Sie fanden, Yoga übe keinen nachteiligen Einfluss auf ihre Ideen und Ideale aus.

Eine immer größer werdende Zahl von Zuhörern drängte sich zu unseren öffentlichen Vorträgen. Die politischen Parteien jedoch wurden misstrauisch und verweigerten die Bewilligung zur öffentlichen Bekanntmachung der Ideen und der Wahrheiten des Yoga. Obschon ich protestierte und erklärte, dass die Bewegung von jeglichen politischen Motiven frei sei, blieben meine Bemühungen ohne Erfolg. Unsere Schule wurde geschlossen. Anstatt diesen Beschluss anzufechten, beschlossen wir, uns zurückzuziehen und den Samen, den wir gesät hatten, in den Herzen der Tausenden, die zu uns gekommen waren, aus eigenem Antrieb wachsen zu lassen. Voller Trauer verabschiedeten sich Frau Haich und ich von all unseren Lieben und von dieser großen und uns so nahestehenden Familie und richteten unsere Schritte nach Kalifornien. Nach einem kurzen Aufenthalt im »Vedanta Centre«

planten wir, nach Indien zu gehen, um an der dortigen Regeneration mitzuwirken.

Frau Haich hatte mir oft von dem wunderschönen Berg »Jungfrau« erzählt, auf den man mit der höchsten Bergbahn Europas bis zu einer Höhe von 3457 Meter über dem Meeresspiegel gelangen kann. Als sie nun vorschlug, in die Schweiz zu reisen, um dort eine Woche Ferien zu verbringen, war ich begeistert von der Idee.

Nach unserer Ankunft wurden wir in Baden bei Zürich im Hause Gabor Pataks untergebracht. Während vieler Jahre war er aktives Mitglied unserer Schule in Budapest gewesen, und die Freude, ihn wiederzusehen, war groß. Eines Tages erhielten wir einen telefonischen Anruf von einer kleinen Gruppe in Zürich, die uns kennenlernen und etwas über Yoga hören wollte. Im Zürcher Hauptbahnhof angekommen, wurden wir von Frau Hanna Hermann und zwei Herren empfangen, die uns einen großen Strauß gelber Dahlien überreichten. Wenig ahnten wir, dass uns diese Bekanntschaft in eine bedeutende Phase unserer Arbeit in Europa einführen sollte. Wir wurden gebeten, eine Woche zu verweilen, um der Gruppe Unterricht im Hatha-Yoga zu erteilen. Diese Woche begann im November 1948 und währt bis zum heutigen Tag. Diese Umstände, zusammen mit der Hilfe sehr geschätzter Freunde, ermöglichten es uns, in allen größeren Städten der Schweiz Yoga-Schulen zu eröffnen. Das Hauptquartier in Zürich und die Sommerschule in Ponte Tresa boten uns die wundervolle Gelegenheit, ausländische Gäste aus allen Teilen der Welt willkommen zu heißen. Es freut uns zu sehen, dass seit dem Beginn unserer Arbeit in der Schweiz, im Jahre 1948, die sich in allen Landesteilen befindenden Schulen Schülern aus vielen Ländern die Gelegenheit bieten, am Yoga-Unterricht teilnehmen zu können. Von den Nachbarländern der Schweiz, von Deutschland, Österreich, Frankreich und Italien, treffen jährlich Hunderte ein, um während ein paar Wochen einem Kurs fortgeschrittenen Unterrichtes beizuwohnen. Wir haben Schulen in Zürich, Bern, St. Gallen, Basel, Lausanne und Genf. Das Buch »Sport und Yoga« wurde in den letzten Jahren in achtzehn Sprachen herausgegeben. Dies wurde hauptsächlich durch die geografisch einzigartige Lage der Schweiz möglich gemacht.

Die von uns herausgegebene Literatur findet ihren eigenen Weg um die Welt, und wir hoffen aufrichtig, dass sie, ein unsichtbares Bindeglied der Liebe bildend, die Herzen einander näher bringen und sie für die Leiden unserer Mitmenschen empfänglicher machen möge.

Die Schweiz ist das Herz Europas. Von diesem wesentlichen Mittelpunkt, der während so vieler Jahre frei und neutral geblieben ist, wird ein Strom von Gedanken und Ideen durch die Glieder Europas und über dessen Gestade hinaus bis nach Amerika entsandt. Eine Nation, die ihre Kräfte im Krieg verschwendet, kann der Menschheit nur schwerlich Gutes bringen. Schweigend und hinter den Kulissen arbeitend, hat die Schweiz es fertig gebracht, der Welt ihre Quote an Frieden und Reinheit zu geben. Diese Nation, die die Todesstrafe schon lange aufgehoben und sich seit über einem Jahrhundert in keinen Krieg eingelassen hat, ist reif, sich zu erheben und uns zu lehren, dasselbe zu tun. Möge Gottes Segen auf unserer bescheidenen Arbeit ruhen. Möge die Schweiz unseren Bestrebungen ihr Wohlwollen schenken. Möge Segen die berühren, die bestrebt sind, bewusste Individuen und bewusste Glieder des Menschengeschlechtes zu werden. Möge uns die heilige Wahrheit, dass wir Kinder eines und desselben Vaters im Himmel sind, immer gegenwärtig sein. Möge Er uns in unserem täglichen Tun führen und inspirieren; und vor allem dürfen wir unsere wahre Natur nie vergessen, deren Offenbarung das Einzige in unserem Leben ist, das wirklich zählt, die Offenbarung des Göttlichen in unseren Herzen.

2. Woran wir glauben, wird Wirklichkeit

»Wenn du im Westen bist, vergiss die bloße Tatsache, dass du ein Inder bist. Sei nie überrascht von den Umständen, denen du im Leben begegnen wirst.« Das waren die letzten Worte meines Meisters, bevor ich im Jahre 1937 die Gestade Indiens hinter mir ließ, um nach Europa zu reisen. Offen gestanden, hatte ich die tiefe Bedeutung dieser Worte, die er damals, mich segnend, sprach, nicht verstanden. Und doch sanken sie tief in meine Seele ein, wie alle seine früheren Belehrungen.

Als ich meinem Meister zum ersten Mal begegnete, als kränklicher Vierzehnjähriger, und ihn fragte, was ich tun könne, um mich von den immer wiederkehrenden Krankheiten, die mich so oft ans Bett fesselten, zu befreien, schaute er mir mit unendlicher Güte in die Augen und sagte: »Du hast dich krank gedacht. Nun denke dich gesund.«

Er sprach selten. Seine Botschaften vermittelte er eher durch sein Schweigen und durch seine Persönlichkeit, welche Kraft, Furchtlosigkeit, Freiheit und Ruhe er in sich vereinte. Worte zählten wenig, verglichen mit seinem Wesen, das er ausstrahlte. Er gab keine weitere Erklärung zu seinen rätselhaften Worten, und ich brauchte einige Wochen, bis ich deren Bedeutung zu verstehen begann. Fortan beobachtete ich meine Gedanken, Gefühle, Worte und Taten und musste mit Schrecken anerkennen, wie recht mein Meister hatte: Meine Denkweise war äußerst negativ, und die Folge konnte nur eine Reihe von Krankheiten sein, die mich immer wieder befallen hatten. In seiner wunderbaren Nähe lernte ich, meine negative, mich schwächende Lebenseinstellung in eine positive, kraftspendende Haltung umzuwandeln. Ich lernte, dass dieselbe Lebenskraft, die das ganze Weltall durchdringt, auch in uns wohnt. Wenn wir diese Kraft unwissentlich gebrauchen, machen wir Fehler. Die angehäuften negativen Wirkungen meiner ständigen Angst und meiner pessimistischen Lebenseinstellung waren die Ursache meiner vielen Krankheiten, die zuletzt in einem vernichtenden Muskelschwundleiden kulminierten. Die Jahre, die ich in der Nähe meines erleuchteten Meisters verbrachte, änderten meine ganze Auffassung dem Leben gegenüber. Ich begann, diese mächtige Kraft, welche das Leben selbst ist – richtig zu gebrauchen, und die erste Folge davon war, dass ich meine Gesundheit wiedererlangte.

Wie merkwürdig, dachte ich zuerst, dass die medizinische Wissenschaft behauptet, Muskelatrophie sei unheilbar. Mein Meister hingegen stellte nie eine solche Prognose auf. »Denke dich gesund«, war sein einfacher Rat. Mit festem Glauben an seine Worte und an mich selber arbeitete ich unter seiner Führung, bis ich vollständig geheilt war. Niemand, nicht einmal meine medizinisch geschulten Eltern, wusste von meinem kühnen Unterfangen. Ich behielt es ganz für mich. Meine abgestorbenen Nerven wurden allmählich wieder belebt. Ich bewies damit die nicht zu verleugnende Macht des Geistes über die Materie. Die Natur passt sich den Forderungen des Geistes an. Die Materie dient dem Geist, niemals umgekehrt. Ich betrachtete fortan meinen Körper als äußere Hülle des Geistes, und was immer ich befahl, der Körper musste unbedingt gehorchen.

In späteren Jahren konnte ich mir diese Tatsache des Öfteren beweisen. Das Schicksal nahm mich weg von Indien und stellte mich auf europäischen Boden, nach Ungarn. In Budapest verbrachte ich viele glückliche und friedliche Jahre. Es fiel mir nicht schwer, mich der Mentalität und der Sprache meiner neuen Umgebung anzupassen, denn ich fand bald heraus, dass ich mit einem Volk zusammenlebte, das vor mehr als tausend Jahren von einem Gebiet nordwestlich von Indien ausgewandert war. Ich entdeckte viele Worte östlichen Ursprungs in der ungarischen Sprache, wie zum Beispiel »avatar«, was so viel bedeutet wie »großer erleuchteter Lehrer«, oder »agastyan«: Respektsperson, ehrwürdiger, beliebter Älterer.

Mein elf Jahre dauernder Aufenthalt in Ungarn kam zu einem jähen Ende, als das Land vom Nazi-Deutschland gewaltsam annektiert und zum Kampf an der Kriegsfront gezwungen wurde. Hitlers Feinde wurden somit offiziell auch die Feinde Ungarns. Russische, amerikanische und englische Bomben fielen auf die Hauptstadt. Von Weihnachten 1944 an verbrachte ich, zusammen mit Frau Haich und ihrer Familie, ungefähr acht Wochen im Keller. Wegen der andauernden Luftangriffe und Trommelfeuer war es uns und den sechsundzwanzig Mitbewohnern nicht möglich, den Keller zu verlassen.

Einmal, als die feindlichen Flugzeuge sich entfernt hatten und die Sirenen das Entwarnungssignal ankündigten, bat mich Frau Haich, aus ihrer Wohnung einige Fotoalben von den Schweizer Seen und der Italienischen Riviera zu bringen. Wir blätterten im ersten Album. Frau Haich zeigte auf ein Bild – es zeigte den Luganer See – und meinte beiläufig: »Du wirst sehen, eines Tages werden wir unsere Yoga-Schule am Ufer dieses Sees haben.« Dann blätterte sie mit ihren langen Fingern im anderen Album und sagte: »Auch an der Italienischen Riviera werden wir eine Yoga-Schule haben.« Täglich meditierten wir beide für viele Stunden und erlebten Ruhe und Frieden, auch während der schlimmsten und nicht enden wollenden Bombardierungen. Nie zuvor waren wir Gott so nahe wie in jenen Stunden, als der Tod ständig vor der Tür lauerte. Damals dachte ich, Frau Haich wollte mich mit ihren Bemerkungen über jene schicksalsschweren Tage hinwegtrösten; aber die Zeit sollte ihre Voraussagen bestätigen, denn schon ein paar Jahre später befanden wir uns tatsächlich in der Schweiz, und ihre Prophezeiungen erfüllten sich buchstäblich. Wir hielten Yoga-Sommerkurse in Italien und eröffneten unsere internationale Yoga-Schule in Ponte Tresa, am Luganer See.

Als ich Frau Haich in späteren Jahren fragte, wie es möglich gewesen wäre, diese Ereignisse vorauszusehen, gab sie mir eine Erklärung, die mich ohne Weiteres überzeugte: »Nehmen wir an, ich befinde mich oben auf einem Kirchturm und sehe Hans die eine Straße heraufkommen und Karl die andere Straße. Ich sehe genau, dass sich Hans und Karl zu einem gewissen Zeitpunkt treffen werden; aber keiner der beiden weiß von ihrer unmittelbar bevorstehenden Begegnung. Auf ähnliche Weise hob sich mein Bewusstsein während der Meditation über das Tagesbewusstsein. Von dieser Höhe konnte ich die Kräfte wahrnehmen, die uns unweigerlich in die Schweiz führen würden.«

Der eiserne Ring der russischen Armee verdichtete sich immer mehr um die kämpfenden Deutschen und Ungarn, und es ging nicht lange, bis unser Stadtteil fiel. Russische Offiziere und Soldaten stürmten in jedes Haus und durchsuchten es nach Widerstandsnestern. Unter den ersten Truppen befanden sich viele Abkömmlinge von Aristokraten. Sie wollten ihren Mut unter Beweis stellen, denn, falls sie überlebten, bekamen sie die Rechte eines Sowjetbürgers. Bislang betrachtete man sie in Russland als Ausbeuter des Volkes, weil sie zur gebildeten Oberschicht gehörten. Als sie sich überzeugt hatten, dass sich keine Soldaten im Haus befanden, ließen sie ihre feindliche Haltung fallen, und ihre feinen Manieren beruhigten einen jeden. Sie brachten dem achtzigjährigen Vater von Frau Haich großen Respekt entgegen und waren rührend zärtlich zu kleinen Kindern, die sie wahrscheinlich an ihre eigene Familie zu Hause erinnerten. Manche zeigten uns Fotos von ihren Kleinen, die den Gräueltaten des Krieges zum Opfer gefallen waren. Unglücklicherweise mussten diese Truppen bald weiterziehen in mittlerweile neu erobertes Gebiet. Die nachfolgende Besatzung war eine vulgäre Gesellschaft, die nur darauf aus war, zu plündern und Frauen zu vergewaltigen.

Eines Tages stürzte ein Korporal mit Maschinengewehr in unseren Keller und ordnete an, alle Männer des Hauses müssten hinausgehen, um ihre Personalausweise vorzuweisen. Nach acht Wochen beinahe gänzlicher Dunkelheit verließ ich den Keller und ging hinaus in den blendenden Sonnenschein und glitzernden Schnee. Einige Minuten konnte ich kaum sehen, meine Augen schmerzten von dem ungewohnten blendenden Licht. Niemand war dort, um meinen britischen Pass zu prüfen. Hingegen waren Tausende von Gefangenen auf den Straßen versammelt, lauter Zivilisten. Ich wurde gezwungen, mich ihnen anzuschließen; und noch vor Sonnenuntergang mussten wir hinausmarschieren aus Budapest. Wir waren Gefangene und auf dem Weg nach Russland.

Die beißende Februarkälte war eine harte Probe für mich, der in tropischem Klima aufgewachsen war. Die Temperatur fiel auf minus 28° C. Mein einziger Schutz war ein dünner Herbstmantel. Die offenen Felder waren unser Schlafsaal. Wir gruben Löcher in den Schnee, gerade groß genug für zwei Männer, um darin, Rücken an Rücken kauernd, die Nacht zu verbringen. Dies war das Schicksal vieler Tausender von Gefangenen.

Eines Nachts wurde unsere Gruppe von etwa fünfhundert Gefangenen in einer großen Fabrikhalle untergebracht. Was für eine Wohltat war es, sich auf dem – wenn auch kalten – Boden auszustrecken. Völlige Dunkelheit herrschte im Saal. Bald hörte man klagende Stimmen. Einige erzählten, wie sie dabei waren, ihre Lieben zu begraben, als sie gefangen genommen wurden. Andere klagten mit tränenerstickter

Stimme, wie ihre Frauen und Töchter brutal vergewaltigt worden waren. Andere wiederum sprachen von der düsteren Zukunft, die uns alle erwartete, und es dauerte nicht lange, bis Angst und Panik auszubrechen drohten. Ich realisierte die Gefahr dieser Massenpsychose, stand auf und rief sie alle mit lauter Stimme auf, sich zusammenzureißen und diesem Ausbruch von Gefühlen nicht nachzugeben. Ich sprach zu ihnen in Ungarisch: »Freunde, Brüder, das Schicksal hat uns alle zusammengebracht, und das nicht ohne Grund. Wir alle müssen den bevorstehenden Ereignissen mutig begegnen. Wenn wir die Belagerung von Budapest überlebt haben, müssen wir jetzt, individuell und kollektiv, für unsere Zukunft kämpfen, so düster sie auch scheinen mag. Vergeudet eure Kräfte nicht in dieser Stimmung der Mutlosigkeit. Verschwendet eure letzten Kraftreserven nicht in Verzweiflungsausbrüchen. Was ihr nicht wollt, ist nicht wert, darüber zu sprechen. Denkt und redet eher darüber, was ihr wünscht, dass es geschehe. Tut alles, was in eurer Macht steht, es zu verwirklichen. Wenn ihr nicht nach Sibirien gehen wollt, sprecht nicht darüber. Gedanken und Worte sind nicht nur Tätigkeiten, sie sind Schöpfungen. Verursacht nichts, was ihr nicht wollt, dass es geschehe. Jeden Augenblick unseres Lebens erfahren wir die Wirkung dessen, was wir in der Vergangenheit verursacht haben. Wir setzen mit unseren Handlungen und Taten gewaltige Kräfte in Bewegung. Hören wir auf zu klagen, denn damit ändern wir unsere Lage nicht. Jetzt ist nicht die Zeit zu weinen, sondern zu handeln und mit vereinten Kräften für unsere Zukunft zu kämpfen. Wenn wir unser gegenwärtiges Schicksal verursacht haben, können wir ebenso unser zukünftiges Schicksal verursachen. Und das werden wir tun! Es wird uns bestimmt gelingen. Vergeuden wir unsere Kräfte nicht in Hoffnungslosigkeit, beschuldigen wir niemanden. So wie eine Welle nur fällt, um wieder emporzusteigen, so werden auch wir uns wieder erheben. Wenn wir ununterbrochen an Freiheit denken, werden wir wieder frei sein. Was jeglichen Fortschritt hemmt, ist Angst, die müssen wir ausrotten. Setzt von nun an alle eure Kräfte für Gedanken und Gefühle der Freiheit ein. Unser Ziel ist die Freiheit. Steht auf und haltet nicht an, bis das Ziel der Freiheit erreicht ist!«

Kaum hatte ich aufgehört zu sprechen, als jemand in der Menge begeistert rief: »Wie merkwürdig!« Ich hörte einmal fast dieselben Worte in einem Vortrag, den ein indischer Yoga-Lehrer voriges Jahr in der Musikakademie in Budapest hielt. Es scheint, als ob ich dieselbe Botschaft nochmals hörte, weil es das Schicksal so will, damit ich diese Wahrheit verwirkliche.«

»Freunde«, sagte ich, »der Inder, der in der Budapester Musikakademie einen Vortrag hielt, ist derselbe, der jetzt zu euch spricht. Es ist mein Los, wie das eure, die Umstände zu meistern, indem wir Kraft und Freiheit offenbaren. Vom fernen Indien bin ich gekommen, mit euch zu leben, meine ungarischen Brüder, und auch die Mühsale und Schicksalsschläge zu erfahren, die den schlafenden Riesen in uns wecken. Ich bin stolz, einer der euren zu sein. Blicken wir also dem Schicksal mutig ins Auge und fliehen wir nicht vor ihm.«

Am nächsten Morgen erkannten mich die Mitgefangenen als den Inder, der in der Nacht zu ihnen gesprochen hatte. Aber wir hatten keine Zeit für weitere Gespräche, denn bald mussten wir wieder weitermarschieren. Wir wateten durch knietiefen Schnee. Das grelle Sonnenlicht auf dem weißen Schnee ließ mich beinahe erblinden. Ein Stück altbackenen Brotes war unsere Tagesration. Hier und da meinte es das Schicksal gut mit uns, und wir bekamen einen Teller heißer Suppe.

Mit der Morgendämmerung marschierten wir los, einem unbekannten Ziel entgegen, und jeden Abend waren wir froh, wieder einen Tag überlebt zu haben.

Als die erste schwere Bombardierung von Budapest begonnen hatte, bewegte mich ein merkwürdiger Instinkt dazu, ein paar Stück Knoblauch in meine Tasche zu stecken. Ich glaube, dass das mein Leben rettete. Jeden Tag kaute ich eine Knoblauchzehe. Meine Kameraden waren überzeugt, dass ich heimlich geräucherte Wurst äße; als ich ihnen aber von meinem kostbaren Besitz anbot, zögerten sie, wegen des penetranten Geruches.

Eines Tages machten wir halt in einem Dorf. Plötzlich öffnete sich ein Fenster, und eine Frau mittleren Alters, ein ehemaliges Mitglied unserer Yoga-Schule, schaute heraus. Als sie mich in meinen zerfetzten Kleidern erkannte, brach sie in Tränen aus. »Mein Gott, auch Sie sind ein Kriegsgefangener, Herr Yesudian. Sicher haben Sie tagelang nichts gegessen, nicht wahr?« Ich nickte mit dem Kopf. »Haben Sie eine Schüssel?«, fragte sie. Ich gab ihr eine alte Konservenbüchse, die ich am Wegrand gefunden hatte und aus der ich noch ein bisschen gefrorenes Fett hatte herauskratzen können. Ich benutzte sie, um darin Schnee zu schmelzen und hernach das Schmelzwasser zu trinken. Die Frau füllte die Büchse mit gekochtem Mais, verabschiedete sich dann schnell und schloss das Fenster, bevor die Russen entdeckten, was sie getan hatte. Bis ich recht begriffen hatte, was geschehen war, hatten meine Kameraden die Büchse beinahe leer gegessen, und kaum eine Handvoll blieb für mich übrig.

In einer der folgenden Nächte saß ich wach und dachte über mein merkwürdiges Schicksal nach. Ich konnte meine Tränen nicht zurückhalten, nicht aus Selbstmitleid oder Verzweiflung, sondern vor Schmerz, den ich durch die beißende Kälte erlitt. Mein tropischer Körper war kaum mehr fähig, diese grausamen Qualen des Winters zu ertragen. Dann geschah etwas Merkwürdiges. Mein Körper wurde langsam gefühllos, zuerst der Kopf und nach und nach der ganze Körper, bis zu den Zehen. Es war, als ob der Körper nicht mehr zu mir gehörte. Wie gnadenvoll der Tod zu mir kommt, dachte ich, mich zu erlösen von dem Leid, das ich nicht länger ertragen kann. Während ich mich so vorbereitete, meinen Körper zu verlassen, begann sich meine ganze Vergangenheit vor mir abzurollen, wie auf einer Kinoleinwand. Dann tauchten die Gegenwart und die Zukunft blitzartig vor mir auf. Ob sich das alles innerhalb von Minuten oder Stunden abspielte, kann ich heute nicht sagen. Zeit und Raum schienen ausgeschaltet zu sein. Aber weil es für mich noch viele Verpflichtungen zu erfüllen und karmische Schulden zu erledigen gab, wirbelten plötzlich unzählige Wünsche in mir auf. Ich erblickte zukünftige Geschehnisse: Eine große Menschenmenge hinter mir, wir gingen alle in Richtung eines Lichtstrahls, der von einem fernen Horizont leuchtete. Ein unwiderstehlicher Drang zog mich, wie ein Magnet, zurück in meinen beinahe leblosen Körper. »Sei nie überrascht«, waren die Worte, die wiederholt in mir erschallten, laut wie Donner. Ich fühlte mich so, als ob ich nur ein riesengroßes pochendes Herz wäre. Eine unbeschreibliche Ruhe überkam mich dann, und ich erhob mich als ein anderer, neuer Mensch. Nach dieser Erfahrung wurde mir bewusst, dass ein Mensch viele Leben in einem einzigen leben kann, dass äußerstes Leiden den Verlauf geistiger Entfaltung beschleunigt, ohne dass der Mensch wiederholt auf dieser Erde geboren werden muss.

Es war unter diesen unvorhergesehenen härtesten Umständen, dass ich lernte, die wunderbaren Wahrheiten zu verwirklichen, die ich von meinem Meister in seiner Waldeinsiedelei empfangen hatte. Die Wahrheit wird zuerst gehört, dann erkannt und zuletzt verwirklicht, lehrten die Weisen seit uralten Zeiten. Aber erst draußen, auf dem Schlachtfeld des Lebens, wird die Wahrheit wirklich ein Bedürfnis und eine Notwendigkeit. Das Gebet, das ich als Kind hunderte Male wiederholt hatte, wurde in jenen Tagen meine Erkenntnis und Überzeugung – ein Bittgebet zu meinem eigenen Selbst:

> Führe mich von der Unwirklichkeit in die Wirklichkeit,
> von der Finsternis ins Licht,
> vom Tod ins Leben.

Was ich damals durchmachte, war ein Einweihungsprozess. Statt dass er in der Einweihungskammer der großen Pyramide von Ägypten stattfand, war es eine Masseneinweihung von Millionen von Menschen, die nun in den Rachen des Todes traten, um als unsterblicher Geist herauszukommen. Es ist nicht wichtig, ob sich der Mensch dieser großen Umwandlung bewusst ist oder nicht. Einmal, im Laufe vieler Inkarnationen, wird dennoch ein jeder diese Wandlung erleben, wenn er die entsprechenden, ihm bestimmten Erfahrungen macht.

Ich gehorchte bedingungslos den Befehlen einer höheren Macht, innewohnend in mir. Ich fühlte ihre schützenden Schwingen um mich, wie sie mich durch das Tal des Todes führten, und ich fürchtete mich nicht.

Nach diesem einzigartigen Erlebnis der bewussten Begegnung mit dem Tod, nach der Erfahrung, dass das Göttliche Selbst keinen Tod kennt, sondern das Leben selbst ist, dass ich Geist bin, der nie geboren ward und folglich auch nie sterben kann, war ich überzeugt, dass meine russische Gefangenschaft nicht lange dauern würde.

Meine Schuhe waren ein Kriegsprodukt mit einer dünnen Ledersohle, die sich bald löste, und darunter war nur noch eine dicke Kartonschicht. Auf diesem inzwischen durchnässten Karton ging ich nun, und die Schuhnägel stachen in meine Füße. Als wir in einem Dorf Stundenhalt machten, riss ich Stoffstreifen von meinem Hemd weg und wickelte sie fest um meine blutenden Füße. Am Wegrand sah ich einen langen Ast liegen, den brach ich entzwei, um ihn als Stock zu benützen. Das half mir, mit weniger Gewicht auf meinen wunden Füßen weiterzuhinken. Beim nächsten Halt fiel mein Blick auf das obere Ende des Stabes, das genau den Buchstaben »Y« bildete. Da fiel mir unwillkürlich ein, dass das »Y« für mich »Yoga« symbolisierte und gleichzeitig auch meinen eigenen Namen »Yesudian«.

Ich wusste damals nicht, dass dies alles mit einer Prophezeiung von Frau Haich übereinstimmte, die sie vor vielen Jahren gemacht hatte. Lange Zeit bevor ich ihr begegnete, im Alter von achtundzwanzig Jahren, war sie ein spiritistisches Medium. In einem Trance-Zustand während der ersten von vielen Sitzungen sagte sie Folgendes: »Heute seid ihr sieben an der Zahl und gründet einen neuen Kreis. Dieser Kreis wird in unserer Geistigen Welt als der »Y-Kreis« eingetragen. Ihr werdet sehen, dass sich dieser Kreis gleich einem Samen, in die Erde gepflanzt, zu einem riesigen Baum entwickeln wird, dessen Zweige sich bis ans andere Ende der Erde ausdehnen werden.«

Niemand von den Mitgliedern des neu gegründeten Kreises wusste damals, warum der Buchstabe »Y« der Name des Kreises sein sollte. Heute wissen wir es, denn unsere Yoga-Schule wird von Menschen aus allen Erdteilen besucht – der Baum ist wirklich riesengroß geworden, und seine Zweige dehnen sich aus bis ans andere Ende der Erde. Vergessen wir nicht, dass zur Zeit dieser Prophezeiung, im Jahre 1926, noch keine Yoga-Schulen existierten in Europa – unsere war die erste.

Als Knabe hegte ich immer einen Wunschtraum: Ich wollte die Freiheit im wahrsten Sinne des Wortes erfahren. Ich wollte die Länge und

Breite Indiens durchwandern, mit einem Stab in der Hand, unter dem weiten, sternenreichen Himmelsgewölbe schlafen und essen, was der Zufall mir bringen würde. Ich wollte frei sein wie ein Vogel, nichts besitzen und nichts mich besitzen lassen. Das Schicksal hatte indessen andere Pläne. Von meiner frühesten Kindheit an war mein Glaube an die göttliche Vorsehung der eines Kindes in seine Mutter. Ich hatte gesehen, wie junge Kätzchen wegkriechen von ihrer Mutter, um wenig später verzweifelt zu miauen. Ich sah ihre Mutter aufspringen, zu ihnen laufen, sie am Genick packen und zurücktragen, dorthin, wohin sie gehörten. Ich akzeptierte diese höhere Macht – und tatsächlich packte auch mich das Schicksal am Nacken und brachte mich von Indien nach Europa. Jetzt, wie ich meinen Wanderstab gefunden hatte und durch das Land wanderte, ohne Essen und Trinken, sann ich darüber nach, wie der Traum meiner Jugend Wirklichkeit geworden war. Nur die Umstände waren anders: Ich wanderte mit einem Stab in der Hand, mit zerrissenen Kleidern und Schuhen, besaß nichts und konnte nichts verlieren, ein vollkommenes Bild der Entsagung. Ein Gefühl der absoluten Resignation überkam mich, und ich war bereit, jeden Weg zu gehen, den mein innewohnendes Selbst mir bestimmt hatte, denn ich war überzeugt, dass dies der beste und einzige Weg war.

Eines Tages erreichten wir ein Lager, wo Hunderttausende von Gefangenen aus verschiedenen ungarischen Städten gesammelt worden waren. Unsere Gruppe, ungefähr fünfhundert Zivilisten, blieb zusammen. Ein Offizier kam, uns zu beaufsichtigen. Ich trat aus der ersten Reihe heraus und sagte in gebrochenem Russisch: »Herr, wir sind alle Zivilisten und haben an keinem Krieg teilgenommen. Wir haben auch niemals einen Russen getötet. Bitte, lassen Sie uns nach Hause gehen.« Mit einem ungeduldigen Murren stieß er mich zurück in die Reihe und ging weg. Eine Stunde später kam ein zweiter Offizier. Als Wortführer unserer Gruppe trat ich wieder hervor und bat um unsere Freilassung. Diesmal wurde ich mit einem Fußtritt brutal zurückgestoßen. Ich erhob mich, mit den Spuren der Schläge an Gesicht und Händen, und ging zurück in die Reihe. Als der Offizier weggegangen war, baten mich viele meiner Mitgefangenen, mich nicht länger für sie alle einzusetzen, denn meine Anstrengungen seien ohnehin umsonst. Wieder verging eine Stunde. Da wir ohne wärmende Bewegung waren, begannen wir die Kälte sehr stark zu spüren. Endlich kam ein dritter Offizier, diesmal eine Frau. Mit meiner letzten Kraft trat ich nochmals aus der Reihe. Ich kniete vor ihr und, während Tränen über meine Wangen rollten, flehte ich um Gnade und bat sie inständig, uns freizulassen. Sie lächelte, wahrscheinlich aus verschiedenen Gründen – weil sie sah, dass ich die dunkle Haut eines Südinders hatte und nicht Ungar war, vielleicht auch wegen meinem armseligen Russisch, und wahrscheinlich rührten meine tränenerstickten Worte ihr mütterliches Herz, denn ich redete sie als »Mutter« an. Sie zog sich ohne Worte zurück. Ein paar Minuten später kam ein anderer Offizier, der meine flehenden Worte auch mitangehört hatte. Mit einem Lächeln auf seinem Gesicht rief er laut: »Zivil, damoi«, was so viel bedeutete wie: »Zivilisten, geht nach Hause.«

Viele meiner Mitgefangenen umarmten mich mit Tränen der Dankbarkeit in den Augen. Ich zeigte auf die Offizierin, die unsere Gefühle mit einem freundlichen Nicken erwiderte. Tief drinnen waren die Russen weichherzig, denn auch sie hatten sehr viel gelitten. »Was immer ihr tut«, schrie ich laut, »bleibt nicht zusammen, sonst werdet ihr wieder gefangen genommen. Zerstreut euch in alle Richtungen. Gott sei mit euch.« Schon nach ein paar Minuten hatte sich die Menge zerstreut.

Obwohl ich schwer hinkte, fühlte ich keinen Schmerz, denn die Freude, wieder frei zu sein, gab mir das Gefühl, auch das Unmögliche zustande zu bringen. Das erinnerte mich an einen Zwischenfall, der sich am ersten Tage unserer Gefangenschaft zugetragen hatte. Es war während eines Luftangriffes. Eine Bombe war ganz in unserer Nähe gefallen und forderte etwa zwanzig Menschenleben. Die Überlebenden rannten weg, so schnell sie konnten, und ich war Zeuge eines erstaunlichen Phänomens: Als die Bombe explodierte, sprangen vier oder fünf Leute über einen etwa eineinhalb Meter hohen Zaun, ohne ihn zu berühren. Als sich die von panischem Schrecken gepackte Menge wieder versammelt hatte, gaben sie alle ihrem Staunen über die großartige körperliche Leistung Ausdruck; und wir waren uns einig, dass dies unter normalen Umständen unmöglich gewesen wäre. Der Selbsterhaltungstrieb dieser Leute drängte sie zu einer Leistung, deren sie zu keinem anderen Zeitpunkt fähig gewesen wären.

Während ich mich anschickte, nach Budapest zurückzukehren, bemerkte ich, wie ein alter Mann stolperte und hinfiel. Seine letzten Kraftreserven waren erschöpft. Ich eilte hin und versuchte, ihm auf die Füße zu helfen, aber er hatte keine Kraft dazu. »Gehe deiner Wege, mein Junge«, flüsterte er, »ich bin zu alt und schwach, die Rückreise durchzustehen. Ich werde hier liegen bleiben, bis mich der Tod erlöst von meinem Leiden.«

»Sie dürfen nicht so sprechen«, sagte ich. »Wenn Sie so lange überlebt haben, können Sie es auch jetzt schaffen. Kommen Sie, bleiben wir zusammen und versuchen wir es«.

Wie er das dritte Mal zusammenbrach, blieb mir nichts anderes übrig, als ihn auf meinem Rücken zu tragen, so lange ich dazu fähig war. Wäre er zurückgeblieben, hätte ihn der Schnee in kurzer Zeit zugedeckt. Mein einziger Gedanke war, dass wir beide überleben mussten. Aber schon bald begann ich unter meiner schweren Last zu taumeln. Ein russischer Lastwagen kam in unsere Richtung. Ich versuchte, ihn aufzuhalten, aber der Fahrer fuhr direkt auf uns zu, und ich konnte glücklicherweise noch schnell zur Seite springen, um nicht überfahren zu werden.

Mit dem nächsten Lastwagen, der mit einer Gruppe russischer Soldaten vorbeifuhr, ging es mir nicht besser. Der Krieg war noch nicht zu Ende, der deutsche Widerstand noch nicht vollständig gebrochen, darum zogen noch immer russische Truppen nach Budapest. Dann fuhr ein Wagen, von zwei Pferden gezogen, vorbei. Ich bat den Kutscher inständig, den sterbenden alten Mann mitzunehmen, aber er nahm keine Notiz davon und fuhr weiter. Aber nach ein paar Minuten hielt der Wagen an, und der Kutscher gab mir Zeichen, ich solle kommen. Mit der menschlichen Bürde auf meinem Rücken und dem Stab in meiner rechten Hand humpelte ich zum Wagen und legte den schwer atmenden Patienten sanft hinein. Ich seufzte vor Erleichterung, als ich den Wagen im Abendnebel verschwinden sah. Aber das war noch nicht die letzte Freude des Tages. Der Wagen hielt ein zweites Mal an, und der russische Kutscher zog mich hinauf, neben ihm Platz zu nehmen. Zwar musste ich im nächsten Dorf meinen Sitz zwei russischen Soldaten überlassen, aber der tröstende Gedanke war, dass wenigstens für meinen siebzigjährigen Freund gesorgt war.

In Zeiten der Gefahr scheinen Kraft und Mut neue Ausmaße anzunehmen. Unter normalen Umständen wären die körperlichen Strapazen, besonders aber die beinahe arktischen Witterungsverhältnisse über meine Kräfte gegangen. Ich kann meine damalige Widerstandskraft auf zwei Dinge zurückführen – auf meine bewusste Atmung, mit welcher ich mein Nervensystem fortwährend mit Prana oder Lebenskraft aufgeladen hatte, und auf das Bewusstsein, eins zu sein mit dem Selbst, der ewigen Lebensquelle, innewohnend in mir. Nie betrachtete ich meine Erfahrung als Prüfung oder Leidensweg, sondern als Weg, meinem Selbst zur Geburt zu verhelfen; und die Eigenschaften dieses Selbst waren Kraft, Mut, Furchtlosigkeit und Freiheit. Nur weil ich so tief unten war, lernte ich, mir unbekannte Höhen zu erklimmen. Nur, weil ich mich im Rachen des Todes befand, wusste ich, dass einzig das Geborene sterben kann, niemals aber das Göttliche Selbst.

Ich hatte jegliches Zeitgefühl verloren, aber endlich erreichte ich Budapest, obschon das Gehen inzwischen noch viel mühsamer geworden war. Die Bombardierung war noch in vollem Gange, denn die eingekreiste deutsche Armee hatte noch nicht kapituliert. Endlich kam ich zur Villa der Familie Haich, aber das einst stattliche Haus war fast dem Erdboden gleichgemacht. War die Familie umgekommen oder waren sie geflüchtet? Wer konnte es wissen? Ich suchte in den umliegenden Spitälern, welche den Flüchtlingen damals Unterschlupf und bescheidene Mahlzeiten gewährten. Die meisten Flüchtlinge waren Frauen und Kinder. In den halbdunklen Sälen rief ich laut nach Frau Haich und ihrer Familie. Die Leute, die da lagen und hockten, schauten mich mitleidig an. Viele Tage suchte ich umsonst, wanderte von Straße zu Straße, von Haus zu Haus. Die Stadt zählte damals eineinhalb Millionen Einwohner. Aber tief in meinem Herzen wusste ich, dass sie irgendwo überlebt hatten. Ich wusste auch, dass es eine führende Kraft in mir gab, die meine Schritte lenkte; ein allwissendes Selbst, in welches ich mein ganzes Vertrauen legte.

Eines Tages, als meine Beine mich nicht länger tragen wollten, sank ich auf die Treppenstufen eines Hauses nieder. Nach einigen Minuten setzte ich mich auf – und traute meinen Augen kaum: Der alte Mann, den ich gerettet hatte, saß ein paar Stufen über mir und schaute mich gütig lächelnd an. Ich war eingeschlafen, und er hatte gewartet, bis ich aufwachte. »Hallo, lieber Freund«, rief ich aufgeregt, »was für eine wunderbare Überraschung, Sie hier anzutreffen und zu sehen, dass Sie überlebt haben.« »Ja«, sagte er erleichtert, »mit Ihrer Hilfe und der des Schicksals, bin ich am Leben geblieben«. Er erzählte ausführlich, was für Strapazen er durchgemacht hatte, und wie er doch immer fest daran geglaubt hatte, er werde seinen Heimweg finden. Er erinnerte sich an die mitreißende Ansprache, die ich damals in der Fabrikhalle gehalten hatte, als ich erklärte, dass der Glaube die Grundlage jeder Tat sei.

Ich erzählte ihm dann von meiner schwierigen Lage, wie ich eine Familie, mit der ich gelebt hatte, überall suchte, und ich fragte ihn beiläufig, ob er vielleicht von einer Frau Elisabeth Haich und ihren zwei Schwestern mit Kindern gehört hätte. Seine Augen leuchteten vor Freude, als er mir sagte, sie alle wohnten gerade in diesem Haus, auf dessen Treppenstufen ich jetzt säße. Ich sprang auf und umarmte ihn aus Dankbarkeit und Freude über diese unglaubliche Nachricht und eilte zur Türe. Ich wurde jedoch von einem russischen Soldaten, der das Haus bewachte, zurückgehalten. Es schien das Hauptquartier einiger hoher Offiziere zu sein. Der alte Mann erklärte ihm, dass ich ein nach Hause zurückgekehrter Verwandter sei. Als auch dieses letzte Hindernis überwunden war, stieg ich, so schnell ich konnte, die Treppen hoch und klopfte im dritten Stockwerk an die Tür. Sie wurde von Frau Haich selber geöffnet. Die Freude des Wiedersehens war mehr, als ich ertragen konnte. Wie die Spannung der letzten qualvollen Wochen von mir wich, sank ich kraftlos zu Boden. Eines der männlichen Familienmitglieder half mir aufstehen, führte mich zu einem Bett und begann, den dicken Stoffverband von meinen Füßen zu entfernen. Meine Füße waren schwer entzündet, aber glücklicherweise nicht abgefroren, und es gab auch keine Infektion. Schon nach ein paar Tagen begannen sie zu heilen, und bald konnte ich wieder gehen.

Diese Folge von Geschehnissen war eine Erfahrung, die mein Leben bereicherte. Wie mir das Schicksal Schlag auf Schlag versetzte, wurde ein neues Bewusstsein in mir wach. War es nicht mein eigenes göttliches Selbst, das aus seiner selbst gesponnenen Puppe ausbrach, um mit den Flügeln der Freiheit emporzusteigen? Im Augenblick, als ich meiner wahren Natur bewusst wurde, verloren die äußeren Umstände ihre Wichtigkeit. Ich wusste, ich würde immer derselbe sein, der ewig freie, ob in Sibirien, in Budapest oder anderswo. Mein allwissendes Selbst ließ mich einen anderen Weg einschlagen und führte mich zurück zu meiner verehrten Lehrerin Elisabeth Haich, von der ich noch immer einiges zu lernen hatte.

3. Ziel des Yoga

Es war erschütternd, während des Krieges Zeuge zu sein von der mutigen und tapferen Haltung so vieler, die vorher schwach waren. Dr. H. könnte erzählen, wie er in der Folterkammer war, sein Bewusstsein versenkt in Yoga; dass der Tod *den* nicht berühren kann, der frei ist von Makel, und wie er einen fast übermenschlichen Zustand erreichte, als er während seiner Wintergefangenschaft nackt im knietiefen kalten Wasser stand. Er entwickelte bewusst körperliche Wärme, um seinen Leib zu schützen, während sein Gemüt ruhig war in Gott. Trotz vieler anderer auferlegten Torturen verriet er sein Heimatland nicht. Ein anderer Schüler wurde durch Verleumdung aus politischen Gründen ins Gefängnis geworfen. Es war Winter, und der nackte Boden war sein Bett, auf dem er in sitzender Stellung schlief. Seine rechte Hand war an den linken Fuß gekettet und seine linke Hand an den rechten Fuß. Keine von diesen Qualen konnte seine immer frohe Natur und seine

Ruhe brechen. Sein wunderbares Beispiel und seine erhebenden Gespräche über Yoga gaben seinen Mitgefangenen viel Kraft. Er brachte im Gefängnis manchen Räuber und Dieb dazu, sein bisheriges Leben aufzugeben, weil er in ihnen wahres Menschentum weckte.

Nachdem der Krieg vorüber war, klopfte es eines Tages an die Tür, und Frau Haich empfing einen gut gekleideten General. Er kam, uns die Hände zu schütteln und uns einige seiner Erfahrungen aus der Gefangenschaft mitzuteilen. General N. hatte mehrere Jahre Yoga geübt. Seine einflussreiche Position in der Armee wurde durch Verleumdung befleckt, und mit vielen anderen erwartete er täglich das Urteil des Kriegsgerichtes. »Nun muss ich gehen«, dachte er, »und wenn dies Gottes Wille ist, so will ich keine Zeit verlieren und mein ganzes Gemüt darauf richten, mein göttliches Selbst zu verwirklichen.« Alle drei bis vier Stunden kam ein Abgeordneter in seine Zelle, um ihm zu sagen, dass er jetzt gleich erschossen würde. Mit diesem Gedanken richtete er sein Bewusstsein nach innen, nur darauf bedacht, bevor er erschossen werde, das Ziel zu erreichen. Zu einer bestimmten Stunde, als einige in die Zelle kamen, um ihn wirklich zu holen, fanden sie den General in einem Zustand der Seligkeit, seine Augen wie auf eine fremde, für andere unsichtbare Erscheinung gerichtet. Sie redeten ihn an, erhielten aber keine Antwort, denn seine Sinne waren zurückgezogen und sein Bewusstsein war vollkommen eingetaucht in das höchste Reich der Wirklichkeit. Von Entsetzen und Ehrfurcht gepackt, wagte keiner dieser rohen Männer, den General zu berühren, denn jeder von ihnen fühlte die reine und unbefleckte Ausstrahlung einer geistigen Macht. Er wurde bald befreit.

Hunderte solcher und ähnlicher Begebenheiten kommen uns in Erinnerung, die wir hier nicht wiedergeben können. Sie bezeugen den unvermeidlichen Einfluss der Kräfte im Menschen, die, wenn sie bewusst im rechten Sinne geleitet werden, machtvoll alle unsere Handlungen des täglichen Lebens bestimmen.

Das Ziel unserer Yoga-Schule ist die Erziehung des Menschen zur Offenbarung seiner wahren Natur und zu zeigen, dass die Ursache von allem Leiden darin liegt, im Gegensatz zu unserer innersten Überzeugung und zu unserem innersten Willen zu handeln. Überdies müssen wir uns aber darüber klar sein, dass der wichtigste Teil unserer Erziehung das ist, was wir durch die Kraft unseres eigenen Durchhaltens und durch oft bittere Erfahrungen selber ernten.

Der Mut eines Napoleon weckt Tapferkeit und feste Willenskraft in einem Knaben. Die Zähigkeit eines Cromwell flößt einen ähnlichen Geist ein, und so sind die Leben aller Großen, von denen wir gelesen oder gehört haben, Beispiele wie brennende Fackeln. Das Beispiel allein aber genügt nicht, man muss es durch eigenes Handeln selber verwirklichen. Der Weg zur Erlangung der erstrebten Eigenschaften wird in unserer Schule gezeigt, und der Schüler lernt fleißig zu üben, um ein Mensch der Tat und der Selbstsicherheit zu werden. Wo aber sind diese Gipfel, die wir im Leben erklimmen möchten? Was sollen wir erobern, erlangen und gewinnen? Diese schwindelerregenden Höhen liegen nicht außerhalb, sondern innerhalb unserer eigenen Reichweite. Was für ein Durchbruch freudigen Sieges, wenn gewisse Schwierigkeiten überwunden sind und unsere Willenskraft vollkommene Entfaltung erlangt! Was für eine Errungenschaft und Ehre, wenn wir mit Erfolg den Berg des Zornes übersteigen! Welche Freude, wenn Hochmut durch Milde überwunden ist und Unwissenheit durch Weisheit! Yoga zeigt die praktischen Schritte, die jedes Kind und jeder Erwachsene machen kann, um Selbstbemeisterung zu erlangen. Der Schüler lernt, die Zügel seiner schweifenden Sinne zu halten. Er lernt, die himmlischen Pferde zu lenken, die den Wagen seines Leibes durch die stürmischen Wogen des Lebens tragen. Endlich lernt er, dass der Körper mit seinen unzähligen Naturkräften nur sein treuer Diener und er selbst – und nur er allein – der Meister seines Lebens ist, denn er ist Geist, ewig, gesegnet und frei. In diesem Buch wollen wir nüchtern und klar praktische Hinweise geben, um zu zeigen, wie Willenskraft, Widerstandskraft, Konzentrationsfähigkeit, Selbstbeherrschung, Gedächtnis, Unterscheidungsvermögen, Mut, Tapferkeit, geistiges und körperliches Gleichgewicht, Ausdauer, Ruhe und Frieden erlangt werden können. Unser Ziel ist es, dem Suchenden zu helfen, seinen Gesichtskreis zu weiten und einen umfassenden Horizont zu gewinnen, der alle Bezirke des Lebens einbezieht; es soll ihm zeigen, dass die Ebene dem Berg seine Majestät verleiht und der Berg der Ebene ihre Schönheit gibt. Solche alles umfassende Haltung wird den Schüler befähigen, zu sehen, dass auch jede Sekte eine lebendige Stufe ist: Ein Schutzgerüst, das die Seele in einem bestimmten Stadium des Wachstums stützen, ein notwendiger Übergang, der den Aufstieg zur geistigen Reife ermöglichen soll, nach welcher dann der Mensch von selbst alle hindernden Fesseln abstreift. Yoga ist der Weg einer rascheren Entwicklung, eines bewussten und erwachten Handelns, darauf gerichtet, das Höchste im Menschen zu offenbaren. Yoga lehrt die Sprache des Lebens und hilft uns, sie sowohl für das Kind als auch für den Erwachsenen verständlich zu machen.

Durch dieses Werk möchten wir auch viele Missverständnisse über Yoga beseitigen und seinen praktischen Wert hervorheben. Wir möchten zeigen, dass Yoga mit mystischer Krämerei oder irgendwelchen übernatürlichen Dingen nichts zu tun hat. Wir wollen zeigen, dass Yoga eine alte Wissenschaft der Selbsterziehung ist, deren Prinzipien, trotz ihrer alten Herkunft, in unserem täglichen Leben auch heute voll anwendbar sind.

Mit dem aufrichtigen Wunsch zu helfen, soweit dies möglich ist, senden wir dieses Buch hinaus mit der Bitte um Gottes Segen, der unsere täglichen Schritte und Handlungen lenkt. Möge es Licht bringen, wo Dunkel herrscht, möge es Hoffnung geben, wo Mutlosigkeit drückt, möge es Kraft geben, wo Schwäche liegt, und wo Unruhe ist, da möge es Frieden bringen.

4. Erinnerungen aus Indien

Wenn wir in unsere Vergangenheit zurückblicken und uns die Tage der Jugend in Erinnerung rufen, müssen wir zugeben, dass viele Eindrücke, die uns auch heute noch beeinflussen, in jener frühen Entwicklungszeit in uns entstanden sind. Die Schwelle der Erinnerung überschreitend, steigen lebendige Bilder auf, die reiche Begebenheiten in unregelmäßiger Folge enthüllen. Beim Versuch, diese Ereignisse festzuhalten, muss ich meine Netze in die tiefen Wasser der Erinnerung senken und herausholen, was sie enthalten. Erregung und ein Schauer des Glücks überfluten mich bei dieser Berührung mit meiner Knabenzeit. Um diese herrlichen Eindrücke zu Papier zu bringen, um die Vergangenheit in zeitlose Gegenwart zu übertragen, muss ich jene Erfahrungen wiederbeleben, das Drama jener Tage wiederholen.

Ich werde wieder jener nachdenkliche und stille Knabe, wenn ich über Seiten der Vergangenheit und über Eindrücke, die sorgfältig verborgen in der geheimen Kammer des Herzens liegen, nachdenke. Obschon ich im christlichen Glauben geboren und erzogen wurde, obschon mehrmals ein närrischer Fanatismus Herr über mich ward, pulsierte mein Herz doch im gleichen Rhythmus wie das meiner Hindu-Brüder; denn oft war ich Zeuge religiöser Prozessionen, in denen der Glaubenseifer und der Ausdruck der Hingabe alle Grenzen menschlichen Fühlens überstieg. Auch ich wurde ein stiller Teilnehmer, der schon Tage vorher die fröhlichen religiösen Feste erwartete. Jeden Monat war eine jener einzigartigen heiligen Prozessionen. Jede Woche fand irgendeine religiöse Versammlung statt. Jeder Tag brachte irgendeinen heiligen Eindruck. Jeden Augenblick atmete und lebte ich in einer Atmosphäre, die von den Namen der Götter und Göttinnen erfüllt war. Obwohl ich dieses Feuer nicht entfacht hatte, genoss ich seine Wärme. Obwohl dieser Blumengarten nicht mir gehörte, atmete ich seinen reinen Duft ein.

Die große Armut und das körperliche Elend, welche die Massen erduldeten, schienen diesen Menschen selber weniger wichtig. Aber das bloße Nennen von Gottes Namen schien alle ihre Leiden zu lindern. Ein gelähmter Bettler, ein vom Aussatz befallenes Opfer mit halb zerfressenem Gesicht oder ein von den Sünden seiner Vorväter Belasteter, seinen kranken Körper durch ein Leben voller Buße schleppend – alle diese Elenden besitzen einen inneren Reichtum, der den eines Königs übersteigt. Der heilige Name Gottes ist Nektar für ihre Leiden. Wie oft in jenen Kindheitstagen ertönte in meinen Ohren der Refrain ihrer Lieder der Liebe zu Gott. Einmal war es Govinda, Govinda, Govinda, der immer wieder durch meinen Schlaf vibrierte. Ein andermal war es Rama, Rama, Sita, Ram. Dann wieder waren es Radha, Krishna, Parvathi, Shiva, Mahadeva, Vishnu, Lakshmi, Sarasvathi, Savitri, Kali, Ishvara, Parameshara, Vasudeva, Sukadeva, Vyasa, Parasurama, Brahma, Hari, Hara, Om, Om, Om.

Die Atmosphäre Indiens ist von Gott erfüllt; denn die Kinder Bharatas leben in Gott, schlafen in Gott und sterben in Gott. Die Kraft des Ungelehrten ist sein Gott. Der Besitz des Armen ist sein Gott. Der Tröster des Leidenden ist sein Gott. Für den Hindu ist dieses Leben vergänglich. Körperliche Genüsse vermögen ihm keine dauernde Befriedigung zu geben, und schon von Geburt an trinkt er mit der Muttermilch das Wissen seiner Vorväter, der Weisen und Rishis, dass die einzig bestehende Wirklichkeit, die die sterbliche Natur übersteigt, Gott ist. Für den Hindu gibt es keine trennende Linie zwischen ihm und seinem Gott. Es ist eine Verbindung wie zwischen Mutter und Sohn oder Vater und Sohn. Die Auffassung von Himmel und Jenseits besteht nicht für den Hindu, denn er wünscht nicht, diese irdische, materielle Existenz in einer anderen Form weiterzuschleppen. Sein Wunsch ist es, sich von seinem gegenwärtigen Zustand zu einem göttlichen Instrument zu vervollkommnen und Göttlichkeit zu erreichen. »Ihr sollt vollkommen sein, gleich wie euer Vater im Himmel vollkommen ist.« Dies ist keine Sage für ihn. Seine Auffassung über die menschliche Entwicklung ist die des Wachsens aus der Kindheit, Jugend und Männlichkeit zur Göttlichkeit. Oft sprach mein kindlicher Fanatismus zugunsten des christlichen Glaubens. Ich sah damals nicht, dass dieser, wie viele andere Wege, auch wichtig war, auch ein Mittel, um das Ziel zu erreichen. Aber ich verfocht das Christentum als das einzige Ziel und errichtete die schwache Festung des Fanatismus um mich. »Ihr Christen bekämpft euch gegenseitig«, sagte ein einfacher Hindu zu mir. »Sei ein Christus, wenn du ein Christ sein willst.« Verwirrt und verblüfft durch eine so ehrliche Feststellung, musste ich doch zugeben, dass er recht hatte. Ich erkannte, dass ich eine kämpfende Gesellschaft vertrat, die sich »Christen« nannte und in keiner Weise nach den Lehren Jesu handelte.

Der Hindu ist in der Anwendung seiner Religion sehr praktisch. In seinem alltäglichen Leben strebt er nach Gott-Verwirklichung. Dieser tiefe Riss, den wir Christen schaffen, wenn wir aus unserer Religion eine Sonntagsangelegenheit machen, fehlt bei dem Hindu ganz. Wenn ich manchmal, Jahre später, in Europa, mein Gemüt in die Stille Gottes zurückzuziehen wünschte und an einem Werktag zu einer wunderschönen christlichen Kirche ging, fand ich nur das geschlossene, schwer verriegelte Tor vor. Nachdenklich die Treppenstufen hinuntersteigend, wurde es mir dann klar, warum Gott für die Christen so unerreichbar ist.

Wenn der geschäftige Verkehr in Madras verebbte, sah ich oft herrenlose Kühe in der Mitte der Straße sich niederlassen, auf der eine Stunde vorher noch das Leben pulsierte. Man sieht auch Hunderte von Heimatlosen – seit Jahren ohne Dach über ihrem Kopf – sich versammeln. Manche kommen allein, manche mit ihren Familien, jeder eine Strohmatte und ein Lendentuch als einzigen irdischen Besitz mit sich tragend. Den Staub von dem Pflaster wischend, breiten sie ihre Matten aus und schlafen darauf, bis das erste Zeichen des Verkehrs sie wiederum auf ihre endlose Wanderschaft treibt.

Auch ist es nichts Ungewöhnliches, zu sehen, wie der Laden eines Zuckerbäckers nach Geschäftsschluss rasch gereinigt und mit dem Bild eines Heiligen in einen lieblichen kleinen Altar verwandelt wird, bekränzt von Ringelblumen, Jasmin und Rosen. Um zehn oder elf Uhr abends dringt die Kunde in das Volk, dass ein Brahmanen-Priester oder ein wandernder Mönch die großen Werke, das Mahabharata oder das Ramayana, singen und erzählen wird. In wenigen Minuten sieht man dann einige hundert Männer, Frauen und Kinder vor dem Laden sitzen. Manchmal ist der Erzähler sehr alt, aber er ist ein Meister in der Kunst, seine Zuhörer in die Welt jener vergangenen Zeiten zu versetzen, in welcher Indien in seinem nie verblassenden, unsterblichen Gewand lebte. Öfters habe ich selbst zugehört, und die Wirkung war derartig, dass meine stolze christliche Haltung, die den Hinduismus als unwissendes Götzentum verurteilte, beim Öffnen der Tore dieses ältesten Glaubens auf Erden weggeschwemmt wurde. Ich konnte nicht anders als fühlen, wie töricht und anmaßend ich war, meinen christlichen Glauben für höherstehend zu halten. Bald verwarf ich diese lähmende Auffassung, welche das Anrecht auf die Alleinherrschaft über alle anderen Religionen erhebt und nur den Machtdrang unterstützt.

Viele alte Völker erzählen in ihren Epen, in einem erhabenen Stil, die Taten ihrer Helden. Das Mahabharata und das Ramayana jedoch übertreffen jede Beschreibung. Beim Lesen oder Hören dieser Epen steigt man von der menschlichen Ebene irdischer Existenz zu den Sphären der Helden, Götter und Göttinnen empor. Da ist man nicht nur ein Zuschauer, sondern ein Teilnehmer an den Geschehnissen. Da wird man selber zu einem der fünf Pandava-Brüder, man ist wirklich dort und teilt ihre Sorgen, ihre Leiden, ihre Triumphe und ihre Siege. Und wer möchte nicht mit Savitri in das Reich von Yama, dem Herrn des Todes, gehen, um ihren Satyavan ins Leben zurückzugewinnen? Welch eine Flut von Gefühlen, welch eine Ekstase der Liebe, welch ein Pathos, welch weibliche Anmut, welche Treue und was für ein Mut, der keine Kompromisse kennt! Selbst Yama, der große Gott, ist machtlos gegenüber solch einer Liebe wie Savitris – und er gibt ihr Satyavan zurück.

Diese Erzählungen dauern oft bis in die frühen Morgenstunden. Mit wenig oder gar keinem Schlaf an diesem Tag gehen die Leute an ihre Arbeit. Bei solchen Gelegenheiten wird der leiblichen Bequemlichkeit keine Beachtung geschenkt. Manchmal dauern diese Erzählungen eine Woche und noch länger. Aber die geduldige Menge kehrt täglich mit dauernd wachsendem Eifer zurück. Da der geistige Lehrer keine Bezahlung annimmt, bringt man ihm Nahrung und Früchte. Sein Haus ist das Universum, sein Dach das blaue Firmament und sein Herz das Volk, in welchem die unsterbliche Botschaft des Mahabharata pulsiert. Es ist die Botschaft des Mahabharata, die heute in meinen Adern kreist, wie in den Herzen von Millionen Kindern Indiens. Die würdevolle Haltung von Drona, wenn er seine königlichen Schüler in der Handhabung ihrer Waffen unterweist, kann in uns nur kraftvolle Beherrschung über unsere Natur wachrufen.

Als Arjuna seinen Bogen hebt und zielt, fragt Drona: »Was siehst du, Arjuna? Siehst du den Baum?« – »Nein, Herr.« – »Siehst du die Zweige?« – »Nein, Herr.« – »Siehst du den Vogel?« – »Nein, Herr.« – »Was siehst du denn, Arjuna?« – »Oh edler Herr, ich sehe nur das Auge des Vogels.«

Wer fühlt nicht, dass derjenige, dessen Anbetung gleich ist, nichts sehen kann außer Gott? Wer weiß nicht mit Sicherheit, dass mit solcher Eindeutigkeit der Hingabe das Ziel »Gott« getroffen und erreicht werden muss?

5. Erinnerungen aus meinen Jugendjahren

Oft war ich Zeuge seltsamer Begebenheiten, die sich im Wartezimmer meines Vaters abspielten. Ständig strömten hier, abgesehen von den Patienten, eine Schar Besucher und Freunde aus und ein. Ein Herr, der eine hohe Stellung im Gericht innehatte, nahm eines Tages seinen Abschied und trat das Leben eines wandernden Mönches an. Die uralten Philosophie-Systeme waren ihm wohlvertraut. Er kannte den Vedanta, die Upanishaden, die Gita und die Epen. Es fehlte ihm auch nicht an Kenntnis der westlichen Lehren der Philosophie, die er als eine angefangene Kreislinie bezeichnete, welche noch ihrer Vollendung bedarf. Manchmal gab es eine Diskussion, aber gewöhnlich endete sie mit einer Debatte und fand zuletzt, meisterhaft geführt, ihren Höhepunkt in einer der Heiligen Schriften, sei es im Koran der Mohammedaner, dem Dhammapada der Buddhisten, der Bibel der Christen oder den Veden der Hindus.

Dort war es, dass meine konservativen christlichen Ideen ihre erste Erschütterung erlitten, als ich erkannte, dass die Veden alle Arten von Glaubensbekenntnissen guthießen, da sie sie als die mannigfaltigen Offenbarungen des Glaubens betrachteten, welche der Einzelne für seine Fortentwicklung benötigt. Der Buddhismus war im Hinduismus (dem Vedanta) eingeschlossen und war niemals eine selbstständige Religion. Er bedeutete vor allem eine Reformation der Lebensweise der Hindus; und der erhabene Buddha beabsichtigte niemals, eine Religion zu gründen. Ich war sehr erstaunt, als ich vernahm, dass die symbolische Legende von Adam und Eva aus dem alten Testament der Juden schon längst vorher in den Veden zu lesen war, und zwar mit den Namen Adima und Heva.

Möge die Welt so viele Glaubensbekenntnisse aufweisen, wie sie nur nötig hat. Diese können nie schaden, sondern nur Gutes bringen. Diese großzügige Einstellung der Hindus setzt allen Streitigkeiten zwischen den Religionen ein Ende.

»Was siehst du auf jenem Baum, oh Arjuna?«, fragte einst Krishna, der Herr. »Ich sehe einen Baum, oh Herr, behangen mit schwarzen Beeren«, antwortete Arjuna. »Nicht einen Baum, bedeckt mit schwarzen Beeren, oh Arjuna, sondern einen Baum, bedeckt mit Shri Krishna«, sprach der Herr.

So lernte ich erkennen, dass ein und derselbe Gott den Baum des Lebens bedeckt, allen Menschen Schutz gewährend, ob sie nun Mohammedaner, Juden, Christen oder Hindus sind.

Aus der Bildersammlung meiner Erinnerung steigen Gesichter auf und rufen Eindrücke in mir wach, die sich zu Zeiten meiner Kindheit tief in meine Seele eingeprägt hatten. Eines ist das eines Märchenerzählers, das andere gehört einem Sänger, das dritte einem Redner, wieder ein anderes einem gewandten Disputanten, und unter vielen mehr sehe ich noch das Gesicht eines stillen Menschen, mit welchem mein Vater manche einsamen Stunden teilte.

Der Märchenerzähler schmückte seine Geschichten mit unterhaltsamen Fabeln aus dem Panchatantra, einer der ältesten Sammlungen von Tiergeschichten. »Babu«, rief er mir zu, »ich habe heute noch einige Geschichten für dich. Aber beende zuerst deine Schulaufgaben.« Eiligst erledigte ich meine langweiligen Arithmetik- und englischen Grammatik-Aufgaben und saß bald darauf zu den Füßen dieses eigenartigen Menschen, dessen Ziel darin bestand, die Menschheit zu verbessern. Es nahm ihn kaum jemand ernst, da er seine Absicht allzu häufig verlauten ließ. Ich kümmerte mich wenig um diese Tatsache, umso mehr aber öffnete ich mein Herz all dem, was mein uraltes Mutterland an Schätzen birgt. Einige seiner Geschichten stammten aus den

Epen. »Weißt du, wie unser graues Eichhörnchen zu seinen weißen Streifen kam?«, fragte er.

»Als Rama seine Brücke zwischen Bharata und Ravanas Insel (Indien und Ceylon) baute, um sein Heer zur Vernichtung des Riesen Ravana hinüberzuführen, wurde ihm von allen tierischen Bewohnern des Waldes geholfen. Hanuman, der große Affenkönig, beschäftigte sich mit seinem ganzen Affenvolk mit der Überführung großer Felsblöcke und entwurzelter Bäume. Auch kleine Tiere kamen herbei, um Rama zu helfen, und eines von ihnen war ein kleines graues Eichhörnchen, das seinen kleinen Anteil Sand herbeitrug, um den Ozean aufzufüllen. Rama, der Herr, fand großen Gefallen daran und streichelte den Rücken des Tierchens, welcher sofort drei weiße Streifen bekam. Seitdem tragen alle Eichhörnchen im Lande Bharata die gesegneten Zeichen Ramas.

Wo auch ein Inder ein Eichhörnchen sieht, muss er an Rama, den Herrn, denken, und indem er an den Herrn denkt, denkt er an Gott selbst, welcher in der Gestalt Ramas verkörpert war. So fühlt er sich selbst gesegnet.«

Eine andere Geschichte, die mir besonders lieb war, erzählt von einem treuen Papagei. Ein hungriger Jäger zielte mit seinem vergifteten Pfeil auf ein Reh, verfehlte aber sein Ziel und traf stattdessen den Stamm eines hohen Baumes. Das tödliche Gift durchtränkte die Wurzeln: Bald siechte der Baum dahin und starb ab. Alle Insekten und alle Vögel, welche den Baum bewohnt hatten, verließen ihn. Doch einer verließ den Baum nicht, und das war ein frommer Papagei. Fest entschlossen, sein Leben mit seinem alten Freund, dem Baum, zu beenden, blieb er. Alle guten Taten und Tugenden erreichten Indra, den König der Götter, und die Tugenden des Vogels stiegen bald zum Himmel. Als der Gott auf die Erde herabschaute, war er sehr erstaunt über die Treue des Papageis. In der Gestalt eines Einsiedlers erschien der Gott dem Vogel, um seine Ehrlichkeit auf die Probe zu stellen, und sagte: »Warum hast du, oh Vogel, nicht einen anderen Baum als Heim gewählt? Manche sind jung und schlank. Andere sind alt und mächtig und beherbergen auch Baumgötter. Wähle unter den vielen in diesem schönen Wald.«

»Oh Indra, durch meine Askese und meine Jahre sind alle Dinge mir bekannt«, sprach der Vogel. »Sei willkommen, König der Götter! Warum trachtest du, mich in Versuchung zu bringen, einen zu verlassen, der mich bei meiner Geburt und während meiner kranken und alten Tage beschützt hat? Es war unter diesen ehrwürdigen Ästen, dass ich das Gesetz des Lebens kennenlernte und das Geheimnis jenseits des Todes. Sollte ich, oh König, denjenigen, der mich am meisten liebte, verlassen? Ich ziehe es vor, bis zu meinem Ende dazubleiben.«

Beglückt von der Treue und dem Wissen des frommen Papageis verwandelte sich Indra in seine himmlische Gestalt, strahlend wie die Mittagssonne. Er lobte den Vogel für sein Verdienst und sprach: »Wünsche dir eine Gnade – ganz nach deinem Belieben.«

»Bringe meinen treuen Freund zum Leben zurück, oh König!«, bat der Vogel.

Indra sprenkelte einige Tropfen Lebenswasser auf die Wurzeln: Bald erstand der Baum zu neuem Leben und hob seine Äste in Anbetung zu Indra.

6. Die Sprache des Urwaldes

Die Tiere, seien es Vögel oder Vierbeiner, haben bestimmt ein fühlendes Herz, und sie antworten auf die Sprache der Angst oder der Freundschaft. In Indien, meiner alten Heimat, durchwanderte ich, die Stille und Einsamkeit genießend, oft tagelang die Wälder und Dickichte des Südens. Ich suchte nach jenen Menschen, die, von der ruhelosen Welt zurückgezogen, in Waldeinsiedeleien als Yogis leben und nach dem suchen, was alle leiblichen Freuden übertrifft, nach jenen Menschen, die nicht mehr unter der schweren Peitsche der Sinne leiden, die lehren, dass Zufriedenheit nur durch die Beherrschung und den richtigen Gebrauch der inneren Kräfte erlangt werden kann, Jene Männer, die sich erheben und die Göttlichkeit des Menschen verkünden und ihn von den Banden falscher Erziehung befreien. Ich hatte das

Glück, einige solcher Übermenschen zu finden, die die Gipfel des inneren Himalaya überwunden hatten und ein Teil des sie umgebenden Friedens geworden waren. Ihre Einsiedeleien waren wie Adlerhorste in schwindliger Bergeshöhe, manche auch wieder in der Tiefe gefährlicher Urwälder verborgen. Mutter Natur hält diese Friedliebenden, die ihre rätselvolle Sprache der Gewaltlosigkeit erlernt haben, an ihrem Busen geborgen; denn in ihrem weiten Reich, in dem ihre Kreaturen die eigene Haut durch Selbstverteidigung zu schützen haben, müssen diese Männer Furcht und Aggression aufgeben, wenn sie in einem Gebiet leben wollen, das den Tieren gehört. Manchmal sieht man einen schwarzen Panther, einen wunderschönen, aber wilden Leoparden, oder gar einen Tiger vor der Hütte eines Yogis sich entspannt niederlassen. Sie haben einen besonderen Instinkt, der ihnen sagt, ob die Umgebung ihnen freundlich oder feindlich gesinnt ist.

Sri Ramana Maharishi, der große Weise in Südindien, machte eines Tages seinen gewohnten Spaziergang zu dem heiligen Berg Arunachala. Er wurde von Madame Elisabeth Ràtonyhi, der früheren Präsidentin der Theosophischen Gesellschaft in Ungarn, begleitet. Beim Eintritt in den Wald begegneten sie einem sich nähernden Tiger, der offensichtlich auf Beute aus war. Der Weise stand still, während seine ausländische Besucherin, der Sprache beraubt, auf das knurrende Tier starrte, das sich ihnen näherte. Maharishi ergriff ihr Handgelenk, und Madame Ràtonyhi fühlte plötzlich, dass alle Furcht sie verließ. Ein wildes Tier sieht die innersten Gefühle des Menschen, und es ist unmöglich, sie vor ihm zu verbergen. Umsonst zeigt man ein Lächeln, wenn das Herz dabei doch voller Furcht ist. Das Tier sieht die Wahrheit. Ihren Atem zurückgewinnend, ging die Dame einige Schritte hinter den Weisen zurück und bemerkte bald, dass jedes Gefühl von Furcht und Angst von ihr gewichen war und sie ein unglaubliches Sicherheitsgefühl empfand. Sie war sich bewusst, in der Gegenwart von Maharishi zu sein. Der Weise, dessen Sprache das Schweigen war, sprach selten zehn Sätze während eines Tages, denn er war überzeugt, dass Schweigen das wirksamste Mittel zum Handeln ist, da es die Gefühle mit größter Intensität überträgt. Nun sprach er in sehr freundlicher Weise die große Katze vor ihnen an und sagte: »Geh weg.« Die Worte fielen sehr sanft, wie eine freundliche Aufforderung. Das geduckte Tier richtete sich bei diesem Befehl auf und ging langsam in der Richtung weg, in die der Weise gewiesen hatte.

Der Weise sagte, wenn man seine eigene, wahre Natur der Vollkommenheit verwirkliche, so sei man fähig, jeden gewünschten Einfluss auf die wildesten Tiere auszuüben. »Wenn wir fähig sind, wirkliche Liebe auszustrahlen, können uns die Tiere kein Leid zufügen«, war seine ruhige Erwiderung an einen erstaunten Frager in der Einsiedelei.

Während der frühen Jahre seines eigenen Suchens nach der Wahrheit erachtete Maharishi das Gelöbnis des Schweigens als ein mächtiges Mittel, um das ruhelose Gemüt zu beruhigen und zu beherrschen. Einer fiebernden Welt unerreichbar, lebte er allein in Höhlen, um ungestört meditieren zu können. In solcher Innenschau erlebte er tiefste Zustände, die oft mehrere Stunden dauerten. Es wird erzählt, dass während dieser Zeit Tiger ihn besuchten und einige seine schmale Höhle bewohnten und ihm Gesellschaft leisteten. Sie hatten nicht die leiseste Absicht, dem Bewohner der Höhle, bei dem einige für mehrere Wochen Obdach suchten, irgendein Leid anzutun. Sie schnurrten laut und spielten in seiner Gegenwart, wie es Katzen tun.

Die Inder wissen, dass die Yogis nichts dagegen haben, wenn wilde Tiere sie besuchen. Es können herumstreifende wilde Elefanten sein oder auch kleine Rehe, die sich in dieser friedvollen Umgebung niederlassen. Das Interessanteste dabei ist, dass alle diese Tiere in der Gegenwart des Yogi zahm werden und aufhören, sich gegenseitig anzugreifen. Man sieht buchstäblich den Tiger und das Lamm oder einen Leoparden und ein Reh friedlich nebeneinander. Es gibt keine Furcht auf dem heiligen Grund der Einsiedelei, und man ruft sich den Garten Eden in Erinnerung, mit seiner allein herrschenden Eigenschaft der Liebe, die die Atmosphäre durchdringt und alle Herzen, die der Menschen und die der Tiere, regiert. Einige persönliche Erlebnisse aus meiner Jugendzeit steigen in meiner Erinnerung auf. Eines Sonntagmorgens kamen wir von der Kirche heim und fanden die Tore unseres Landhauses weit offen und das Haus leer. Affen sind auf dem Land nicht nur eine Plage, sondern eine wirkliche Bedrohung, denn sie rauben alles, Nahrung und Gegenstände. Die Türen und Fenster müssen deshalb geschlossen bleiben, wenn man weggeht. Wir wussten, dass Mutter zu Hause sein musste, aber wir wurden ängstlich, als wir sie nirgends fanden. Nach beträchtlichem Suchen entdeckten wir sie endlich, auf dem Rücken liegend, in bewusstlosem Zustand auf dem kalten Boden des Badezimmers. Bei unserem Erscheinen entrollte sich eine Kobra von ungewöhnlicher Größe von Mutters Körper und verschwand im Garten. Mein Vater, der Arzt war, begann sofort den kalten, steifen Leib zu untersuchen. Glücklicherweise zeigte sich kein verhängnisvoller Biss. Schwaches Pochen des Herzens war spürbar und eine leichte Wärme oben am Kopf. Durch eine flinke Massage kehrte das Leben in den Körper zurück, und Mutter war fähig, aufzusitzen und zu erzählen, was sich ereignet hatte. Dies geschah im regnerischen und kühlen Monat Dezember, wenn die Schlangen Wärme suchen. Die Kobra, die deshalb ins Badezimmer gekommen war, erhob zischend ihren Kopf und schlug nach vorn, um Mutter zu beißen, als diese hineinging. Weil sie aber nicht den geringsten Widerstand spürte, hörte sie auf, anzugreifen und kroch vorwärts. Mutters Instinkt sagte ihr, nicht zu fliehen, aber der ungewohnte Anblick ließ ihr Blut erstarren; sie sank zu Boden und fühlte nichts mehr. Die Schlange hatte sich rund um ihren Hals und die Arme gerollt, wo sie Wärme fand, was sie ja gesucht hatte, und blieb da, bis der Lärm unseres Kommens sie aufstörte und in den Garten entfliehen ließ. Es war ungewöhnlich nass und kalt in jenem Monat. Eine sich im Garten verbergende Kobra zu haben, bedeutete das gefährliche Risiko, jeden Augenblick unerwartet gebissen zu werden, weshalb ein Schlangenbändiger geholt wurde, der die Schlange durch den Zauber seiner eigenartigen und monotonen Musik bald hervorlockte. Vater hatte strengen Befehl gegeben, dass die Kobra unter keinen Umständen getötet werden durfte, und so wurde sie in einem flachen, runden Behälter in den Urwald zurückgetragen, woher sie gekommen war. Meine Schulknabennatur verlangte den Tod für so einen gefährlichen Eindringling, aber ich hörte Vater freundlich sagen: »Sie tat Mutter nichts zuleide, so wollen auch wir sie nicht töten.«

Als Knabe schaute ich eifrig nach den bleiversiegelten Teebüchsen aus, die unsere Tante jeden Monat von ihrer großen Plantage in Ceylon sandte. Sie lösten in mir eine wunderliche Gedankenverbindung aus, die mich bei ihrer Ankunft jedes Mal erschauern machte. Die Plantage war weit entfernt von der Zivilisation, und der Bungalow lag einsam mitten in dieser Plantage. Dort gab es viele wilde Tiere und Schlangen. Die Teepflanzen schienen nicht genügend Schutz vor der brennenden Sonne zu bieten, und Schlangen in großer Zahl und Vielfalt nahmen ihre Wohnung rundherum. Meine Tante und ihre Familie liebten die Natur, und in ihrer Einsamkeit hatten sie eine Reihe befreundeter Tiere, die sie täglich besuchten und die von ihnen gefüttert wurden. Unter diesen war auch eine mächtig große schwarze Kobra, die dann und wann zu den Türstufen hinaufglitt, um gezuckerte Milch aus einer Schale zu trinken. Währenddessen erlaubte sie meiner Tante, ihren schönen, stolzen Kopf zu streicheln. Nur eine falsche Bewegung der Hand – und der zischende Kopf hätte in Blitzesschnelle zugeschlagen und die Augen meiner Tante für immer geschlossen. Ein einziges Zeichen von Furcht hätte genügt, dem Reptil Angst und Misstrauen zu verraten, und aus reinem Drang zur Selbstverteidigung hätte die Kobra nicht gezögert, zu beißen.

Als Knabe interessierte ich mich brennend für Naturwissenschaft und verbrachte eifrig meine freien Stunden draußen, um praktische Beweise für all das zu sammeln, was ich gelesen, gehört oder gesehen hatte. Die Natur war meine Freundin. Einmal, als ich vierzehn Jahre alt war, sandte mich Vater auf das Land, um die Reisernte zu überwachen. Viele Arbeiter waren auf dem Feld, und ich beobachtete die einfachen, fröhlich singenden Menschen, während ihre flinken Hände den reifen Reis schnitten und die goldenen Kornähren sammelten. Während das Korn geschnitten wurde, sah ich große grüne Schlangen von dem geernteten Feld sich wegschlängeln. Sie waren etwa einen Meter lang und zwei Zentimeter dick. Ich wurde gleich geschäftig und fing etwa sechs lange schlanke Tiere. Ihre Bewegungen waren außergewöhnlich elegant und schnell, aber mich auf sie stürzend, konnte ich eine nach der andern beim Schwanz aufheben und sie mit ausgestrecktem

Arm festhalten. In weniger als einer Minute waren alle Männer und Frauen Hals über Kopf in verschiedenen Richtungen davongerannt. In angemessener Entfernung Zuflucht suchend, riefen sie laut, ich solle die Schlangen wegwerfen und davonrennen, sie seien ungewöhnlich gefährlich. Ich hatte sie für meinen Lehrer zum Zeigen in der Klasse gesammelt, aber jetzt war ich gezwungen, sie wieder freizulassen, denn die erschrockene Gesellschaft verweigerte die Arbeit, solange ich die Schlangen gefangen hielt. Blitzschnell waren die grünen Schlangen wieder außer Sicht. Ein Bauer rannte zu mir und flehte, dass ich mich waschen solle, denn man wüsste nicht, welches Gift diese Kreaturen ausgeschieden hätten. Ich versicherte ihm, dass ich ganz unversehrt sei, aber trotzdem zog er mich zum nächsten Brunnen und scheuerte mich gründlich. »Diese Schlangen zielen auf die Augen, und ihre Opfer erblinden«, wies er mich ärgerlich zurecht, »glücklicherweise hieltest du sie beim Schwanz.«

Ich bin ein geborener Liebhaber der Natur und ihrer Myriaden Kinder. Irgendwie habe ich eine besondere Beziehung zu den Schlangen, und instinktiv fühle ich, dass sie mir kein Leid antun können, denn ich spreche ihre Sprache und verstehe sie wie Mowgli im Dschungel-Buch von Kipling. In der Dämmerung vergnügen sich die Spatzen zu Hunderten in den Bäumen und halten ihre tägliche Konferenz über die Ereignisse des Tages. Sie schwatzen unaufhörlich in einem eintönigen Gezwitscher, oft länger als eine halbe Stunde, und dann, wie auf einen gegebenen Befehl, herrscht Totenstille. Es muss einen bestimmten Grund haben, dass sich die Vögel überall auf der Erde in dieser merkwürdigen Weise benehmen. Wie laut auch immer ihr Geschwätz tönen mag, ihre zirpende Sprache muss einen Sinn haben, wenn sie so miteinander schwatzen. Das Zischen der Schlange, das Geschwätz der Affen, das Gurren der Taube, das Schnurren der Katze, das Muhen der Kuh, das Trompeten des Elefanten oder das Brüllen des Löwen, alles hat seinen Sinn im Reich der Natur. Sie gab jeder ihrer Kreaturen ihre eigene Art des Ausdrucks, sei es, wenn sie lieben oder wenn sie kämpfen. Alle Tiere, seien es Vögel oder Vierbeiner, haben ein fühlendes Herz und antworten auf die Sprache der Furcht oder der Freundschaft.

Der Instinkt, der die Löwin veranlasst, ihre geschlagene Beute zu ihren Jungen in die Höhle zu schleppen, ist Liebe. Der Instinkt, der sie heißt, ihre Jungen vor einem Eindringling zu schützen, ist Liebe; und ihr Instinkt, der sie frei in ihrem Urwald herumstreifen lässt, ist ihre Liebe zur Freiheit.

Ein junger Mönch machte sich auf, mit der Absicht, Gott zu suchen und zu verwirklichen. Er hatte sich allen möglichen schweren Übungen hingegeben und, obwohl er einen langen Weg in der geistigen Entwicklung vorwärts gegangen war und Verwirklichungen erreicht hatte, die für viele unerreichbar sind, dürstete ihn nach der endgültigen Wahrheit. Von allen wurde er als ein großer Heiliger betrachtet, aber er selber fühlte, dass seine eigenen Leistungen nicht genügten, ihm Frieden zu geben. »Die Zeit vergeht, und noch habe ich Gott nicht verwirklicht«, seufzte er. Äußerst unbefriedigt von der Vergänglichkeit der Welt, sehnte er sich nach der grundlegenden Wirklichkeit. »Was für einen Sinn hat das Leben, wenn ich nicht einmal fähig bin, meine eigene Natur zu verstehen«, rief er schmerzvoll aus. »Es ist unnütz für einen Menschen wie mich, der Gott nicht schauen konnte, zu leben. So werde ich denn meinem Leben ein Ende setzen.« In großer Verzweiflung ging er mit dieser Absicht hinaus in den Wald. »Dieser Leib, ohne die Verwirklichung Gottes, ist nicht wert, weiter getragen zu werden. Er würde besserem Zweck dienen, wenn er einem hungrigen Tier gegeben würde. Ich bin hungrig nach Gott, und ein Tiger ist hungrig nach Fleisch, so werde ich diesen Körper einem Tiger geben, um wenigstens einem Zweck zu dienen.« Nachdem er etwa die Mitte des Dickichts erreicht hatte, legte er sich auf den Rücken, um auf ein Tier zu warten. Nach kurzer Zeit erschien tatsächlich ein Tiger und näherte sich in langsamen Schritten seiner Beute. Der entschlossene Mönch lag reglos und wartete auf den verhängnisvollen Sprung. Aber zu seinem äußersten Erstaunen näherte sich ihm das Tier, stand wenige Schritte entfernt still und starrte auf ihn, ohne jede Absicht, ihn zu töten. Nach einigen Minuten verließ der Tiger den Ort. Der Mönch nahm dies als ein Zeichen der Ermutigung und kehrte zu seiner Höhle zurück, um seine Meditationen fortzusetzen. Er war noch nicht dreißig Jahre alt, als er den göttlichen Segen erfahren hatte. Er war dazu bestimmt, in späteren Jahren in Indien und im Ausland die Wahrheit über die Natur des Menschen und seinen Sinn auf dieser Erde zu verkünden. Es war jener Mönch, der den Völkern des Westens das Evangelium von der göttlichen Natur des Menschen predigte. Er war der Erste, der zu verkünden kam, dass wir nicht zur Hölle verdammt sind für unsere Fehler, und er war es, der es wagte zu erklären, dass der Mensch nie vom Irrtum zur Wahrheit aufsteigt, sondern von Wahrheit zu Wahrheit, von einer tieferen Wahrheit zu einer höheren Wahrheit. Er lehrte, dass wir die begangenen Fehler nicht zu fürchten haben, sondern sie als reiche Erfahrungen und als eine große Lehre nehmen und sie mutig überwinden sollen.

Eines Tages nahm er in London einige seiner europäischen Schüler zu einem Spaziergang auf die grünen Matten der ländlichen Umgebung mit und unterwies sie in geistigen Dingen. Die Gesellschaft folgte langsam, tief in Gedanken über die machtvollen Worte des jungen Mönchs. Plötzlich bemerkten sie, dass ein wütender Stier auf sie zustürzte. Die Gesellschaft suchte hinter den spärlichen Bäumen Zuflucht; aber eine Frau, vom Stier verfolgt, konnte nicht mehr rennen und fiel vor Erschöpfung um. Der furchtlose Mönch eilte hin und stellte sich vor die Frau. Der Stier griff mit gesenkten Hörnern in größter Geschwindigkeit an. »Endlich ist mein Ende gekommen«, dachte der Mönch und erwog in seinen Gedanken nur, wie weit der Stier ihn werfen und wie viel Zeit dies der Frau geben würde, um aufzustehen und zu entkommen. Mit gespreizten Beinen, die Arme auf der Brust gekreuzt, wartete er. Niemand kann sagen aus welchem besonderen Grund, aber das angreifende Tier stand plötzlich vor dem kühnen Mönch still wie vor einem tiefen Abgrund. Sein Atem war heiß und schwer. Seine roten Augen überwachten den standhaften Gegner, und im nächsten Augenblick kehrte er um und ging in der entgegengesetzten Richtung fort, so dass die Gesellschaft hinter ihrem geliebten Lehrer Schutz suchen und das Feld verlassen konnte. Dieser Mönch war Swami Vivekananda.

Unzählbar sind solche Begebenheiten in Indien, und die hohen Tugenden, welche die Leute den Yogis zuschreiben, sind wohlbegründet, denn diese Ereignisse sind Tatsachen und nicht Erfindung. Dennoch aber betrachten die Inder diese Vorkommnisse als nebensächliche Ereignisse von keiner besonderen Wichtigkeit. Sie fragen vielmehr, ob ein solches Verdienst den Menschen geistig vorwärtsbringen kann und ob es dazu dient, die großen Probleme des Lebens zu lösen. Sie überlegen: Wenn ein Yogi so große Macht über die wilden Tiere hat, wie kann dann sein Einfluss auf den Menschen sein? Sein leuchtendes Beispiel genügt, um jeden Zug menschlicher Schwäche zu bannen, denn er ist die Verkörperung aller positiven Eigenschaften, die jeder Mensch in hartem Kampf zu erlangen sucht.

In Indien betrachtet man die Tierwelt als einen lebendigen Teil der menschlichen Rasse. Schöne Erzählungen und Legenden sind in die Lebensgeschichten der Weisen und Heiligen eingeflochten. Welche Worte könnten das zarte und feine Fühlen beschreiben, das die großen indischen Epen, Mahabharata und Ramayana, von der tierischen zur menschlichen Ebene übertragen? Wie die indische Kunst, so hat auch das Verstehen und die Liebe des Inders zu den Tieren die höchsten Höhen erreicht; sie sind die herrlichen Offenbarungen der feinsten Gefühle, die aus einem menschlichen Herzen fließen können.

7. Die indische Mutter

In Indien spielt die Erziehung die wichtigste Rolle im Leben. Sie beginnt im Mutterleib und begleitet den Menschen bis ans Ende seiner Tage. Die Hindufrau betet um ein Kind, und mit Gebet und Fasten bereitet sie sich für das große Ereignis vor. Ein Kind, das nicht durch Gebet empfangen ist, wird als nur halb vollendet betrachtet. Ein Kind, das unter Gebeten geboren ist, bedeutet Segen, Glück und Frieden für die Eltern. Während die Mutter das Kind erwartet, bemüht sie sich, ihre Seele zu bereichern, da sie weiß, dass dies einen sofortigen Einfluss hat auf den kleinen Schatz ihres Herzens, der ein Teil ihrer selbst ist. Die großen indischen Heldengedichte, die Bhagavad-Gita und andere religiöse Bücher, sind ihre fortwährende Quelle der göttlichen Eingebung. Sie wählt eine Gottheit aus den Epen als ihr Idealbild, eine Gottheit, die den Ausdruck und die Verkörperung von Eigenschaften darstellt, welche sie zu erreichen wünscht. Auf diese richtet sie ihre ganze Aufmerksamkeit. Körperliche Hygiene, gesunde Nahrung, gesunde Lebensweise gehören zu ihrem täglichen Leben, in dem alles auf das Wohl des wachsenden Kindes ausgerichtet ist. Die langen Monate der Schwangerschaft vergehen in einer schweigenden Vorbereitung des Sammelns solcher Eindrücke, die sich unauslöschlich in die Seele des kommenden Menschenkindes einprägen müssen. Oft steigt das ideale Bild einer strahlenden Gottheit im Geist der Mutter auf; oft fährt die Mutter mit den Händen über ihren Leib und spricht: »Möge mein Kleines schöne Augen haben, Augen, welche den Anblick der Wahrheit nie fürchten werden. Möge mein Kleines einen Mund haben wie eine Lotosblume, einen Mund, der furchtlos nichts als die Wahrheit spricht. Möge mein Kleines einen schönen, starken und gesunden Körper haben, durch den es nichts als das Leben offenbart. Möge mein Kleines eine Seele haben, welche nichts anderes als Gott offenbart.« Diese Erziehung ist kein nutzloses Fantasiegebilde, sondern eine zielbewusst gesteuerte, gewaltige Kraft. Zuletzt erscheint das Kind als die Erfüllung aller erhabenen Wünsche eines Mutterherzens.

In alten Zeiten lebte einst in Indien eine Königin, welche drei Kinder hatte. Sie gab ihnen die ihnen gebührende richtige Erziehung. Täglich sang sie ihnen – über die schaukelnde Wiege gebeugt – das Lied der höchsten Liebe; täglich sang sie die einzige Wahrheit, die sie kannte:

»O mein Kind, du bist das Leben, das unendliche,
du bist das Leben, das ewige,
du bist das Leben, das unsterbliche,
du bist das, mein Kind.
Du bist das.
Du bist das.«

Von Tag zu Tag wuchsen die drei Prinzen und entwickelten sich in Wahrhaftigkeit, Kraft und Tapferkeit. Täglich hörten sie ihre Mutter jenes Lied singen, wenn ihre Augen sich dem Tageslicht öffneten und wenn sich ihre Lider zum Schlaf senkten. Eines Tages mussten sie ihren Palast verlassen und in der fernen Einsiedelei eines Weisen leben, um der für einen Herrscher notwendigen Erziehung teilhaftig zu werden. – Zu jener Zeit unterrichteten Weise und Rishis Könige und Herrscher und belehrten sie in weltlichem, sozialem, geistigem und allem sonstigen Wissen, das zur Führung eines Volkes notwendig ist. Daher mussten auch Könige den Weisen huldigen. – Vor ihrer Abreise schenkte die edle Königin jedem ihrer Söhne eine kleine goldene Schatulle, welche sie erst am Tag, nachdem ihre Studien beendet sein würden, öffnen durften. Lange Jahre vergingen, bis eines Tages ihre Erziehung beendet war. Der älteste Prinz öffnete seine kleine Schatulle und fand darin einen Streifen Papier, worauf geschrieben stand:

»O mein Kind, du bist das Leben, das unendliche,
du bist das Leben, das ewige,
du bist das Leben, das unsterbliche,
du bist das, mein Kind.
Du bist das.
Du bist das.«

Er sann lange nach und sprach: »Wenn meine Mutter in mir das ewige, unendliche, unsterbliche Leben gesehen hat, was kann mir denn ein vergängliches, irdisches Königreich bieten? Was sollen mir die Reichtümer, wenn eines Tages der Tod an die Tür klopft? Ich will mich in die Tiefen des Waldes zurückziehen, um über das Wesen aller Dinge nachzusinnen, und nicht eher werde ich zu meinem Palast zurückkehren, bis ich das Ewige gefunden habe. Wie kann ich mein Volk ohne Weisheit regieren? Wie kann ich darüber herrschen, wenn ich nicht fähig bin, über mich selbst zu herrschen? Zuerst will ich selbst Licht besitzen, damit ich anderen aus der Dunkelheit helfen kann. Zuerst will ich die Wirklichkeit erleben, damit ich anderen aus der Unwirklichkeit heraushelfen kann.«

Seine beiden jüngeren Brüder beschlossen ebenfalls, das Gleiche zu tun, und zogen sich in den schweigenden Wald zurück, um das zu finden, was ihre Mutter seit dem Tag ihrer Geburt in ihnen gesehen hatte.

Mutter

Aus den Tiefen der See
bringt der Fischer seine Fische an Land.
Vom Grund des Meeres
hebt der Perlentaucher seine Perlen.
Was kann ich dir darbringen, oh Mutter?
Was vermögen diese kleinen Hände
deinen Lotosfüßen darzubieten?
Wo kein Netz ausgeworfen wurde,
wo kein Perlentaucher tauchte,
im tiefen Ozean meines Herzens
will ich bis zum Grunde tauchen
und dir den Reichtum meiner Liebe heraufholen,
oh Mutter!

Mutter

Irgendwo im blauen Meer der Zeit,
Wo Silberwellen sanft mein Herz berühren,
Dort, – inmitten jungfräulicher Nacht, oh Mutter,
Grüßen scheue Flüsterstimmen Dich von tausend Lotosblumen.
Und glitzernd durch den Dunst vergessner Welten,
In Deiner goldnen Märchenpracht,
Führst Du mich durch des Lebens Nacht
Und leuchtest mir voran, oh Mutter.

II. RATSCHLÄGE UND RICHTLINIEN FÜR YOGA-ÜBENDE

1. Grundsätzliches

Jene, die »Sport und Yoga« gelesen und die Atmungen (Pranayamas) und Stellungen (Asanas) praktisch angewandt haben, konnten zweifellos schon nach einem Monat gewissenhaften Übens einige Früchte ernten. Um dem Verlangen vieler entgegenzukommen, werden wir versuchen, hier das Wesentliche der wichtigsten Anweisungen darzulegen. Da diese jedoch auch individueller Natur sind, muss der Schüler seine eigene Klugheit zur Wahl der für ihn am besten geeigneten Übungen einsetzen. Hierzu werden die anregenden oder beruhigenden Wirkungen der Übungen und ihr therapeutischer sowie seelischer Wert besonders erklärt. Während eines fleißigen und sorgfältig geführten Trainings wird der Übende ihm bisher unbekannte Erfahrungen machen, sowohl in physischer wie auch in psychischer Hinsicht. Dies wird ihn ermutigen, sich noch mehr dem Yoga hinzugeben, da er die vielseitige Wirkung der Bewegung mehr und mehr erfahren wird.

Nehmen wir zu Beginn die volle Yogi-Atmung. Sie ist die einzig richtige Atmung, welche die beste Wirkung auf den Körper und seine kleinsten Teile ausübt und gleichzeitig die zerstreuten Gedanken in einem Brennpunkt sammelt. Dies muss jedoch ein automatischer Ablauf sein, ohne jede Anspannung. Atme langsam und tief, die Lungen nur halb oder dreiviertel füllend, ohne jede Spannung oder Anstrengung. Dies muss von einem Gefühl absoluter Entspannung und Erleichterung begleitet sein. Wenn diese Atmung täglich vor den Mahlzeiten einige Minuten durchgeführt wird – abgesehen von dem Übungsprogramm –, wird vorerst ein greifbares Gefühl von Lebenskraft in uns wach werden. Zum ersten Mal erfahren wir, dass ungeheure Kräfte in uns auf Offenbarung warten. Das Gefühl kann mit einer sich entrollenden Schlange verglichen werden, die sich majestätisch erhebt. So wie es unmöglich ist, die Sterne des Firmamentes zu zählen, so ist es unmöglich zu beschreiben, wie viel Energie, wie viel Macht und Kraft in uns verborgen liegt. Swami Vivekananda sagt: »Welcher Wissenschaftler hat je alles gewusst und verstanden, was im Menschen ist? Millionen von Jahren sind vergangen, seit der Mensch erstmals auf der Erde erschien, und doch hat sich erst ein winzig kleiner Teil seiner Kräfte offenbart. Deshalb darfst du nie sagen, du seiest schwach. Du kannst gar nicht wissen, welche Möglichkeiten unter der etwas entarteten Oberfläche schlummern. Du weißt nur sehr wenig von dem, was in dir ist; denn hinter dir liegt der Ozean unendlicher Kraft und unendlichen Segens.«

Die Nasenlöcher enthalten ein feines Netzwerk von Nervenendungen mit der besonderen Funktion, Prana aufzunehmen und es direkt in die Nervenzellen des Gehirns zu leiten. Vom Gehirn und von den Nervenknoten des Rückgrats erreicht dieses Prana das ganze Nervensystem. Wenn wir einatmen, können wir bewusst erleben, wie Prana oder Lebenskraft in das Gehirn, die Brust und den ganzen Körper einströmt. Es durchdringt den winzigsten Teil unseres Körpers, gibt neues Leben und löst jede Spannung der Nerven. Die Spannung muss nicht unbedingt von äußeren Einflüssen herrühren, um nervöse Symptome zu verursachen. Sehr oft, wenn den Nerven Prana mangelt, treten Krämpfe, Spannungen und nervöse Unordnungen auf. Diese Armut an Prana ist durch kärgliche Atmung, Mangel an Entspannung und durch ungenügenden Schlaf bedingt. Hier wiederum ist diese sehr einfache Anwendung richtiger Atmung zu empfehlen, sei es als Vorbeugung oder als Heilung.

Medizinische Forschungen haben ergeben, dass durch den Impuls der Atmung die Vitamine sich im Körper in viel größeren Mengen entwickeln als durch die Darbietung vitaminreicher Nahrung. Viele bis jetzt unbekannte Sorten von Vitaminen wurden im menschlichen

System gefunden. Dies bekräftigt nur, was die Yogis seit Tausenden von Jahren lehren, dass nämlich mit dem Einströmen von Prana eine unmittelbare chemische Reaktion im Blut einsetzt und eine dynamische Wiederaufladung der Nerven vor sich geht, wodurch eine Regeneration stattfindet.

Die Yogis legen großen Wert auf die Reinigung des Körpers und der Gedanken. *Diese* einfache, aber richtige Atmungsweise *befreit* das Blut von Unreinheiten. Große Mengen Sauerstoff werden bei jedem Atemzug aufgenommen. Die Gifte des Körpers werden vernichtet, und eine natürliche Wärme wird erzeugt. Eine überall gleichmäßige Blutzirkulation vertreibt kalte Hände und Füße. Volle Yogi-Atmung befähigt die vier anderen Hauptträger der Reinigung, normal und gesund zu arbeiten. Die Poren der Haut, die Schweißdrüsen, die Nieren und die Eingeweide werden durch den Antrieb richtiger Atmung in ihrer Funktion gut beeinflusst. Die Wirkung dieser physischen Reinigung ist, wie bei allen Yoga-Übungen, eine doppelte: Sie beeinflusst sowohl den Körper als auch die Seele. Gedanken und Verstandesarbeit werden durch diese Übung klarer, reiner und konzentrierter. Welches ist der Körperteil, in dem der Antrieb der Atmung gefühlt wird? Sind es die Nasenlöcher? Ist es der Mund? Das Gehirn? Oder sind es die Lungen? Es wird dir möglich sein, den genauen Ort mit folgendem Experiment festzustellen: Setze dich aufrecht auf einen Stuhl. Mit geschlossenen Augen atme langsam und bis zum ertragbaren Maß aus und bleibe ohne Luft für einige Sekunden. Du wirst unleugbar mit deinem rechten Finger auf das Herz weisen, als das Leben gebende Organ, welches das Leben mit dem Körper verbindet. Man kann also sagen, dass *der Atem die Brücke zwischen dem Leben und dem Körper ist.*

Das Herz ist das Zentrum unseres Seins. Wenn wir im Herzen weilen, fühlen wir uns heil und sicher. Im Augenblick, da wir uns daraus entfernen, werden wir unsicher. Je mehr wir dann in die Peripherie des Gehirns wegwandern, umso mehr Verwirrung entsteht. Wir verlieren unser geistiges Gleichgewicht. Wenn wir aber fähig sind, im Mittelpunkt unseres Wesens zu weilen, ist es viel leichter, unsere unruhige Natur zu beherrschen. Alle unsere Handlungen sind dann unter wachsamer Kontrolle, und wir sind sicher in unseren Entscheidungen. Deshalb sagt Swami Vivekananda: »In einem Konflikt zwischen Gehirn und Herz, wähle das Herz.« Unsere Handlungen sind dann gut ausgewogen, geleitet durch ein stets wachsendes Unterscheidungsvermögen. Wenn der Atem in einem normalen und gleichmäßigen Rhythmus gehalten wird, so wird der Mensch in allen seinen Tätigkeiten konzentriert und einheitlich sein.

2. Ratschläge für den Yoga-Übenden

1. Übe mit geschlossenen Augen, um dich besser konzentrieren zu können. Dadurch kann Prana während der Übung viel leichter in den entsprechenden Körperteil gelenkt werden.
2. Vergiss während des Übens nie, den für jede Übung angegebenen Gedanken innerlich zu diktieren. Schaue jeweils nach, was bei jeder Stellung auf dem Übungsblatt oder im Übungsbuch angegeben ist. Bei Yoga-Mudra zum Beispiel findest du in Klammern »innere Organe«. Das heißt, dass während der Übung das Bewusstsein in die inneren Organe gelenkt wird, und geistig sollst du dabei befehlen: »Meine inneren Organe arbeiten besser und besser von Tag zu Tag.« Oder bei *Trikonasana* befiehl: »Mein ganzes Nervensystem ist voller Lebenskraft.« Schon durch die bloße Schwerkraft der Befehle wird ihr Einfluss während und nach der Übung fühlbar sein.
3. Mündliche Befehle und ihre Wiederholung haben einen durchdringenden und außergewöhnlich machtvollen Einfluss auf Bewusstsein und Unterbewusstsein. Jeder Befehl hinterlässt einen Eindruck. Diese Eindrücke sammeln sich im Unterbewusstsein und beeinflussen uns sowohl im wachen Zustand als auch im Schlaf. Schlechte Gewohnheiten, die uns versklaven möchten, werden durch bewusst wiederholte Befehle an uns selbst überwunden. Die Wiederholung aufbauender, dynamischer Gedanken bringt den raschesten Erfolg in der Umwandlung und Umgestaltung des Lebens

eines Yoga-Schülers. Charakter ist die Summe von Gewohnheiten. Wenn die Gewohnheiten schwächend sind, ist auch der Charakter schwach. Wenn die Gewohnheiten Kraft spendend werden, wird auch der Charakter stark. Durch die Wiederholung guter Gedanken, Worte und Taten baut der Yogi seinen starken Charakter auf, den nichts zerstören oder beeinflussen kann.

Wenn der Befehl in monotoner Stimme wiederholt wird, so dass die Worte ineinanderfließen, zum Beispiel Iichch … bbbiiinnn … ssstaaark … iiimmm … Köööpeeer … uuunnnd … iiinnn … deeer … Sseeeleee …, dann hat er unwiderstehliche Wirkung und tiefen Einfluss auf unser ganzes Wesen.

4. Lerne einige der nachfolgenden machtvollen Gedanken auswendig und wiederhole sie in Zeiten, in denen Niedergeschlagenheit und negative Stimmungen dich zu beherrschen drohen.
5. Ein vollkommen ruhiger Zustand ist wesentlich, bevor wir mit den Yoga-Übungen beginnen. Wenn unsere Gedanken zerstreut und unruhig sind, werden unsere Kräfte vergeudet. Doch wenn wir konzentriert sind, sammeln und speichern sich die zerstreuten Kräfte in den großen Reservoirs von Gehirn, Rückgrat und Nervenzentren.
6. Wenn du das Glück hast, ein besonderes Zimmer für die Yoga-Übungen zu besitzen, bringe jedes Mal, wenn du eintrittst, bewusst so viel positive geistige Kraft wie möglich hinein. Lasse dort ein Licht leuchten, das alles Dunkle vertreibt. Sammle dort alle deine Kräfte, um jede Schwäche zu besiegen. Sammle dort all deinen Frieden, um jeden Sturm zu stillen. Lasse Zerstreutheit draußen. Mache es dir zur Gewohnheit, nie in negativer schlechter Stimmung dort einzutreten. Bringe nur Sonnenschein hinein, bringe vor allem nur das, was du in Wahrheit bist. Die Yogis sagen, dass nicht die geringste Energie verloren geht. Dein kleines Zimmer, nach und nach von deiner Ausstrahlung erfüllt und durchdrungen, wird in kurzer Zeit zu einer Friedensinsel werden, wo du dich immer zu stiller Sammlung zurückziehen kannst. Die gedankliche Wiederholung der Silbe OM wird in dir eine körperlich

und seelisch spürbare Änderung sowie auch eine Änderung in der Atmosphäre deines Zimmers hervorrufen.

Wenn du kein eigenes Zimmer hast, spielt das keine Rolle. Ein Zimmer ist nur äußere Hilfe, aber das wahre Haus, das dich beherbergt, ist dein Körper. »Wisset ihr nicht, dass ihr Tempel des Heiligen Geistes seid?« Benutze für deine Yoga-Übungen eine Matte, eine Decke oder einen kleinen Teppich. Diese Matte soll nie von jemand anderem berührt werden. Wenn du zum Üben darauf sitzt, durchdringe sie jedes Mal bewusst mit deiner eigenen Ausstrahlung und mit Frieden. Mit deiner eigenen vitalen Kraft und von deinen guten Gedanken durchtränkt, wird sie bald eine Atmosphäre ausströmen, in der du in größter Ruhe üben kannst.

Wenn wir immer wieder OM wiederholen, taucht unser Bewusstsein in die Quelle seines Ursprungs, in das Herz, wo das Körperbewusstsein aufhört und der Mensch wahrnimmt, dass ER ist. Die Grenzen der vergänglichen Form überschreitend, erkennen wir, dass wir OM sind, die Essenz des Lebens selbst, die nicht nur die kleine Offenbarungswelle unseres Körpers durchdringt, sondern das ganze Universum durchpulst und die Myriaden von Offenbarungen mit Leben durchflutet.

7. Es ist wesentlich, daran zu denken, dass mit jedem Atemzug das alles durchdringende, Leben spendende Prana in Lungen und Herz einströmt. Diese Lebenskraft kann durch die Macht der Konzentration in jeden Teil des Körpers gelenkt werden. Wo immer man einen Mangel an Lebenskraft wahrnimmt, kann diese durch ein wenig Training in den geschwächten Teil gelenkt werden. Wenn man zum Beispiel durch Mangel an Wärme und Widerstandskraft im Körper eine nahende Erkältung spürt, kann Prana beim Einatmen im Herzen gesammelt und beim Ausatmen wie Lichtstrahlen überall in den Körper hineingestrahlt werden. In einigen Minuten wird genügend Wärme entwickelt sein, um jedem Angriff von Kälte zu widerstehen.
8. Das Ziel der Hatha-Yogis ist, ihr Leben zu verlängern und okkulte Kräfte zu erlangen. Yogis aber, die die höchste Entwicklung und

Befreiung suchen, erreichen durch die Hilfe einiger Gesundheit spendender Asanas (Körperstellungen) und Pranayamas (Atemübungen) die Beherrschung des Körpers und bereiten sich so für die höheren Stufen des Yoga vor, für die Verwirklichung des wahren Selbst. Yogis wissen, dass das Erwecken okkulter Kräfte ein ernstes Hindernis für ihr erstrebtes Ziel ist. Ein wahrer Yogi verschmäht deshalb den bloßen Gedanken, übermenschliche Kräfte zu gebrauchen – obwohl jene sich während seines Suchens nach der Wahrheit von selbst einstellen können –, denn er weiß, wie eitel und selbstsüchtig der werden kann, der in ihren Besitz gelangt und sie gebraucht. Es ist kein wahrer Wert in diesen Kräften, und wer sie besitzt, erhöht sich gegenüber seinen Mitmenschen und verfällt fast ausnahmslos dem Hochmut. Dies soll nun aber den Yoga-Übenden nicht verleiten zu glauben, dass die Wirkung seiner einfachen Yoga-Übungen eine geringe sei. Im Gegenteil, wenn sie wie vorgeschrieben ausgeführt werden, können sehr tief greifende Wirkungen in kurzer Zeit erreicht werden. Wir dürfen nicht vergessen, dass es unser Ziel ist, mit diesen Übungen unsere Gesundheit vollkommen zu beherrschen und gleichzeitig eine entsprechende Wirkung auf die Seele auszuüben. Yoga ist die höchste Form der Selbsterziehung.

9. Während des Übens darf nicht die geringste Eile herrschen. Yoga darf man nicht mit dynamischer Gymnastik verwechseln, bei welcher der Körper und die Muskeln durch aktive Bewegungen gedrillt werden. Der äußeren Erscheinung nach scheint der Yoga-Übende passiv, aber in Wirklichkeit ist niemand aktiver als er, denn er ist intensiv damit beschäftigt, die Naturkräfte, die, sich selbst überlassen, chaotisch wirken, unter absolute Disziplin und Aufsicht zu bringen. Jede Yoga-Übung hat die Wirkung, uns automatisch in einen Zustand von innerer Ruhe und Ordnung zu versetzen, an und für sich schon eine große Errungenschaft der Selbstbeherrschung. Vermeide deshalb jede rasche und energische Bewegung. Mache es dir zur Gewohnheit, jede Bewegung in äußerster Gelassenheit und Ruhe auszuführen. Bald werden Friede, Gesundheit und Kraft erlangt sein und als eine dauernde Einheit bleiben.

10. Sei nicht entmutigt, wenn zu Beginn deines Trainings einige Schwierigkeiten auftreten. Keine einzige Übung darf forciert oder über die individuelle Möglichkeit hinaus getrieben werden, sonst können Störungen auftreten, die Körper und Seele schädigen. Du musst mit großer Geduld und Sanftmut üben. Dann wird die Zeit reichen Lohn und Segen bringen. Besonders *Padmasana* (Lotossitz) darf nie forciert werden, weil sonst Schädigungen der Sehnen, Bänder und Gelenke verursacht werden können. Die allmähliche Meisterung dieser Stellung, wie auch von *Siddhasana* (Sitz mit gekreuzten Beinen) und *Vajrasana* (Stellung mit stark eingebogenen Armen und Beinen) ist für den Yogi von großer Wichtigkeit, denn er weiß, dass sie wie ein Damm wirken, um die gewaltigen Energien, die in den unteren Regionen des Körpers fließen, zu sammeln und zu beherrschen. Diese Energien können dadurch leicht in den großen Nervenzentren (Plexi) gespeichert werden und dienen als ein Reservoir unbegrenzter Kraft, das dem Yogi immer zur Verfügung steht.
11. Unerlässlich ist noch ein Wort über hörbares Atmen. Beim Ein- und Ausatmen sollte nicht das leiseste Geräusch wahrgenommen werden. Das heißt also, dass du deine eigene Atmung nicht hören darfst. Solch freies und entspanntes Atmen bringt das Gemüt sofort zur Ruhe, gibt Frieden und konzentriert unsere Gedanken. Die Yogis legen den größten Wert auf bewusste Führung des Atems und betonen, dass dessen Beherrschung der erste Schritt zur Beherrschung aller in uns wirkenden Kräfte ist.
12. Menschen, die zu Hast und Nervosität neigen, sollten alle anregenden Übungen wie *Bhastrika*, *Matsyasana Bhujangasana*, *Salabhasana*, *Dhanurasana*, *Mayurasana* und ähnliche, bei denen die erwirkten Resultate für sie zu stark sein könnten, meiden. Die eben erwähnten Übungen sollten auch während der Schwangerschaft und drei Monate nach der Geburt vermieden werden. In der Zeit der Erwartung sollte sich die Mutter durch die eigene innere Stimme leiten lassen und selber fühlen, wie weit sie üben darf. Neben bewusstem, ruhigem Tiefatmen können in sehr leichter, milder

Form die folgenden Übungen gemacht werden: *Trikonasana*, *Uddiyana*, *Vakrasana* (die erste Phase) und andere leicht ausführbare Übungen.

Befehle, die mündlich oder in Gedanken wiederholt werden können:
Wiederhole Jeden zehnmal!
Ich bin frei von jeder Bindung. Ich bin frei. Ich bin frei.
Meine Widerstandskraft entwickelt sich von Moment zu Moment.
Meine Willenskraft entwickelt sich von Moment zu Moment.
Die Ursache jeder Störung im Körper verschwindet.
(Nur wenn nötig anwenden.)
Ich bin furchtlos. Ich bin furchtlos. Ich bin furchtlos.
Ich offenbare das Leben im Körper und in der Seele.
Vollkommenes Gleichgewicht im Körper und in der Seele.
Ruhe und Frieden. Ruhe und Frieden. Ruhe und Frieden.
Ich bin bewusst im Körper und in der Seele.
Vollkommene Gesundheit und Kraft.
Ich bin die strahlende Sonne meines Lebens.
In jeder Hinsicht fühle ich mich von Moment zu Moment besser.

3. Meditation und ihre Vorteile

Was ist Meditation? Es ist das unaufhörliche Streben nach der Verwirklichung unseres wahren Selbst. Es ist das Vorwärtsgehen auf dem inneren Weg des Geistes, bis dessen Quelle erreicht ist. Es ist das Hinabtauchen in die Tiefen unseres Seins, um die Ursache unserer Existenz zu erkennen. Es ist das Erreichen der letzten inneren Wirklichkeit. Es ist »Wachen und Beten, denn das Himmelreich ist nahe«. Es ist das Wissen und die Erfahrung, dass wir die lebendigen Tempel des Heiligen Geistes, oder Gottes, unseres wahren Selbst sind.

Meditation ist nicht, wie manche glauben mögen, eine mentale Flucht in einen passiven Zustand oder etwa eine Schwäche der Orientalen, um sich in müßiger Haltung von der Außenwelt zurückzuziehen. Meditation ist auch in keiner Weise eine Gedankenspekulation. Sie ist keine träge Träumerei und kein angenehmer Zeitvertreib. Sie ist nicht geistige Wiederholung vergangener Freuden, noch ist sie das Nachsinnen über ein tiefes Thema. Meditation heißt, das Bewusstsein nach innen richten, um die Quelle aller Lebensoffenbarungen zu finden. Meditation führt zu einem Seinszustand. Meditation führt zur Erlangung, Erfüllung und Verwirklichung des Höchsten, Edelsten und Größten. Sie führt dazu, das ersehnte höchste Ziel des Lebens zu verkörpern. Meditation ist das Erreichen jenes Zustandes, in dem die wundervollen Blüten der Seele sich endlich öffnen und ihren Duft, ihre Schönheit und ihre Göttlichkeit entfalten. Sie ist die Erfüllung der höchsten Entwicklungsstufe des Menschen, das Erlangen seines erstrebten Zieles, wodurch seine Handlungen von nun an den göttlichen Wesenszustand seines Seins ausdrücken.

So wie man sich einem Gipfel von Osten, Westen, Norden oder Süden nähern kann, so kann das ersehnte Ziel menschlicher Entwicklung, der Höhepunkt der Evolution, die Offenbarung der Göttlichkeit, durch vier verschiedene Seelenwege erreicht werden.

Der eine Weg ist der des Gebetes, der Liebe und Andacht, der vollen Hingabe unseres Lebens an die große, führende Macht Gottes in uns. Wenn du ein Mensch des Gebetes bist, bete mit reinem Herzen. Übergib dein ganzes Leben und alle deine Handlungen dem allmächtigen Gott. Lebe im absoluten Glauben an IHN und an IHN in deinem eigenen Inneren, und handele mit furchtlosem Herzen. Dein Leben wird erfüllt sein mit Freude und Glück. Übergib deine Schwäche der Kraft Gottes, deine Dunkelheit dem Licht Gottes. Übergib deine Fehler der Weisheit Gottes. Wenn du dich allein und verlassen fühlst in dieser Welt, freue dich und fühle dich allein mit Gott. Wenn du verzweifelt bist, dann sei es, weil du IHN noch nicht verwirklicht hast. Für den Menschen des Gebetes ist alles in dieser Welt vorbestimmt in Gottes Hand. Er braucht keine Furcht zu haben, denn sein Weg ist schnurgerade im Bemühen nach dem Größten, Höchsten, Unendlichen. Der Mensch des Gebetes ist immer stark, denn Gott ist seine ewige Festung und Kraft. Seine furchtlose Haltung ist: »Wenn Gott mit mir ist, wer kann gegen mich sein?« In einem solchen Geist der Hingabe, in der totalen Unterwerfung des persönlichen Ichs, entfaltet sich die Göttlichkeit des Menschen und offenbart sich in den täglichen Handlungen.

Ein anderer Weg ist der Weg der Arbeit, in dem Sinn, dass jede Arbeit in höchster Vollkommenheit – der Eigenschaft des Geistes – ausgeführt und dadurch die Identität mit dem Geist erlangt wird. Vollkommene Arbeit und Weisheit sind ein und dasselbe, denn derjenige ist weise, der vollkommen handelt. Gut ausgeführte Arbeit ist höchster Ausdruck unseres wahren Selbst, ein Ausdruck des Geistes. Wenn du ein Mensch der Arbeit bist, arbeite in jeder Weise, aber erkenne das Geheimnis der Arbeit. Du musst wissen, wie die besten Resultate mit größter Leichtigkeit zu erreichen sind. Lasse die Arbeit dein Diener sein, befiehl deinen Handlungen. Sei nicht Sklave der Arbeit, sei ihr Meister. Handele überlegt und wisse genau, was du willst. Jede Handlung schafft eine Reaktion. Falsche Handlungen erzeugen bittere Wirkungen oder eine nicht wünschenswerte Zukunft; denn Schicksal ist das Resultat unserer Handlungen, der guten oder der schlechten. Kontrollierte Handlungen bringen kontrolliertes Schicksal. Denke immer daran und handele in Freiheit. An gar nichts gebunden, sollst du arbeiten. Einem solchen Menschen stehen die Tore des Lebens offen, und alles kommt ihm zu. Lasse den großen Strom des Lebens in Freiheit fließen. Die Freiheit eines solchen Geistes ruft die Segnungen des Lebens herbei. Nur der Geist der Freiheit befähigt dich, in der Arbeit das Höchste und Beste zu leisten. Wie könnte jemand, der ein Sklave seiner Arbeit ist, gute Resultate erzielen? Gute Handlungen reinigen das Bewusstsein. Wenn deine Arbeit nur noch hohe und edle Motive zeitigt, wird dein ganzes Bewusstsein in Reinheit, in Vollkommenheit, in selbstloses Tun getaucht sein, und du wirst unfähig, etwas anderes als die Eigenschaften deines wahren Selbst auszudrücken. Du wirst die göttliche Natur, die du wirklich bist, offenbaren.

Der dritte Weg der großen inneren Reise ist die Selbstbeherrschung, das Bauen eines Dammes vor dem Sturzbach der zunächst chaotisch in uns wirkenden Naturkräfte. Die Wahrnehmung der uns zur Verfügung stehenden Kräfte und deren Beherrschung lenken das Bewusstsein automatisch nach innen. Das führt zu der großartigen Entdeckung, dass die Quelle unserer Kraft und Macht im eigenen Herzen ist. Indem wir die göttliche Natur des Lebens in uns erkennen, erkennen wir auch die Göttlichkeit, die wir selbst sind.

Der vierte Hauptweg, der zum inneren Ziel führt, ist der Pfad des Wissens. Durch die Kraft der Unterscheidung, die das Wesentliche wählt und das Unwesentliche verwirft, gewinnt diese Haltung die Oberhand in allen Handlungen. Die vergängliche Natur der äußeren Welt bringt den Menschen dazu, jede Bindung an Unwesentliches aufzugeben. Er lernt, durch diese Welt zu gehen wie ein Zuschauer, der nicht an die Spiegelungen von Lust und Leid, Freude und Trauer gebunden ist. Immer identisch mit dem Geist, ist er frei von allen Banden. Er ist wie ein Held, alles besitzend und doch an nichts gebunden. Sein Unterscheidungsvermögen ist dauernde Meditation, die ihn zum höchsten Zustand der Einheit mit dem ewig freien, ungebundenen Selbst führt, zu dem Selbst, das in seinem Herzen und im Herzen jeglicher Schöpfung ist. Die Verwirklichung seiner innewohnenden Göttlichkeit lässt ihn dieselbe Göttlichkeit des ganzen Universums erkennen, von der er nur ein Teil ist.

Meditation ist somit unmittelbare Inangriffnahme der Verwirklichung unserer wahren Natur und eingeborenen Göttlichkeit, sei es durch Gebet, Arbeit, Selbstbeherrschung oder Erkenntnis. Wenn der Mensch betet, taucht er in sein Herz, um sich mit Gott zu einen. Dieses Eintauchen ist ein Akt der Meditation. Der Mensch der Arbeit taucht ebenso tief in sein Herz, um die wahren Beweggründe seines Handelns zu finden und die Inspiration für seine Werke zu holen. Dieses Eintauchen ist ein Akt der Meditation. Der Mensch, der die in ihm wirkenden gigantischen Naturkräfte zu beherrschen sucht, taucht notwendigerweise auch tief in sein Herz, um an die Quelle des Lebens zu gelangen. Dieses Eintauchen ist ein Akt der Meditation. Der Mensch der Erkenntnis, der mit dem Schwert der Unterscheidungskraft das Wesentliche vom Unwesentlichen im Leben scheidet, der das Ewige wählt und das Vergängliche lässt, muss tief in sein Herz tauchen, um alle Zweiheit zu lassen. Er muss ins Zentrum gehen, um die Einheit zu erlangen, muss die kleine Persönlichkeit lassen, um das wahre Selbst zu sein. Dieses Eintauchen ist ein Akt der Meditation.

Ob Gott als der Herr der Heerscharen im Herzen betrachtet und durch den Menschen des Gebetes als sein höchstes Ziel angerufen wird oder ob der Mensch der Tat die Inspiration aus seinem Herzen empfängt, um durch sein Werk eine unsterbliche Spur zu hinterlassen, ob der Mensch seine Kräfte durch seinen Willen der Selbstbeherrschung unterstellt und ihnen an der Quelle in seinem Herzen wie ein König befiehlt oder ob der Mensch der Erkenntnis den Brunnen ewiger Weisheit in seinem Herzen findet – es ist unwesentlich, welchen Pfad man wählt, denn jeder muss am Ende an dasselbe Tor des Herzens pochen und es mit Kraft öffnen, um den göttlichen Schatz zu heben.

Wie soll man meditieren?

Wie soll der Mensch des Gebetes nach innen schauen, um den lebendigen Geist wahrzunehmen? Wie soll der Mensch der Tat nach innen gehen, um die rechte Inspiration für sein Werk zu empfangen? Wie soll der Mensch, der seine Kräfte zum Gehorsam und zum Dienen meistern will, an die Quelle seines Herzens gelangen? Wie soll der Mensch des Wissens seine Weisheit von innen bekommen?

Setze dich mit geschlossenen Augen auf einen Stuhl, Füße und Beine parallel nebeneinander, oder setze dich mit gekreuzten Beinen auf einen Teppich auf den Boden. Halte das Rückgrat senkrecht, die einzelnen Wirbel und den Kopf aufeinander ruhend wie eine Säule. Atme tief und gleichmäßig und tauche mit jedem Atemzug tief und tiefer in die Mitte deines Seins. Durch ein kleines Training von wenigstens zehn bis zwanzig Minuten täglich wird die tiefe Atmung automatisch und gleichmäßig. Konzentriere dich auf das Herz-Zentrum.

Wenn das Gebet dein Weg ist, auf dem du dich Gott näherst, rufe Gott an, sei es durch wirkliche Worte oder nur im Geist. Die folgenden einfachen, schönen Gebete, die von Millionen von Indern gebraucht werden, können eine Hilfe sein:

»Oh Gott, führe mich aus der Unwirklichkeit zur Wirklichkeit, aus der Dunkelheit zum Licht, aus dem Tod zum Leben.«

»Ich meditiere über die Herrlichkeit jenes Wesens, aus dem dies Weltall hervorging. Möge Es mein Bewusstsein erleuchten.«

Franziskus von Assisi betete anfänglich lange Gebete. Später waren seine Gebete nur noch ein kleiner Satz, den er Tausende Mal wiederholte. Noch später ließ er auch den Satz fallen und betete: »Mein Gott, mein Gott, mein Gott«. Und schließlich wählte er nur die Essenz und ließ jedes Detail weg. Nur »Gott, Gott, Gott, Gott, Gott« betete sein Herz unaufhörlich die ganze Nacht. In einer Nacht hatte er die herrliche Erkenntnis erlebt, dass Christus nicht draußen am Kreuz hängt, sondern in seinem eigenen Herzen wohnt. Dadurch wurde der einfache Mönch in ein reines Gefäß Gottes verwandelt.

Der Mensch des Handelns kann dieselbe andachtsvolle Haltung einnehmen oder mit dem Menschen der Selbstbeherrschung folgende Hinweise befolgen:

Konzentriere das Bewusstsein in die Mitte deines Seins und halte es dort fest. Es ist nicht so einfach wie man glaubt, denn die Gedanken zu meistern, ist die größte aller Errungenschaften im Leben. Übe zäh und ausdauernd. Die wandernden Gedanken müssen stillgelegt und das Bewusstsein muss in die Quelle aller Gnade geführt werden. Die unaufhörliche Wiederholung von OM – welche das Absolute ausdrückt – kann eine mächtige Hilfe sein; es wird die wandernden Gedanken sammeln und sie in ihrem Ursprung zusammenfassen.

Das Training der Gedankenbeherrschung muss man fleißig und regelmäßig täglich vornehmen, sonst können keine Resultate erzielt werden. Nichts im Leben ist ohne Konzentration erreichbar. Die Zusammenfassung des Bewusstseins in einen einzigen Brennpunkt wird Erleuchtung bringen. Alle äußere Offenbarung kann nur dann erfolgreich sein, wenn die Gedanken konzentriert sind. Welchen Wert haben die Tausende von Gedanken, die wir täglich denken? Wie viele davon haben uns wirklich Segen gebracht? Sehr wenige. Wenn das Gedankenleben beherrscht ist, ist es leicht zu vollbringen, was man will, denn die Kräfte sind gesammelt und können mühelos und mit machtvoller Wirkung auf jede Arbeit gelenkt werden. Um leicht zu meditieren, muss das Bewusstsein erst konzentriert sein. Meditation zieht es dann wie ein Magnet nach dem Zentrum und bringt uns in den Zustand, in dem wir die ewige Quelle des Lebens entdecken, das große Reservoir aller sich offenbarenden Kräfte. Der vierte Weg, der Weg der Erkenntnis und Weisheit, ist der Weg des Philosophen. Er sucht die letzte Wirklichkeit nicht als einen persönlichen Gott wie der Mensch des Gebetes, auch ist sein Weg nicht der Weg desjenigen, der seine Göttlichkeit durch den höchsten Ausdruck des Tuns zu realisieren sucht, noch ist es der Weg desjenigen, der durch Beherrschung der weltbewegenden Kräfte im Mikrokosmos seines Körpers seine Göttlichkeit erreicht. Sein Weg ist der endlose Weg des Selbst, und ihn gehend, wird er selber das endlose Selbst. Sein Weg ist die unvergängliche Identität mit dem unsterblichen Selbst, und in seiner Verwirklichung erkennt er, dass es nur ein Selbst gibt, welches das ganze Universum durchdringt und sich in allen lebenden Wesen offenbart. In der Erkenntnis, dass er tatsächlich der »lebendige Tempel des Heiligen Geistes« ist, tritt er ein in das »Königreich des Himmels«, das in seinem Herzen ist. In der Verwirklichung der wahren Natur seines göttlichen Selbst und in der Erkenntnis, dass dieses Selbst unsterblich ist, sieht er, dass die Unendlichkeit nicht geteilt werden kann, und dass es deshalb keine Zweiheit gibt. Alles ist das Selbst, das Eine, ohne ein Zweites. Der Meditationsweg, dem er folgt, ist die unaufhörliche Identifikation mit dem wahren Selbst. – »Ich bin, der Ich bin. Ich bin das Selbst, das Unendliche, ohne Bindung, ohne Dunkelheit, ohne Leid.« Der Kampf um das richtige Unterscheidungsvermögen führt zum Sieg über das persönliche Ich. Der Mensch dieses Weges betrachtet seine physischen und mentalen Eigenschaften als seine Diener und das Selbst als den Herrn über alle. Seine Wahl des Wesentlichen bringt ihm Erlösung und absolute Freiheit im Leben. Er hat die kriegerischen Sinne vollkommen gezügelt und gelenkt, damit sie der hohen Aufgabe dienen, die wahren, göttlichen Eigenschaften zu offenbaren. Er ist ein Held, denn seine Kraft ist die Kraft des Selbst, seine Liebe ist die Liebe des Selbst, seine Handlungen sind die Handlungen des Selbst, und sein Leben ist die ewige Offenbarung des Selbst.

Jede dieser vier Meditationsformen bringt uns neue und unbekannte Erfahrungen. Wie wir im Weiterschreiten Schleier um Schleier herunterziehen und immer mehr in die Tiefe unseres Seins tauchen, treten wir ein in das Reich des Geistes und erleben die göttliche Natur unseres wahren Seins Stufe um Stufe. Vielfältig ist der Segen der Meditation:

a) Wenn das Bewusstsein nach innen gelenkt wird, wird es einsichtig und befähigt uns zur Unterscheidung.
b) Die Zwiespältigkeit des Bewusstseins, die sich als Zweifel äußert, hört auf, und allmählich herrscht der Zustand der Einheit.
c) Das stürmische Gedankenleben wird besiegt. Nur wenn die Gedanken beherrscht sind, kann Friede erlangt werden.
d) In der Meditation hört jede Aktivität von Gedanken, Worten und Taten auf. Ein Damm wird vor allem äußeren Handeln errichtet, und der große Kraftstrom wird durch die Macht der Konzentration in die Quelle des Herzens zurückgeleitet. Das Aufgeben gewohnter Tätigkeit verlangt Zeit und Übung. Konzentration heißt, die Kräfte im Zentrum sammeln, den Kreis schließen und die Energien in einem immer kleiner umgrenzten Kreis einfangen. Je kleiner der Kreis wird, umso dynamischer ist die Kraft der konzentrierten Energie. Diese beherrschte Energie hat unschätzbare Wirkungen.
e) Ein geschwächter Körper gewinnt bald wieder die verlorene Kraft. Wo immer ein Mangel an Lebenskraft im Körper Krankheit verursacht, wird diese Leere allmählich überwunden, und die Gesundheit kehrt zurück. Die Yogis sagen, dass man durch Meditation von Tag zu Tag stärker und gesünder wird.
f) Die Yogis schreiben der Konzentration alle Möglichkeiten zu. Schlummernde Fähigkeiten werden in erstaunlich kurzer Zeit entwickelt. Entscheidungskraft, Willenskraft und verschiedene geistige Eigenschaften werden gefördert.
g) Der Durchschnittsmensch jammert, dass er keinen Erfolg im Leben hat. Wie kann er Erfolg haben, wenn er seine Kräfte leicht-

sinnig verstreut? Schon am Morgen, wenn er die Augen öffnet, beginnt er den Tag mit einem Strom von Gedanken und vielerlei Tätigkeiten, die weit über seine Fähigkeiten gehen, so dass am Ende des Tages seine Kräfte erschöpft sind. Weil keine wirkliche Kraft seine Taten begleitet, haben diese auch kaum eine Wirkung. Ganz anders ist es bei dem Menschen, der täglich meditiert. Er wird ein Speicher von Energie. Sein Bewusstsein ist nach innen gesammelt, und seine Nerven sind ruhig. Nur ein solcher Mensch weiß, wie man richtig handelt. Seine Gedanken sind produktiv. Sie durchdringen sein Wesen und wandeln ihn um zu einem positiven Instrument, das ihm zu seinem Guten dient. Sie durchdringen auch seine Umgebung und schaffen eine Atmosphäre von Disziplin und Ruhe. Seine Gedanken bewirken einen guten Einfluss auf alle, die mit ihm in Berührung kommen, nie sind sie niederziehend und belastend, sondern immer erhebend und befreiend. Seine Worte sind erfüllt mit seiner Kraft und bewirken Güte und Segen. Seine Taten bringen die gewünschten guten Resultate, weil sie begleitet sind von einem Teil der konzentrierten Energie, die er in seinem Herzen dauernd zur Verfügung hat. Dadurch, dass seine Taten aus dem Ursprung, dem Zentrum der Einheit, fließen, sind sie so ausgewogen und genau gelenkt, dass sie das Ziel erreichen müssen. Es ist die Kraft und Bedeutung seiner Taten, die die erwarteten Resultate bringt.

h) Vergessen wir nicht, dass jedes Mal, wenn wir in der Meditation tief in uns selbst tauchen, eine Wandlung mit uns vorgeht. Sich dem Selbst zu nähern, heißt, wie das Selbst zu sein, und wenn wir wieder in das normale Bewusstsein zurückkehren, tragen wir schon die Züge des Selbst. Mit der Zeit offenbaren wir dann immer mehr die Natur des Selbst. Jedes Mal, wenn wir tief in Meditation sind, vergeht ein Teil des alten Menschen, und ein Teil des neuen Menschen erscheint. Das »ich« stirbt, verliert seine Macht über uns, und allmählich wird unser wahres Selbst geboren und gewinnt die Macht über uns. Wahre Geburt bedeutet den Tod unseres persönlichen Ichs und die Geburt unseres Selbst. Bis sich das voll-

zieht, sind wir in einem Embryo-Zustand, im persönlichen Ich, im Körper und in seinen Wünschen gefangen.
Wer Selbstbeherrschung besitzt, besitzt das Selbst. Wer das Selbst besitzt, besitzt alles.

i) Arbeiten ist auch eine Form der Meditation. Was tut man denn, wenn man arbeitet? Man ist in einem Zustand der Einheit und der Konzentration im Herzen. Wahres Wirken und Arbeiten ist nur ein äußerer Ausdruck dieses Zustandes. Meditation hilft uns, in konzentrierter Weise zu arbeiten. Solches Arbeiten bringt sicher Erfolg. Aber wenn die Kräfte immer zerstreut sind, kann keine Arbeit erfolgreich sein.
Der Mensch, dessen Kräfte zerstreut sind, ist ruhelos. Der Mensch, der sich konzentriert, ist ruhig, denn seine Kräfte sind gesammelt. Übe dich täglich in der Meditation. Sie wird deine schlummernden Fähigkeiten wecken. Wenn die Kräfte gesammelt sind, wird jede Arbeit gelingen. Das Geheimnis der Arbeit ist, mit wenigen Mitteln viel zu erreichen. Mit der Zeit kommt die Erfahrung, dass Arbeit kein Hindernis ist für die Meditation. Wie Sri Maharshi sagt: »Es gibt keinen Konflikt zwischen Arbeit und Weisheit.« Die leichteste Beherrschung über die Naturkräfte in uns wird durch Meditation erreicht. Die Offenbarung der göttlichen Eigenschaften des Selbst wird allmählich zunehmen, die Ansprüche des Körpers werden abnehmen, und die Kräfte der Triebnatur werden zu unseren Füßen liegen, bereit, uns immer und überall zu dienen. Letztlich muss jeder Mensch die niedere Natur besiegen und sie dem hohen Zweck dienstbar machen, seine Göttlichkeit, die er ist, zu offenbaren.
»Jede Seele ist ihrem Wesen und Vermögen nach göttlich. Das Ziel ist die Offenbarung dieses innewohnenden Göttlichen durch Beherrschung der äußeren und inneren Natur. Erreiche dies entweder durch Arbeit oder durch Andacht oder durch Kontrolle der seelischen Vorgänge oder durch Philosophie, durch eines oder einiges oder alles – und sei frei. Das ist das Ganze der Religion. Lehrsätze und Dogmen oder Riten oder Bücher oder Tempel oder Bräuche sind nur nebensächliches Beiwerk.« (Vivekananda)

4. Die Wichtigkeit der Schilddrüsentätigkeit

Verhältnismäßig wenige Menschen erkennen, wie viel man durch Yoga mit wenig Mühe erreichen kann. Yoga verlangt nur Ausdauer von jenen, die darin auf Fortschritt bedacht sind. Die Zeit ist nun reif, dass die Menschheit das Leben nicht nur vom materialistischen Standpunkt aus betrachtet, sondern auch Dinge höherer Natur schätzen lernt. Die allgemeine Entwicklung des Menschen wird heutzutage durch seine rasche Entfaltung auf der geistigen Ebene beschleunigt. Er wird bald erkennen, dass er reiner Geist ist und den Materialismus nur als eine vorläufige Schulung betrachten muss, die ihn mit den Gesetzen der Natur in seinem Inneren sowie in der Außenwelt bekannt macht. Er wird erkennen, dass »der Mensch, dieser Unbekannte«, weit tiefere Geheimnisse birgt als alles andere im Universum und das größte Rätsel ist, das es in diesem Leben zu lösen gilt. Seit undenklichen Zeiten haben die Yogis die unbekannten Tiefen des menschlichen Wesens ergründet und das Ergebnis ihrer Forschungen der Welt vorgelegt. Es ist verblüffend, mit welcher Genauigkeit sie die Anatomie des Körpers und auch der Seele kennen, mit welcher wissenschaftlichen Vollkommenheit – die sogar unsere heutige medizinische Wissenschaft noch nicht erreicht hat – sie die Funktion des ganzen Systems erfassen und verstehen.

Die Hatha-Yogis, die eine einzigartige Beherrschung über ihren Körper erlangen und es sogar verstehen, ihr Leben nach ihrem Willen zu verlängern, lehren jene, die ihre Gesundheit wahren wollen, ganz einfache Übungen, wodurch sie sich Kraft und Gesundheit sichern können.

Eine vorzügliche Übung mit vielseitig wohltuenden Wirkungen ist *Viparita-Karani*, die auch in ihrer Ausführung sehr leicht ist. Für Menschen, die in einer gehetzten Welt tätig sind, ist diese Übung unerlässlich, denn sie ermöglicht die Regulierung des wichtigen Zeit-Zentrums im menschlichen Körper, welches wir als die Schilddrüse kennen. Es ist eine wohlbekannte Tatsache, dass die Unterentwicklung und Unzulänglichkeit dieser Drüse bei Kindern Zeichen des Schwachsinns mit sich bringt. Die mangelhafte Tätigkeit dieser Drüse verursacht Langsamkeit im Denken und Sprechen, wogegen eine übermäßige Tätigkeit derselben sich in schnellem Denken und einer beinahe unbeherrschten Neigung zum Reden und Arbeiten äußert, was in vielen Fällen zu Stottern, Unruhe, Nervosität und sogar Herzbeschwerden führen kann.

Der Körper eines nervösen Menschen verbraucht eine große Menge Sauerstoff wegen der übertriebenen Funktion des Zeit-Zentrums (der Schilddrüse). Wenn im Körper Sauerstoff fehlt, muss das Herz in demselben raschen Rhythmus arbeiten wie die Schilddrüse, damit das Blut schneller zirkulieren kann, um das ganze System vom Gehirn bis zu den Zehen mit genügend Sauerstoff und Nährstoffen zu versorgen. Auch in solchen Fällen stellt sich durch das Üben von *Viparita-Karani* in kurzer Zeit wieder Ordnung ein. Ein überreiztes Gehirn beruhigt sich rasch, die Nerven verlieren jegliche Spannung, und das Herz, zusammen mit der lebenswichtigen Schilddrüse, wird regeneriert. In dieser »verkehrten« Stellung wirkt auch der Zeitlauf umgekehrt, das heißt: Wir werden jünger. Runzeln und Falten im Gesicht werden geglättet, Erkältungen mühelos behoben, graue Haare verschwinden, und das ganze System wird mit Prana oder Lebenskraft geladen. Bei den Hatha-Yogis trifft man auf wunderbare Ergebnisse, verursacht durch die verlängerte Übungsdauer von *Viparita-Karani*. Sie verharren in dieser Stellung mit großer Ausdauer und befreien dadurch Kräfte, welche den ganzen Körper verjüngen und dem Yogi einen von der Zeit unberührten Ausdruck verleihen. Einige sehen so jugendlich aus, als ob sie fünfundzwanzig Jahre alt wären, obschon sie in Wirklichkeit längst über sechzig Jahre zählen. Dies erreichen sie durch die Beherrschung der Schilddrüsentätigkeit. Das große Sonnengeflecht oder *Surya-Nadi* liegt an der Nabelwurzel, während der Platz des *Chandra-Nadi* oder Mond-Zentrums in der Gaumenwurzel ist. In der symbolischen Ausdrucksweise der Yogis lässt sich sagen, dass Surya oder die Sonne den Leben spendenden Nektar verzehrt und somit verursacht, dass die Lebensdauer eines Menschen mit jedem Tag kürzer wird. Wenn bei

Viparita-Karani die Körperstellung »verkehrt« ist und dadurch das Mond-Zentrum hinunter und das Sonnen-Zentrum darüber zu stehen kommt, strömt neues Leben in das System und verjüngt den ganzen Körper. Der Körper wird schön und strahlend durch die ständig neue Energie, die dem Menschen einen durchgeistigten Ausdruck verleiht. Diese Übung gibt ihm auch die Möglichkeit zu einem langen Leben. Auf dem Rücken liegend, heben wir den Körper und unterstützen die Hüften mit den Händen. Die Ellbogen ruhen auf dem Boden. Dazu üben wir Bauchatmung. Für einige Minuten bleiben wir in dieser Stellung. Sobald wir instinktiv das Bedürfnis haben, kommen wir langsam wieder in die waagrechte Lage herunter. Üben wir gemäß den Anleitungen in »Sport und Yoga«.

5. Besondere Übungen gegen Erkältung und Verstopfung

1. Die Reinigung des ganzen Systems halten die Yogis für das Allerwichtigste. Sie sagen, dass Krankheiten sehr oft auch durch Unreinheiten entstehen. Pranayamas und Asanas reinigen den Körper von jeglichen Toxinen oder Giften, und sie ermöglichen eine vollkommene Gesundheit und langes Leben.
2. *Kapal-Randhra-Dhauti* ist eine ausgezeichnete Übung gegen chronisch gewordene Erkältung und Bronchial-Störungen. Die Nasenwurzel (zwischen den Augen) wird mit dem rechten Daumen so lange gerieben, bis sie Wärme verspürt. Man kann etwas Salbe dabei verwenden, damit die Reibung auf der Haut nicht weh tut. Üben wir ein bis zwei Minuten vor den drei Mahlzeiten.
3. *Lauliki-Yoga* ist eine ausgezeichnete Übung, die kleinere und größere Unordnungen im Körper beseitigt. Entweder auf den Fersen sitzend, mit den Händen auf den Knien, oder stehend, werden der Magen, die inneren Organe und die Gedärme zusammengezogen und mehrmals von einer Seite zur anderen bewegt. Diese mahlen-

de Bewegung wirkt wie eine starke Massage. Obschon es kraftvoll ausgeführt werden soll, darf es nicht übertrieben werden. Gleichzeitiges Atmen muss die Übung begleiten.

4. Verstopfung soll man als eine Krankheit betrachten. Man muss alles tun, um Ordnung zu schaffen und diese Krankheit loszuwerden. Der schädlichen Auswirkungen dieser ständigen Vergiftung sind ungeheuer viele. Wenn die Schlacken in den Gedärmen stagnieren und keinen normalen Ausweg finden, werden sie teilweise ins Blut aufgenommen. Das Ergebnis ist eine allgemeine Vergiftung, Verdauungsstörungen, Kopfweh, Störungen in der Sehkraft, nervöse Beschwerden und eine Menge kleinerer und größerer Störungen im ganzen System. Verstopfung ist eine Krankheit, durch die nicht nur die Gedärme, sondern auch der ganze Körper degeneriert. Das vergiftete Blut, mit dem das Gehirn versorgt wird, verunmöglicht praktisch, klar zu denken und richtig zu handeln.

   Agni-Sara-Dhauti ist eine Übung, die eine besonders große reinigende Wirkung hat und den Körper von allen Schlacken befreit. Das Blut wird durch eine reichliche Zufuhr von Sauerstoff gereinigt. Ablagerungen, die Arthritis verursachen, werden entfernt. Die Nerven werden mit Prana geladen. Vor allem werden auch die Gedärme zu richtiger Arbeit befähigt und erlangen nach und nach wieder die ihnen eigene peristaltische Bewegung. *Agni-Sara* beseitigt alle Magenstörungen, indem es das Verdauungsfeuer stark entwickelt und das Blut mit Sauerstoff versorgt. Diese Reinigung verwandelt den ganzen Menschen und verleiht ihm einen vergeistigten Ausdruck. Erfolg in Yoga stellt sich bei jenen ein, die diese Übung ausführen. Ihr Körper strahlt Energie und Kraft aus.

   Die rechte Handfläche auf den Nabel legend und die linke Handfläche auf den rechten Handrücken, setzen Sie sich mit gekreuzten Beinen auf den Boden oder einfach auf die Fersen. Mit der Bauchatmung stoßen Sie beim Einatmen die Bauchwand heraus und beim Ausatmen ziehen Sie sie zusammen, indem Sie mit den Händen die Nabelgegend einwärts pressen. Wiederholen Sie dies acht- bis zehnmal. Mit der Zeit können Sie auf fünfzehn bis einundzwanzig Mal steigern. Wegen der starken Wirkung dieser Übung muss man sehr vorsichtig sein und sie nie übertreiben. (Vollkommene Entspannung muss mit jeder Yoga-Übung Hand in Hand gehen.) Während der Periode ist diese Übung zu vermeiden. Sie reizt sehr stark das Sonnengeflecht.

6. Steh auf und sei frei!

> »Steh auf und sei frei! Wisse, dass jeder Gedanke und jedes Wort, das dich schwächt, das einzige Übel ist in dieser Welt. Was immer den Menschen schwächt und beängstigt, ist das einzige Übel, das gemieden werden sollte.«
>
> *Vivekananda*

Lies diesen Gedanken wieder und wieder, bis er dein Wesen durchdringt, bis er ein Teil deiner selbst wird, bis er wesentlich zu deinem Leben gehört, bis er durch jeden Schlag deines Herzens pocht, so dass du nie seinen tiefen Sinn vergisst. Wisse, dass die Ursache von allem Leiden daher rührt, dass du unter den Einfluss von etwas gerätst. Dies kann ein Gedanke, eine Vorstellung, eine Handlung, eine Meinung, ein Mensch oder etwas, woran wir gebunden sind – sei es nun gut oder böse – sein. Sobald uns etwas beeinflusst, verlieren wir unsere Freiheit und werden unglücklich. Unsere wahre Natur ist nichts als Freiheit, denn wir sind Geist, der keiner Knechtschaft untersteht. Nichts kann uns beeinflussen, wenn wir nicht gebunden sind. Wie können wir diesen Zustand des Nichtgebundenseins erreichen? Wie können wir frei sein von dem, was uns beeinflusst? Die Yogis sagen, dass dieser Zustand erreichbar ist. Ihr eigenes Leben beweist diese Tatsache. Sie sagen: »Kümmere dich nicht um die Meinung deiner Mitmenschen, sei sie nun gut oder schlecht.« Das ist der erste Schritt. Wenn ein Yogi gelobt oder getadelt wird – würde ihn dies beeindrucken? Nicht im Geringsten. Derjenige, der kein Urteil fällt, steht über allem Urteil. Wenn du gelobt wirst, nimm es an, ohne davon beeindruckt zu werden. Wenn du getadelt wirst, lasse es dich nicht berühren. Nie hat ein Urteil einen Menschen gemacht. Diese Einstellung wird dir helfen, die Fesseln der Bindung zu zerreißen und dich von jeglichem Einfluss zu befreien. Nach und nach wirst du lernen, deine eigenen, dich beeinflussenden Gedanken zu überwinden. Du wirst durch Erfahrung lernen, dass jeder in deinem Kopf geborene Gedanke dein Wesen bewusst oder unbewusst durchdringt und auf dich wirkt. Wenn deine Gedanken negativ sind, ist ihr Einfluss nachteilig. Du sollst auch kein Urteil über andere haben. Wenn du Gedanken der Missgunst, des Hasses oder des Ärgers mit dir herumträgst, wirkt deren zerstörerische Natur auf deinen eigenen Körper und deine eigene Seele. Unbeschreiblich ist der Schaden, den dein ganzes Wesen davonträgt. Die Yogis sagen, dass der Gedanke die größte Kraft im Körper sei. Sie ist gewaltiger als jede körperliche Kraft, größer als das Wort, denn sie ist eine transzendentale Macht, welche das ganze Weltall durchdringt. Gute Gedanken, so unbedeutend sie auch sein mögen, werden unbedingt ihre Wirkung hervorbringen. Sei mutig und wisse, dass du selbst dein Schicksal schaffst. Denke gesunde Gedanken, bringe hohe Gedanken hervor und zwar solche, welche du auf der Ebene der Tat verwirklicht sehen möchtest. Mit einiger Ausdauer wirst du bald deine Gedanken beherrschen, welche dir dann helfen werden, statt dich zu behindern. Statt ganze Ladungen von unverantwortlichen Gedanken zu säen, die dein eigenes Leben und das derjenigen, denen du begegnest, vergiften, meistere deine Gedanken und sei der Macht bewusst, die du besitzt. Dann wirst du die Wirklichkeit von Vivekanandas Worten erleben:

> »Wenn die Materie mächtig ist,
> so ist der Gedanke allmächtig.«

7. Beginne den Tag mit Yoga

Viele von denen, die sich mit Yoga beschäftigen, möchten wissen, warum man den Tag mit Yoga-Übungen beginnen soll. Einige wollten wissen, ob es nichts ausmachen würde, wenn sie die Übungen am Abend oder nur an einigen Tagen in der Woche ausführen würden, da sie so wenig Zeit hätten. Es ist gewiss nicht das Gleiche, als wenn die Übungen regelmäßig zur selben Zeit am Morgen ausgeführt werden. Immerhin ist dies besser als gar keine Übung. Wir üben Yoga, um die Entwicklung unserer physischen, seelischen und geistigen Fähigkeiten zu beschleunigen und eine vollkommene Beherrschung unseres Lebens zu gewinnen. Dies muss unser Ideal sein, danach müssen wir streben. Es ist nur durch harte Arbeit und Ausdauer erreichbar.

Den Tag mit einer nervösen Spannung zu beginnen, verursacht auch ein nervöses Tagesende. Chaos muss in Chaos enden. Yoga hilft uns, den Tag ausgeglichen und in Ruhe anzufangen. Die Befreiung gewaltiger Energien während der Übungen macht uns die zu unserer Verfügung stehenden Kräfte bewusst, und dieser Zustand währt weiter, den ganzen Tag. Unsere Natur selbst wird sich veredeln, und mit der Zeit werden wir die Eigenschaften eines Yogi offenbaren. Anstatt ziellos herumzulaufen, werden wir standhaft und stetig sein, und wie die Sonne werden wir Leben und Kraft ausstrahlen.

Wir werden auffallende Zeichen von Fortschritt in unseren Übungen erleben, so dass es für uns unmöglich wird, wie früher charakterliche Schwächen zu offenbaren. Angst, Hass, falsche Scham, Feigheit, Pessimismus und Ähnliches wird unserer Natur widerstreben. Die plötzliche Entscheidung, mit solchen vor unserem Fortschritt stehenden Hindernissen Schluss zu machen, wird über uns kommen, und wir werden uns in Träger positiven Handelns umwandeln.

Indische Mütter stehen als Erste im Haus auf, sie wischen den Boden, reinigen das Haus und verbrennen Weihrauch, um die Luft zu läutern, den Mitbewohnern so einen angenehmen Eindruck zu vermitteln.

Jeder nimmt schweigend sein Bad und bereitet sich zur Meditation vor. Einige führen körperliche Übungen aus, andere üben geistigen Yoga, dann gehen sie an ihre Arbeit. Ein in einer solchen ruhigen Gemütsverfassung begonnener Tag gibt dem Hindu die Überzeugung, dass sein Tagewerk fruchtbar sein wird.

In Indien richtet auch der einfachste Mann seine Anrufung an sein eigenes Selbst. Ein guter Anfang bedeutet ein gutes Ende, denn nichts Gutes geht verloren, sagt er. Gebet ohne Handeln ist nicht besser als ein Traum. Den Geist auf das Ideal der Vollkommenheit gerichtet zu halten, ist Gebet. Doch die Erfüllung des Gebetes kann nur durch persönliche Bemühung und große Anstrengung erreicht werden; denn das Ideal der Vollkommenheit muss praktisch sein. Wir sollen unseren Kindern eine Erziehung geben, die sie immer an ihr Ideal erinnert. Statt unbrauchbare Geschichten, die auf einer sentimentalen Einstellung beruhen, sagen wir ihnen die offene Wahrheit und versuchen, ihnen einen festen Glauben an ihre eigene göttliche Natur einzuflößen. Göttlichkeit ist ein Zustand, der nur in uns selbst verwirklicht werden kann, denn sie ist wahrhaftig der höchste Ausdruck unserer eigenen Natur.

Die Yogis versichern, dass jedem Menschen 21.600 Atemzüge pro Tag zugeteilt sind. Je schneller er sie verbraucht, desto kürzer ist sein irdisches Leben. Wie ein vernünftiger Mensch sparsam ist mit seinem Geld, ist es der Yogi mit seinem Atem. Eine tief und langsam ausgeführte Yogi-Atmung hilft, mit den eigenen Kräften sparsam umzugehen und das eigene Leben zu verlängern. Dann wird dieser Weg der beherrschten und bewussten Atmung mit der Zeit zur Gewohnheit werden. Spannung und Nervosität werden aufhören, da die Nerven-Batterien bei jedem Atemzug mit Reservekräften aufgeladen werden. Es gibt eine enge Beziehung zwischen Blut und Atem. Nicht nur Sauerstoff bekommt das Blut mit jedem Atemzug, sondern auch Prana, die alles aufbauende Lebenskraft. Gesundes Blut bedeutet eiserne Gesundheit. Es gibt nichts Besseres als richtige Atmung, um das Blut rein und den Organismus kräftig zu erhalten. Fortschritte im Yoga sind nur möglich, wenn der Weg vor uns frei ist. Schwäche vernichtet jeden Fortschritt. Alles, was uns schwächt, ist das einzig Böse, das wir ausschalten müssen.

Nikotin und Alkohol sind potenzielle Gifte, die vom Yoga-Übenden gemieden werden müssen. Seine latenten Kräfte können sich nicht entwickeln, wenn sein Organismus vergiftet ist. Unter der giftigen Wirkung des Nikotins werden die Sinnesorgane abgestumpft und gewisse lebenswichtige Gehirnzentren außer Tätigkeit gesetzt, was die Entwicklung der Gedächtniskraft sehr hemmt. Isoliertheit, Zerstreutheit und Vergesslichkeit sind die Folgen. Wenn die Geisteskräfte verloren sind, kann es keine Konzentration geben, und ohne Konzentration gibt es keinen Fortschritt.

***

Die Vorzüge der Yoga-Asanas oder -Stellungen sind mannigfaltig. Gewisse Übungen dienen der Stärkung der Gesundheit, während andere Unreinheiten aus dem Körper treiben und so die Heilung von Leiden und Krankheiten einleiten.

***

Asanas ermöglichen mit Leichtigkeit die Beherrschung von wichtigen, über den ganzen Körper verteilten Nervenzentren, welche sogar von der dynamischen Gymnastik nicht beeinflusst werden können. Jede Yoga-Stellung dient vorübergehend als Damm, der in den »Plexi« genannten Nervengeflechten Reservekräfte aufspeichern hilft.

***

Die Ausführung von *Padmasana* oder Lotos-Sitz kommt manchem westlichen Yoga-Übenden wie eine Gliederverrenkung vor, doch ist diese Stellung keineswegs so unmöglich, wie sie aussieht. Geduldige tägliche Übung während langer Monate und auch Jahre mag notwendig sein, bis die Stellung beherrscht wird. Auch Yogis üben gewisse Stellungen manchmal jahrelang. Trotzdem sollte niemand die Übung forcieren, um schnellere Resultate zu erzielen. Niemals sollten die Glieder überanstrengt werden, denn Sehnen, Muskeln und Bänder sind bald beschädigt. Jeden Abend vor dem Zubettgehen kann man die Stellung versuchen. Manchmal wird eine kleine Ölmassage an Knie und Fußknöchel die Übung erleichtern. Der fleißig Übende wird bemerken, dass der Erfolg nicht auf sich warten lässt.

Ausführung: Sitz mit ausgestreckten Beinen. Den rechten Fuß ergreifen und ihn sanft über den linken Oberschenkel ziehen. Dann wird der linke Fuß ebenfalls durch Biegen des linken Knies über den rechten Oberschenkel gebracht. Die Hände auf den Knien, langsam und tief atmen. Nach einigen Sekunden entspannen. Jeden Tag einige Sekunden länger in dieser Stellung bleiben.

Wirkung: Keine Übung kann das vollkommene Gleichgewicht und die Stabilität des Körpers und des Geistes gewährleisten wie *Padmasana*. Die Übung wird »der ausgezeichnete Sitz der Yogis« genannt. Die Kräfte des Körpers werden leicht miteinander in Einklang gebracht. Ein ununterbrochener Strom gesunden Blutes fließt vom untersten Teil der Wirbelsäule zum Gehirn in den Kreislauf und kann so das ganze Nervensystem regenerieren. Die Widerstandskraft wird bis zu einem hohen Grad verstärkt. Das Gemüt beruhigt sich sehr bald, und der Mensch kann sich ungehindert konzentrieren.

Yoga ist die reinste Form geistigen Trainings. Sein geistiger Inhalt ist es, welcher auch dem Körper Schönheit verleiht. Yoga ist die Vergeistigung des Körpers. Er hilft dem Geist des Menschen zur Beherrschung seines materiellen Wesens. Kenne das Ziel jeder Übung, die du ausführst. Yoga ist nur dann nützlich, wenn er bewusst geübt wird.

III. GEDANKEN ÜBER SELBSTERZIEHUNG

1. Der Löwe und das Schaf

Es war einmal ein Schäfer, der führte seine Herde jeden Tag zu grünen, saftigen Weiden. Er spielte auf seiner Flöte, und am Nachmittag ruhte er und schlief für ein Weilchen im Schatten eines Baumes. Eines Tages stürzte sich aus dem nahen Dschungel eine hungrige Löwin auf die Herde, und die Schafe flohen entsetzt in alle Richtungen. Die Löwin war trächtig, und als sie einen besonders großen Sprung machte, ging er über ihre Kraft. Sie stürzte tot zusammen. Im selben Augenblick wurde das Junge geboren. Der Hirte nahm das kleine Löwenkind und zog es mit seinen Schafen auf. Es wuchs heran und lebte wie die Schafe leben. Es fraß Gras und lernte blöken wie ein Schaf. Es wuchs und wuchs von Tag zu Tag, und bald war es ein mächtiger Löwe. Aber auch der große Löwe fraß Gras und blökte weiterhin wie ein Schaf. An einem heißen Sommertag kam aus dem nahen Dschungel wiederum ein wilder, stolzer Löwe, brach in die Herde ein und stillte seinen Hunger. Die Schafe flüchteten wild und mit ihnen der blökende Löwe. Der Löwe aus dem Dschungel entdeckte zu seinem größten Erstaunen den fliehenden und blökenden Löwen. Er packte ihn und fragte: »Bruder, warum blökst du? Was ist aus deiner edlen Stimme geworden?« Der Schaflöwe aber flehte voller Angst: »Oh, ich bin nur ein kleines Schaf, oh, tue mir kein Leid an.« »Du bist kein Schaf, du bist ein mächtiger Löwe«, sagte der Löwe aus dem Dschungel. Vor Furcht zitternd und jämmerlich blökend, flehte der Schaflöwe aber von Neuem, er möchte nicht sterben, er wäre ja noch so jung und viel zu klein, um gefressen zu werden. Da packte der König des Dschungels den närrischen Löwen, führte ihn zu einem tiefen Brunnen und sagte: »Schau dein Bild im Wasser und erkenne, wer du bist.« Angstvoll und zaghaft über den Brunnenrand sich beugend, erwartete das zitternde Geschöpf den Kopf eines kleinen Schafes zu erblicken, aber zu seiner größten Überraschung war da kein Schaf, sondern der mächtige Kopf eines Löwen, mächtiger noch als der des wilden Löwen aus dem Dschungel. Da stieg die Freude hoch in ihm und vor Glück wollte er blöken, aber hört und staunt: Es wurde ein gewaltiges Brüllen, von dem der ganze Dschungel erbebte. Alsbald verschwand der Löwe in seine unendliche Heimat, den Urwald.

Möget ihr alle diese kleine indische Legende immer in eurem Bewusstsein halten! Wenn schwere Probleme uns einengen und fast erdrücken, wenn wir glauben, kleine, elende Geschöpfe zu sein, wenn wir keinen Mut haben, vorwärts zu gehen, wenn wir uns von der Hilfe anderer abhängig machen, wenn wir im dunklen Keller der Unwissenheit sitzen und vor Furcht zittern, dann müssen wir uns diese Geschichte in Erinnerung rufen und wissen, dass all dies nur das Betragen eines Schafes ist, eines unwissenden kleinen Schafes. In solchen Zeiten berührt Leid unser Herz, nur um uns die Wahrheit zu zeigen, und es verlässt uns nicht, solange wir nicht alles tun, um uns aus dem selbst geschaffenen, qualvollen Zustand zu befreien. Leid zwingt uns in die Einsamkeit der Selbstbetrachtung, wo wir die Augen nach innen wenden müssen, um unser wahres Gesicht im Herzen widergespiegelt zu finden. Dann erwachen wir und erkennen, wer und was wir sind. Wie oft treten wir selbst und lassen wir andere auf unserer menschlichen Würde herumtreten. Wenn wir so handeln, leiden wir unter der Herabsetzung in solchem Maß, dass wir schließlich gezwungen sind, durch eigene Anstrengung das selbst verursachte Leid wieder aufzulösen. Letzten Endes treibt uns unausweichliche Notwendigkeit dann dazu, unsere Schwäche zu vernichten und das zu verwirklichen, was wir in Wahrheit sind. Und was sind wir? Nicht bloß ein Körper, der allen Wandlungen unterworfen ist, nicht bloß eine Seele, die zwischen Freud und Leid hin und her pendelt, sondern das Selbst sind wir, das sich nicht wandelt, das nicht stirbt und das nicht zerstört werden kann. Lassen wir am Abend beim Einschlafen unseren letzten Gedanken sein: »Ich bin das Selbst, das ewige, das unsterbliche *Selbst*.« Der erste Gedanke am Morgen sei wiederum dieser: »Ich bin das Selbst, das ewige das unsterbliche *Selbst*.« Halten wir auf diese Weise Tag für Tag, Stunde um Stunde, das Bewusstsein unserer wahren Natur hoch. Das wird uns helfen, immer besser zu erkennen, wer wir sind und was wir sind. Mögen wir unser wahres *Selbst* verwirklichen und glücklich sein!

> »Ihr Gottheiten auf Erden! Sünder? Es ist eine Sünde, einen Menschen so zu nennen, es ist eine Schmähung der menschlichen Natur. Steht auf, Ihr Löwen, und schüttelt die Täuschung ab, dass Ihr Schafe seid. Ihr seid nicht Materie. Ihr seid nicht Körper, die Materie ist Euer Diener, Ihr seid nicht die Diener der Materie!«
>
> *Vivekananda*

2. Die Entfaltung des Menschen

Der Mensch ist der Höhepunkt der Schöpfung. Nur in ihm sind die tierischen, menschlichen und göttlichen Eigenschaften gleichzeitig lebendig und tätig.

Welche Eigenschaften unserer Natur sollen wir offenbaren? Darüber können wir selber entscheiden. Die tierischen Anlagen zur Selbsterhaltung, die menschlichen zu vernünftigem Handeln und die göttlichen als Ausdruck dessen, was wir in Wirklichkeit sind, zu offenbaren, ist der Zweck unseres irdischen Daseins.

Die tierischen Eigenschaften in uns zeigen sich in den zwei mächtigen Trieben der Selbsterhaltung und der Arterhaltung. Sie sind unentbehrlich zur Erhaltung unseres irdischen Lebens und unserer Rasse.

Die menschlichen Anlagen in uns sind die Fähigkeiten des Denkens und Sprechens. Manchmal scheint uns das Leben ein Rätsel zu sein, dessen Sinn uns unbekannt ist. Unser Streben erscheint nutzlos, und wir stehen den Dingen verständnislos gegenüber. Trotz allem hat unsere Geburt als menschliches Wesen seinen bestimmten Zweck. Analoge Vorgänge können uns aufklären. Genau wie ein Samen die Möglichkeit eines Baumes enthält, trägt auch der Mensch in sich den Kern der Göttlichkeit, die er eines Tages voll und ganz offenbaren muss. Wo ist der Beweis dafür? Alle großen Meister haben durch ihr Leben und Beispiel bewiesen, dass sie dieses Ziel erreicht haben. Nichts Geringeres kann den Menschen befriedigen. Von morgens bis abends, von der Geburt bis zum Tod, wird er von einem inneren Drang getrieben, Taten zu vollbringen, wodurch seine potenziell vollkommene Natur sich offenbart. Der Mensch fühlt sich unglücklich und elend, wenn er keine Möglichkeit hat, seine höhere Natur zu offenbaren. Der Mensch kann aber nur das offenbaren, was schon in ihm liegt. Seine Göttlichkeit ist – und war von Anfang an – in ihm, und diese ist seine wahre Natur. Wenn seine Sinne sich entwickeln, dämmert in ihm ein Licht auf, und seine Intelligenz zieht den Vorhang des Zweifels von seinen Augen. Die Bibel lehrt, dass der Tag kommen wird, da man die Wahrheit vom Hausdach künden wird. Von welchem Dach und in welcher Straße und Stadt? Ist nicht der Körper das Haus, in dem wir leben? Ist nicht das Gehirn, wo sich der Sitz des Verstandes befindet, das Dach des Hauses, wo uns das Licht der Wahrheit aufgeht? Wenn immer wir ein wenig Wahrheit erfassen, haben wir Licht in unserem Geist erhascht. Sei es auch nur ein wenig Wahrheit, so ist sie immerhin eine Wahrheit, welche nun uns gehört. Deshalb sagt Vivekananda: »Der Mensch schreitet nicht von Irrtum zur Wahrheit, sondern von Wahrheit zu Wahrheit, von einer niedrigeren Wahrheit zur höheren Wahrheit.« In irgendeinem Leben müssen wir dazu kommen, den Zweck unserer Geburt zu erkennen, und unsere Aufgabe wird also die bewusste Anstrengung sein, die Vollkommenheit und Göttlichkeit in uns zu offenbaren. Sind wir nicht jedes Mal unglücklich, wenn wir im Erfüllen dieser Aufgabe versagen? Wird unser Herz nicht von Glück überströmt, wenn es uns gelingt?

Die alles belebende Kraft dieses Weltalls ist Prana. Sein Vorhandensein in uns bedeutet Leben und sein Fehlen Tod. Mit jedem Atemzug dringt Prana in den Körper und setzt diese wunderbare Maschinerie in Bewegung. Durch Prana denkt das Hirn, spricht der Mund, arbeitet der ganze menschliche Organismus. Unsere Bewegungskraft wird durch Prana erzeugt. Eine ungenügende Zufuhr von Prana durch mangelhaftes Atmen bewirkt eine ebenfalls mangelhafte Offenbarung des Lebens in uns. Unsere Gedanken sind unausgeglichen, unsere Worte leblos und unsere Handlungen kraftlos. Deshalb betont Yoga die Notwendigkeit einer richtigen Atmung als den einzigen Weg, auf welchem wir Prana und seine Offenbarungen beherrschen können. Eine solche Beherrschung des Prana durch richtiges Atmen, wie es im Yoga gelehrt wird, heißt Pranayama. Dies darf nun nicht als eine Reihe von Atemübungen angesehen werden, sondern als eine Wissenschaft, die uns lehrt, Prana zu beherrschen und durch richtige, bewusste Atmung in den Körper zu lenken.

Das Leben offenbart sich im Menschen als: 1. Körperliche Kraft, 2. Nervenkraft, 3. Sexuelle Kraft, 4. Willenskraft, 5. Gefühlskraft, 6. Verstandeskraft und 7. Geistige Kraft. Der Mensch ist Geist, der Bewohner einer durch Prana, der Urkraft, belebten stofflichen Form. Es liegt nur an uns, jene sieben Kräfte in ihrer Arbeit zu überwachen. Wenn in irgendeiner dieser Ausdrucksmöglichkeiten ein Mangel auftritt, liegt die Ursache bei uns. Wir können sie nicht bei unseren Eltern oder Großeltern suchen. Wir können Veranlagungen, seien sie nun körperlich, intellektuell oder geistig, nicht erben. Die Evolutionslehre hat nur dann einen Sinn, wenn wir den Einzelnen, der jetzt lebt, wächst, sich weiterentwickelt und dann seine körperliche Hülle abwirft, als dasselbe Individuum anerkennen, das seine Evolution bei seiner nächsten Geburt mit der Summe der in seinen früheren Leben gewonnenen Erfahrungen fortsetzt. Unsere individuelle Persönlichkeit kann durch den Tod nicht ausgelöscht werden. Wäre dem nicht so, würden sich all unser Bestreben und Bemühen, alle unsere Anstrengungen als vergeblich und vollkommen zwecklos erweisen. Wenn der Tod das Ende von allem sein sollte, wäre das Leben ein reines Glücksspiel, bei dem das Schicksal einem Glück oder Unglück zuspielen würde. Eine solche Zufälligkeit wäre jedoch sinnlos und ungerecht. Wenn der Tod alles vernichtet, kann es keine Evolution geben. Die heutige Psychologie im Westen hat eine sehr hohe Entwicklungsstufe erreicht, und bald wird sie die Reinkarnation als das letzte noch fehlende Glied in der Evolutionslehre anerkennen. Ohne Wiedergeburt hat das Individuum überhaupt keine Möglichkeit zur vollen körperlichen, intellektuellen und geistigen Entwicklung.

Die indische Psychologie ist so alt und so zeitlos wie die Veden. Es handelt sich dabei nicht um eine gedankliche Betrachtung über Experimente, mit Aufzeichnung gesunder oder pathologischer Symptome der Seele und ihrer Offenbarungen, sondern um eine Wissenschaft, welche in der Verwirklichung der Selbsterkenntnis gipfelt. Es ist die älteste Wissenschaft der Welt, welche sich mit der Analyse der subtilsten Schichten der Seele befasst und den Menschen zur Entwicklung von der körperlichen zur geistigen Ebene verhilft. Sie bezeichnet ganz deutlich die drei Stufen des Lebens: a) Beherrschung der eigenen Natur oder Selbstbeherrschung, b) Selbsterkenntnis, c) Selbstverwirklichung.

Die indische Psychologie legt Folgendes dar: Ebenso wie die unzähligen Eindrücke des Tages, im Unterbewusstsein aufgespeichert, ihren Einfluss über uns sowohl im Wachen als auch im Schlafzustand geltend machen, werden die Eindrücke des ganzen Lebens nach unserem körperlichen Tod in ihrer Gesamtheit verarbeitet. Sie wirken auf uns, indem sie uns für unsere nächste Geburt formen und vorbereiten. Es ist, als wenn ein Baum all seine Kraft in den Wurzeln sammelt, um sie im Frühling in seine Äste ausströmen zu lassen. Dieser Aufnahmeprozess nach dem Tod kann einige wenige oder mehrere Jahrhunderte dauern, worauf der Wunsch zu leben uns wiederum auf diese Erde bringt. Wir sind es, die unsere Eltern wählen. Da sie Eigenschaften, Anlagen und Charakterzüge aufweisen, welche den unsrigen ähnlich sind, ziehen wir sie vor und erscheinen durch sie wieder auf diesem Lebenskampfplatz, um in unserer Entwicklung fortzufahren. Wenn es unter den sieben Lebensoffenbarungen in uns irgendwelche Züge der Schwäche gibt, haben wir kein Recht zu erklären, dass deren Ursache in der Familie liegt und die Symptome vererbt sind. Wir können körperliche oder geistige Anlagen nicht erben. Sie können höchstens denjenigen unserer Eltern oder Großeltern ähnlich sein. Warum werden wir als Engländer, Deutsche, Franzosen oder Schweizer geboren? Aus dem einen Grund, weil wir Charakterzüge aufweisen, welche den Charakterzügen der Mitglieder jener Nation gleichen und wir uns in einer solchermaßen begünstigten Umgebung ohne Hindernis gleichmäßig entwickeln können.

Unseren Eltern gegenüber sollen wir stets Dankbarkeit und Verehrung empfinden, denn sie haben uns liebend in ihre Obhut genommen und uns durch ihre Person den Eintritt in diese Welt ermöglicht. Nie sollen wir denken, dass es leicht ist, einen menschlichen Körper zu erlangen. In Indien wird es als eines der drei großen Verdienste im Leben betrachtet! Die erste Gnade ist, durch Vermittlung unserer Eltern einen menschlichen Körper zu besitzen. Die zweite Gnade ist der Wunsch, den Zweck unserer Geburt zu erfüllen oder den Durst nach Verwirklichung unserer Göttlichkeit zu stillen. Die dritte Gnade ist, den richtigen Lehrer oder Erzieher als Helfer in unserem Streben nach Vollkommenheit zu finden. Auch wenn unsere Eltern viele Fehler haben, ist das für uns unwesentlich. Auch sie werden in ihrem Leben vorwärtskommen. Sie sind nichtsdestoweniger unsere menschlichen Götter, welche uns das Leben geschenkt haben. Wälzen wir nie die Schuld unserer Schwäche auf sie ab. Es ist heute eine Gewohnheit geworden zu sagen: Nervosität – das liegt in der Familie; Diabetes – das liegt in der Familie; Krebs – das liegt in der Familie; charakterliche und sittliche Schwäche – das liegt in der Familie. Daher kann ich keinen einzigen dieser Fehler verbessern. Wir schütteln die Verantwortung ab und nennen es Vererbung. Dies ist ein unverantwortlicher Ausspruch, der nichts als verderbliche Folgen zeitigt. Eine solche Einstellung macht uns vollkommen passiv und beraubt uns unserer Tatkraft. Wir verlieren jeglichen Ansporn zu eigenem Beginnen und werden von äußeren Hilfsquellen abhängig. Eine solche Einstellung behindert jeden menschlichen Fortschritt. Je eher wir diesen Aberglauben abschütteln, umso besser. Je eher wir uns auf unsere eigene Kraft verlassen und lernen, dass nur wir allein unser Unglück verursachen und nur wir allein uns wieder davon befreien können, umso besser.

Mit welcher Verehrung, Liebe und Achtung berühren wir in Indien die Füße unserer Eltern, nehmen den Staub von ihren Füßen und berühren damit unsere Stirn, indem wir sagen: Verehrter Vater, liebevolle Mutter, ihr seid die Spender meines Lebens, euch verehre ich wie meine Götter und nehme den Staub von euren heiligen Füßen, denn wahrlich er ist heiliger als ich. Demütig bitte ich um euren Segen. Gesegnet ist in der Tat, auf wem der Segen der Eltern ruht. Wenn unsere Eltern sagen: »Mein Kind, trotz deiner Schwäche, trotz deiner Mängel, trotz deiner Fehler lieben wir dich, und wir wissen, dass du eines Tages stark sein wirst. Sei gesegnet, jetzt und immerdar«, so haben diese Worte ein Tonnengewicht und begleiten uns bis über das Grab hinaus. Es sind Worte, die sich verwirklichen. *Segnen wir unsere Eltern und werfen wir ihnen nie unsere eigenen törichten Fehler vor.*

Suche in dir und finde heraus, bei welchen der sieben Offenbarungen des Lebens dir etwas fehlt. Strenge dich an und ergründe sorgfältig die Ursache, dann bringe alles sehr gewissenhaft in Ordnung. Lasse den Gedanken dir vertraut werden, dass du Geist bist, bewusst, frei, furchtlos und stark. Wisse, dass seine Offenbarung von dir abhängt. Da der Geist die Materie beherrschen soll, so wisse, dass es ganz in deiner Macht steht, das Leben als körperliche Kraft, Nervenkraft, sexuelle Kraft, Willenskraft, Gefühlskraft, Verstandeskraft und geistige Kraft zu offenbaren.

Yoga lehrt uns den zweckmäßigsten Zugang zum Leben, indem er uns hilft, die sieben Offenbarungen des Lebens zu beherrschen. Yoga lehrt, dass, wenn der Atem beherrscht ist, alle unsere Lebensoffenbarungen auf der physischen und geistigen Ebene geregelt werden. Wie können wir dies erreichen?

Atmen wir immer langsam und bewusst, und strahlen wir Prana in den ganzen Körper aus, bis in seine winzigsten Teile. Der Vorgang ist dem in alle Richtungen ausgehenden hellen Strahlen einer elektrischen Lampe vergleichbar. Mit der Zeit wird es zur Gewohnheit werden, öfters am Tag so zu atmen. Diese Gewohnheit sollte man während des ganzen Lebens beibehalten. Die Yogis sagen, dass eine solche bewusste Beherrschung des Prana uns schließlich auch ermöglicht,

Kampf

unsere körperliche Kraft, Nervenkraft, sexuelle Kraft, Willenskraft, Gefühlskraft, Verstandeskraft und unsere geistige Kraft vollkommen zu beherrschen.

3. Unsere geistige Entwicklung

Wie ein Kind zuerst Hilfe braucht, um stehen und gehen zu lernen, später aber stark genug ist, um ohne Hilfe auf den eigenen Füßen herumzugehen, so geschieht es auch dem geistig Vorwärtsstrebenden auf den ersten Stufen seiner Entwicklung. Äußere Hilfsmittel, wie zum Beispiel heilige Schriften, Rituale, Dogmen, Sekten usw. haben einen wesentlichen Wert bis zu dem Augenblick, in dem man lernt, unabhängig und stark genug zu sein, um ohne alle diese Hilfen weiterzukommen. Welche Mittel ein Mensch auch gebraucht für seinen geistigen Fortschritt – es steht ihm vollkommen frei, sie anzuwenden, da diese Hilfsmittel ihm am angemessensten sind. Es gibt keine größere Freiheit als die Freiheit des Geistes, und wir haben das Recht, die verschiedenen zum Tor der Wahrheit führenden Verfahren und Lehrweisen zu versuchen und zu prüfen. Das Ziel ist, die Wahrheit zu erreichen; und unser ganzes Leben ist, bewusst oder unbewusst, auf diese Verwirklichung ausgerichtet. Alle äußeren Hilfsmittel sind Wegweiser zum Himmel, aber der Himmel muss im Herzen verwirklicht werden, und unser Führer ist unser stilles Überselbst. Verurteilen wir deshalb niemanden als Mitglied dieser oder jener Sekte. Er wird ganz gewiss eines Tages über seine Schranken, welche ihm jetzt unentbehrlich sind, hinauswachsen. Eine Pflanze braucht zuerst eine Umzäunung, doch wenn sie zum Baum gewachsen ist, braucht sie keine Stütze mehr, und auch ein Elefant kann daran festgebunden werden, da sie jetzt kräftig ist. Wir alle haben in der Vergangenheit manchmal Gedanken von anderen übernommen und setzten uns dadurch gewisse Schranken, die jedoch für uns hilfreich waren. Mit unserer geistigen Entwicklung wuchsen auch unsere Ansprüche, und wir wurden gezwungen, unsere Auffassung über den Glauben zu erweitern, so dass wir imstande waren, auch andere Auffassungen aufzunehmen. Im Yoga lernen wir, unseren Gesichtskreis so zu erweitern, dass er alle Glaubenslehren unserer Mitmenschen umfassen kann. »Yoga macht aus einem Menschen einen besseren Menschen, aus einem Christen einen besseren Christen, aus einem Hindu einen besseren Hindu.« Die innewohnende Göttlichkeit auszudrücken, ist das Ziel aller Religionen der Welt. Wenn wir Christi Worte »Ihr sollt vollkommen sein, gleich wie euer Vater im Himmel vollkommen ist« (Mt 5,48) ernst nehmen, entsprechen wir unserer eigenen Natur, welche den vollkommenen Ausdruck dessen verlangt, was wir tatsächlich sind. Ein großer Lehrer des Ostens verkündet die gleiche Botschaft der Kraft: »Gehe in dein Zimmer und hole die Upanishaden aus deinem Selbst. Du bist das größte Buch, das je war oder sein wird, der unendliche Behälter alles Seienden. Bis der innere Lehrer erwacht, ist jeglicher äußerer Unterricht vergeblich. Er muss zur Öffnung des Buches des Herzens führen, um einen Wert zu haben.« (Vivekananda)

Niemals verlangt Yoga von uns die Aufopferung unserer Vernunft. Yoga sagt bloß: Gebrauche sie noch tausendmal mehr. Yoga fordert nicht das Aufgeben des tätigen Lebens. Er sagt einfach: Sei tätig, wisse aber *wie*. Yoga will keinesfalls, dass wir unseren Verstand beiseiteschieben. Er sagt nur: Unterscheide richtig und handele furchtlos. Yoga erwartet nicht von uns, dass wir aus der Welt flüchten und uns in den Himalaya zurückziehen sollen. Er sagt: Die Zuflucht, die du suchst, findest du nirgends in der Außenwelt. Sie ist in dir. Lasse die stürmische Welt der Sinne hinter dir, erhebe dein Bewusstsein zum Mittelpunkt deines Wesens und erkenne, dass hier allein jene Kraft, jener Frieden und jene Zuflucht liegt, wonach du suchst. Yoga sagt: Verurteile die Welt nicht. Vergöttliche die Welt durch deine Taten, reinige die Welt durch dein Gespräch und verherrliche die Welt durch deine Gegenwart.

4. Prana – Kraft des Lebens

Die indische Philosophie sagt, dass es »keine größere Kraft im Körper gibt als Prana«. Seit Jahrtausenden lehrt sie, dass das ganze Universum aus Stoff und Kraft gebildet ist. In Sanskrit wird der Urstoff »Akasha« genannt und die Urkraft, die auf ihn wirkt, heißt »Prana«. Prana gibt Akasha Form, Ausdruck und Leben. Prana bewegt die Millionen himmlischer Körper im Universum. Prana ist der Pulsschlag des Lebens, der in allem Erschaffenen wirkt. Prana ist in unserem Leib und belebt ihn durch die Atmung. Prana ist deshalb die größte Kraft. Seine Gegenwart in uns bedeutet das Leben, seine Abwesenheit Tod und Verfall. Ohne Prana bleibt Akasha ohne Manifestation. Im Universum gibt es aber kein Vakuum, Prana durchdringt alles.

Prana durchströmt unseren Körper durch die Atmung. Ist die Atmung mangelhaft, bleibt die Manifestation des Lebens oder der Lebenskraft auch mangelhaft. Prana offenbart sich im Körper durch Gesundheit, Denken, Sprechen und Handeln. Mangelhafte Atmung ist immer begleitet von unausgeglichenen Gedanken und Handlungen, die chaotischer, undisziplinierter und ruheloser Natur sind. Das Resultat solcher Unordnung sind Störungen im Körper, die wir als Krankheit bezeichnen. Bewusste und natürliche Atmung bringt unsere vitalen Kräfte ins Gleichgewicht und ermöglicht uns eine ungestörte Entwicklung. Wenn unsere Entwicklung gestört und gehemmt ist, fühlen wir uns elend. Nichts kann der Freude ungestörter Entwicklung im Leben gleichgestellt werden. Reichtum ermöglicht äußere Bequemlichkeit und einige andere Erleichterungen, aber nie wirkliche Befriedigung und wahre Freude. Erst dann ist der Mensch wirklich in der Freude, wenn er sich ungehindert offenbaren, seine Kräfte schöpferisch entfalten und sich weiterentwickeln kann.

Die drei größten Hindernisse im Leben sind Hass, Schamgefühl und Angst. Fege sie hinweg und gehe vorwärts! Durch gut beherrschtes

Prana entfalte dich zu immer höherem Wachstum. Wie eine Pflanze noch nicht als Baum bezeichnet werden kann, bevor sie dazu voll ausgewachsen ist, so ist der Mensch nicht wahrhaft geboren, bevor sein höheres, wahres Selbst sich nicht sichtbar offenbart. Das Leben entfaltet sein Höchstes und Göttliches – dessen Sein die Welt erleuchtet – letzten Endes durch den wahren Menschen. Am Anfang seiner Entwicklung ist der Mensch in einem embryonalen Zustand. Was für ein tiefes Glück ist es, wachsen zu können und sich göttlich zu entfalten. Denke nur zurück an deine Vergangenheit und vergleiche sie mit deiner Gegenwart, dann siehst du den langen Entwicklungsweg, den du gegangen bist. All unser wirkliches Wissen beruht nur auf eigenen Erfahrungen. Innerer Fortschritt allein macht den Menschen glücklich.

Das alte System des Yoga, das eine bewusste Selbsterziehung ist, bietet die Möglichkeit beschleunigter Entwicklung. Schon die einfachen Atemübungen und einige leichte Asanas, verbunden mit Meditation und *Savasana* (völlige Entspannung), bringen gute Resultate beschleunigter Entwicklung. Leben bedeutet Entfaltung. Wenn Prana den Körper durchströmt, werden die winzigsten Teile durch seine Wirkung belebt. Was der Yoga-Schüler durch eine Stunde intensiven Übens erreichen kann, erringt der Nichtübende erst nach langen Jahren. Yoga wandelt Materie in Geist. Yoga vergeistigt den Körper und all seine Kräfte, so wie der Goldschmied dem Klumpen Gold besondere Schönheit durch Form und Ausdruck verleiht.

Es gibt einfache, aber wirksame Übungen, um die dynamischen Kräfte des Prana unter Kontrolle zu bringen. Setze dich auf einen Stuhl oder, wenn es geht, mit gekreuzten Beinen auf den Boden. Halte Rückgrat und Kopf gerade und aufrecht wie eine Säule. Vermeide dabei aber alle Steifheit und halte dich ansonsten leicht und entspannt. Mit geschlossenen Augen und konzentriertem Innesein atme langsam und tief ein und sammele Prana bewusst im Herz-Zentrum (wo der Mensch das Ich-Gefühl hat, etwas rechts vom physischen Herzen). Atme sehr langsam aus, Prana vom Mittelpunkt bewusst in den ganzen Körper strahlend wie Licht. Lasse diese Ausstrahlung auch bewusst rund um dich herum weitergehen. Dann atme wieder tief ein. Prana bewusst im Herz-Zentrum sammelnd, durchdringe ausatmend wieder bewusst deinen ganzen Körper mit Lebenskraft und fühle wieder diese Lebenskraft-Ausstrahlung, auch rund um dich herum. Wiederhole das vierzehn bis einundzwanzig Mal. Übe es vor dem Frühstück, dem Mittag- und dem Abendessen. Lasse es zu deiner Lebensgewohnheit werden. Prana durchströmt so das ganze System und wird bald unter Beherrschung gebracht. Sein Einfluss ist intensiv belebend für den ganzen Menschen. Bei jedem Ausatmen kann ein durch das Einströmen des Prana verursachtes sanftes Gefühl wahrgenommen werden. Solche Atmung bringt viele segensvolle Wirkungen. Einige wenige, die jeder nach ein wenig Übung selber erfahren kann, seien hier genannt. Wenn Prana in der beschriebenen Weise in den Körper gelenkt wird, erfüllt er die ganze Konstitution mit frischer Kraft. Die Nervenzellen des Gehirns, die Nervenzentren oder Plexi und das ganze Nerven-Netzwerk werden mit Prana gefüllt. Müdigkeit vergeht in wenigen Minuten. Die Nerven und Muskeln verlieren die Verkrampfungen, und das Gefühl zunehmender Frische und Entspannung wird immer lebendiger. Das Blut wird gereinigt und durch seine neu geladenen Blutzellen regeneriert es das ganze System und bringt bessere Gesundheit. Mit zunehmender Widerstandskraft verschwinden Leiden und Krankheit. Wenn die in so kurzer Zeit gesammelten positiven Energien wahrgenommen werden, wird in uns eine heitere Lebenseinstellung wirksam. Mit ruhiger Verfassung können wir unsere Pflichten viel leichter erfüllen, weil alle Kräfte gesammelt sind.

Einige Worte über Reinheit sind hier nötig. Es ist eine grundlegende Notwendigkeit, den Körper rein zu halten. Außer der täglichen Dusche und dem Sich-Waschen vor den Mahlzeiten ist es unerlässlich, auch unsere physische Ausstrahlung bewusst rein zu halten. Alles hat eine Ausstrahlung, sei es eine Erdscholle, ein Stück Stein, eine Knoblauchzehe, ein Apfel, ein Tier oder ein menschliches Wesen. Die Ausstrahlung von Prana oder Lebenskraft kann fühlbar wahrgenommen werden. Wie es radioaktive Orte gibt, die durch einen empfindlichen Apparat entdeckt werden, so ist die menschliche Ausstrahlung nicht weniger eine Energie, die registriert werden kann. Ist die physische

Ausstrahlung schwach, dann ist der Körper jedem äußeren Einfluss offen und wird krank. Wer hat nicht schon die Müdigkeit erfahren, die in der Gegenwart eines nervösen Menschen oder gar bei Hass und Zorn um sich greift? Wenn unsere Widerstandskraft herabgesetzt ist, kann uns negative Ausstrahlung beeinflussen. Wenn aber Prana gleichmäßig positiv von uns ausstrahlt, kann uns nichts verletzen. Die Prana-Ausstrahlung um den Körper herum kann zu solch einem Grad entwickelt werden, dass sie dauernd wie eine schützende Hülle um uns wirkt. Ob wir es wissen oder nicht, sie ist dauernd da. Das bewusste Erleben ist aber noch viel wirkungsvoller, gibt uns Sicherheit und bewusste Unbeeinflussbarkeit. Wenn etwas seinen Einfluss auf uns ausübt, werden wir irritiert, denn unser Sinn für Freiheit ist so stark, dass unsere Natur von jedem Fremdeinfluss frei sein will.

Das hier Gesagte wird in Indien besser verstanden als anderswo. Ich erinnere mich, wie meine Mutter uns Kindern nie erlaubte, die Wiege des Babys meiner verheirateten Schwester zu berühren. Sie erklärte, dass unsere unruhige Ausstrahlung den Schlaf des Kindes stören oder das Kleine veranlassen könne, die Milch unverdaut auszuspeien oder sogar das Kind krank machen würde. Diese alten Sitten sollte man nicht leichtfertig nehmen oder als Aberglauben missachten. Es ist eine bekannte Tatsache, dass Tiere ihre Jungen gegen Berührung des Menschen schützen. Hasen töten ihre Jungen, wenn sie durch Berührung des Menschen befleckt werden. Auch die Sperlinge werfen ihre Kleinen erbarmungslos aus dem Nest, wenn sie durch die Berührung des Menschen entweiht sind. Nur wir Menschen erlauben, dass unsere Kinder durch die Neugier unserer Besucher grausam betastet und berührt werden und erkennen nicht, dass der zarte, noch ganz »offene« Körper, der nur die Lebensausstrahlung der Mutter, nur ihre Kraft, Wärme und Liebe braucht, dadurch einen brutalen Schock erhält und durch die unverständigen Besucher leidvolle Störungen aller Art auf das noch widerstandslose kleine Kind übertragen werden.

Die gesunden Instinkte des Menschen sind abgetötet durch die übermäßig ehrgeizige Tendenz, zivilisiert zu sein. Seine feinsten Sinne sind abgestumpft und seine Gefühle sind erstarrt. Er wird zum wehrlosen

Opfer für die vielen, ihn rund herum umgebenden Einflüsse des Lebens. Unfähig, sich zu verteidigen, werden seine Nerven gespannt, seine Gefühle schwach und das Zentrum seiner Kraft geht verloren. Alles im Leben irritiert ihn, denn er hat ja keine Kraft, sich zu verteidigen. Er vermischt sich mit dem trüben Wasser, das um ihn herumfließt, und wird erbarmungslos hinweggerissen durch die Flut der Umstände, die zu stark sind, als dass er sie bekämpfen könnte. Er braucht Zigaretten, um seine Sorgen zu vergessen und seine Nerven zu betäuben; er braucht Alkohol, um sich in gehobene Stimmung zu bringen. Er braucht diese Peitschen, um täglicher Langeweile zu entgehen, vor seiner inneren Leere, vor seinen Sorgen und vor dem ihn überschwemmenden Elend zu fliehen.

Es muss wieder ein normales, gesundes Leben ohne extravagante Gewohnheiten angestrebt werden, um den Ansturm niederziehender und zerstörender Gefahren zu meistern, Gefahren, die wirklich eine ernste Bedrohung der sozialen und nationalen Gesundheit in körperlicher und seelisch-moralischer Beziehung sind; denn die Gemeinschaft wird aus den einzelnen Menschen gebildet, und wenn diese ungesund sind, kann kein gutes Werk vollbracht, kein Fortschritt erzielt werden. Das gesunde Individuum ist das Positivum für die ganze Nation, denn als Teil des Ganzen bildet es das Ganze. Wir brauchen ruhige, friedvolle, gesunde und starke Menschen. Nur solche können gute Werke vollbringen und eine dauernde gute Wirkung erzielen. Wir brauchen Menschen, deren Kräfte nicht vergeudet, sondern gesammelt und gezügelt sind.

Yoga sagt uns immer und immer wieder, dass eine einzige kleine Nation, die richtig atmet, die ganze Menschheit regenerieren könnte. Es würde verhältnismäßig wenig brauchen, um das zu vollbringen. Aber trotz all unserer Sympathie für unsere leidenden Mitmenschen, trotz all unseres Gemeinschaftsgeistes, wird doch sehr wenig getan, um unseren Kindern die vitale Erziehung zu geben, die sie brauchen. Zu Hause und in der Schule sollten die grundlegenden Regeln einer gesunden Atmung erlernt werden. Wir haben den guten Einfluss von Yoga auf kränkliche Kinder beobachten können. Einige waren Asthmatiker, andere Diabetiker, andere geistig zurückgeblieben und andere komplexbehaftet. Mangel an Leben spendendem Prana ist die Ursache aller Erkrankung. Wenn die Wurzeln eines Baumes des nötigen Saftes ermangeln, wird der ganze Baum krank und verdorrt. Genauso wird der Körper leidend, wenn er die vitalen Kräfte durch schlechte Atmung entbehren muss. Viele Jahre haben wir mit leidenden Kindern das natürliche tiefe Atmen und andere einfache Yoga-Übungen gepflegt. Die regelmäßige Zufuhr von Prana und Sauerstoff bewirkte bei den meisten Heilungen. Manche dieser Knaben und Mädchen sind jetzt Männer und Frauen mit eigenen gesunden Kindern.

Die Wichtigkeit richtigen Atmens wird in unseren Yoga-Kursen immer wieder gelehrt. Nach vorangegangener Entspannung beginnen wir den Unterricht mit richtigem Atmen, das während der ganzen Stunde beibehalten wird. Dadurch werden nicht nur alle Kräfte des Körpers harmonisiert, jeder Schüler strebt auch bewusst danach, nicht nur seinen Körper, sondern auch seinen ganzen Umkreis mit gesunder Ausstrahlung zu durchdringen. Innere Heiterkeit ist das erste Zeichen des Fortschrittes. Die Yoga-Schüler werden angehalten, das Erlernte sorgfältig in ihrem Alltag anzuwenden. Ihre positive Einstellung ist ihre größte Kraft im heutigen Lebenskampf. Sie hilft ihnen, alle negativen Einflüsse abzuwehren, und macht sie fähig, mit vollkommener innerer Ruhe zu arbeiten.

Mache es dir zur Gewohnheit, langsam und tief zu atmen, so oft du daran denkst. Jeder Atemzug muss körperlich und seelisch von einem Gefühl vollkommener Entspannung begleitet sein. Atme so sanft, dass du deinen eigenen Atem nicht hörst. Das beruhigt sofort. Erlebe es, wie Prana deinen Körper und die ganze Atmosphäre um dich durchströmt. So oft du daran denkst, erlebe bewusst deine gesunde Ausstrahlung und lebe darin, wie auf einer Insel der Kraft, des Friedens und der Reinheit. Nichts kann dich dann beeinflussen, ob du in einem lärmenden Betrieb arbeitest oder unter nervösen Menschen bist. Für den Arzt und Pfleger wird diese einfache Übung auch von größtem Wert sein. Sie hilft, den unausweichlichen Einfluss durch den ständigen Kontakt mit Kranken und Leidenden abzuwehren und zu neutralisieren. Wenn die Widerstandskraft durch Überarbeitung sinkt, wird auch der Arzt nervös. Der ungesunde Einfluss seiner Umgebung wirkt dann stärker auf ihn, und er läuft Gefahr, selber krank zu werden. Richtig ausgeführte Tiefenatmung bringt auch hier die Hilfe und hebt in jeder Beziehung die Widerstandskraft. Die bewusste Lenkung der Lebenskraft oder Prana lädt die Batterien von Nerven, Gehirn und Rückgrat wieder auf. Wenn für eine Stunde täglicher Yoga-Übungen nicht genügend Zeit vorhanden ist, muss wenigstens die bewusste Tiefatmung mit bewusster Prana-Lenkung vierzehn bis einundzwanzig Mal, wie oben besprochen wurde, dreimal am Tag nüchtern vor den Mahlzeiten vorgenommen werden. Auch diese Einzelübung wird mit *Savasana* oder aktiver Ruhe während drei Minuten abgeschlossen. Dies ist das Minimum für jeden überlasteten Menschen, wenn er nicht fähig ist, der Sklaverei seines gehetzten Lebens doch etwas mehr Zeit abzugewinnen.

Immer wenn wir hören, dass ein Mensch guten Erfolg in seinem Wirken hat, können wir sicher sein, dass er dies durch gesammeltes und konzentriertes Prana erreicht, das sich in seinem Denken, Reden und Handeln auch konzentriert offenbart. Als Medizinstudent in Spitälern von Budapest machte ich einige interessante Beobachtungen. Mein Freund Dr. Paul Schimert, der kurz vorher promovierte, trat in eine große chirurgische Abteilung ein, wo die meisten Patienten vor Schmerzen jammerten und klagten. Das bloße Erscheinen des großen, stattlichen Arztes erhellte die trübe Atmosphäre. »Wie geht es Ihnen, meine Freunde?«, fragte er mit seiner tiefen Stimme voller Wärme und Vertrauen. Wenn er die Kranken ansah, fühlten alle eine sonnige und heilende Kraft von ihrem guten Arzt auf sich ausstrahlen. Von seiner Kraft gestärkt, beklagte sich dann keiner mehr. Ein Patient, der in der vergangenen Nacht sehr geklagt hatte, begann beim Arztbesuch vor Freude zu weinen und sagte, er habe sich nie so gut gefühlt wie jetzt. Ich war erstaunt. Hätte ich nicht selbst die Leiden und Klagen dieses Mannes in der vergangenen Nacht miterlebt und jetzt die Wirkung des Arztes auf ihn gesehen, ich hätte das nicht glauben können, wenn es mir nur erzählt worden wäre. Dr. Schimert hatte ein prachtvolles Benehmen. Seine positive Natur zerstreute jeden Rest von Pessimismus, wo er solchem begegnete. Instinktiv entdeckte er die Ursache von gar manchen Krankheiten, und seine Diagnose wurde auch als die beste erachtet. Eine Ausstrahlung von Leben spendender Kraft oder Prana war eindeutig wahrnehmbar, so oft Dr. Schimert in die Krankenzimmer eintrat.

Wir können auch zum Beispiel Coué nehmen, der tausende Menschen durch seine einfachen mündlichen Befehle heilte. Worin bestand denn sein Zauber, der alle Leute in den Bann zog? Er war ein kleiner Mann, einfacher Natur, aber er war vor allem ruhig. Bewusst oder unbewusst, hatte Coué eine unbedingte Beherrschung über Prana, das ihm als heilende Kraft entströmte. In späteren Jahren besuchten ihn Tausende. Er hatte keine Zeit, sich mit den Einzelnen in lange Erörterungen einzulassen. Er stellte sie alle in eine Reihe nebeneinander und sagte zu jedem Einzelnen ruhig und in einem monotonen Ton: »In jeder Hinsicht fühlen Sie sich von Moment zu Moment besser und besser.« Das Ergebnis war durchschlagend. Nicht nur fühlten sie alle eine augenblickliche Erleichterung und Besserung, sondern einige warfen sogar ihre Krücken weg und gingen so nach Hause.

Ein unbedeutender Redner tritt auf das Podium – und er bewegt Massen mit seinen Worten. Es geht eine Reinheit von ihm aus, die seine Zuhörer fasziniert. Was anderes ist dies als die Beherrschung von Prana oder vitaler Kraft durch ein beherrschtes Leben?

Wenn die Kräfte gesammelt sind, erleuchten sie durch Gedanken, durch gesprochenes oder geschriebenes Wort und durch Taten. Die mündlichen Befehle, die wir während der Yoga-Übungen geben, sammeln immer mehr Prana, gleich wie in einem Kanal, und leiten so zu konzentriertem Handeln. Diese Befehle prägen sich immer tiefer ein und werden im Unterbewusstsein gesammelt, von wo aus sie auf Körper und Seele wirken. Während der einfachen und tiefen Vollatmung, wie sie in »Sport und Yoga« beschrieben ist, befiehl zum Beispiel in Gedanken oder laut: »Ich offenbare das Leben im Körper und in der Seele« oder: »Ich offenbare das Höchste, mit weniger kann ich nicht zufrieden sein.« Die Offenbarung von Prana hat durch diese machtvollen Befehle ihre allmähliche, aber sichere Wirkung.

Wo Prana beherrscht wird, ist es dynamische Kraft. Alles kann mit dieser Kraft erreicht werden. Unsere Gedanken werden Wirklichkeit, unsere Worte werden gewichtig durch die Kraft der Wahrheit und unsere Handlungen werden zum Segen für alle.

5. Reinkarnation

Bevor wir Reinkarnation als Aberglaube, Gotteslästerung und sinnlose Behauptung abtun; bevor wir behaupten, dass sie eine physische Unmöglichkeit sei; bevor wir den anmaßenden Ausspruch ihres Nichtvorhandenseins fällen und das ganze Thema gleichgültig von uns schieben, sollten wir gewissen Tatsachen ins Antlitz sehen, anstatt sie aus Furcht und Unwissenheit zu fliehen. Die Entwicklungslehre wurde allgemein abgelehnt bis zum Zeitpunkt, da Darwin auftrat; und plötzlich rückten die zeitlosen Veden der Hindus ins Rampenlicht, als die vernünftigste und klarste Theorie zur Unterstützung der Evolutionslehre. Bis zu diesem Zeitpunkt hatte der Westen die Veden als groben Aberglauben abgelehnt. Jetzt haben sie anerkanntermaßen jene hervorragende Stellung inne, die ihnen von jeher gebührte. Studenten aller Weltteile studieren die Veden mit ihren verschiedenen Zweigen der Wissenschaft, wie zum Beispiel die Lehre der Logik, der Zahlen, der Geometrie, der Astronomie oder der Medizin. Lange vor der Geburt Europas bestanden die Veden schon. Durch die Ausbreitung der Rassen, Nationen und Zivilisationen gab Indien der Welt zu allen Zeiten seinen Teil der Veda-Kulturen.

Galilei behauptete, dass unsere Erde, obschon bevölkert, rund sei und sich sowohl um ihre eigene Achse drehe als auch um die Sonne kreise. Die Kirche wandte sich gegen ihn und hätte ihn beinahe wegen Hexerei hingerichtet. Um sein Leben zu retten, zog Galilei seine Behauptung zurück, und so wurden statt seiner seine Schriften verbrannt. Und doch hatte Galilei recht. Gleicherweise werden manche tief gründenden Tatsachen, die man vorerst als Aberglauben verurteilt und mit einem sarkastischen Lächeln abtut, später als vollkommen vernünftige und unentbehrliche Erkenntnisse von der Menschheit anerkannt.

Behaupten zu wollen, dass eine Evolution in der Natur besteht und eine Naturkraft die Materie vom niederen Mineral zur höchsten Offenbarung, dem Menschen, entwickelt; zu behaupten, dass die Entfaltung des Lebens die Umgestaltung der Materie in sich schließt und trotzdem die Reinkarnation verneinen zu wollen, ist genau so lächerlich wie zu behaupten, Kolumbus habe den Ozean zu Fuß überquert. Der Vorgang des Wachstums und der Entwicklung in der Natur benötigt Millionen von Jahren. Dieser Wandlungsprozess, diese Entfaltung von Kräften, dieses abwechslungsweise Aufsteigen und Absinken von Energiewellen, nennen wir Evolution. Evolution ist aber nur durch Wiedergeburt möglich. Reinkarnation ist lediglich die Evolution der Natur, welche sich emporarbeitet zum Höhepunkt der Schöpfung – dem Menschen. Aber der menschliche Körper hört nicht auf, sich weiterzuentwickeln. Die Theorie der Hindus lehrt: »Acht Millionen Körper hatten wir, bevor wir den menschlichen erreichen konnten.«

Jene ehemaligen indischen Denker, Seher und Weisen, welche der Welt die Arithmetik, die Wissenschaft der Zahlen, den Ayurveda, die Wissenschaft der Medizin, Astronomie, die Wissenschaft der Sterne und andere Wissenschaften gaben, sollte man nicht ihrer Aussagen wegen gering einschätzen. Wenn es Millionen von Jahren dauert, bis schwarze Kohle sich in einen Diamanten verwandelt, wenn die Natur Zeit braucht, um aus undurchsichtigem Stoff einen durchsichtigen, glänzenden Stein zu schaffen; wenn die Säulen der Tropfsteingrotten Tausende von Jahren benötigen, um ihre konische Form zu erreichen, wenn Gold Äonen braucht, um gewisse Elemente der Erde in seinen Zustand zu wandeln, weshalb sollte es uns wundern, dass der Mensch das menschliche Dasein erst nach acht Millionen Geburten durch verschiedene Formen erlangt hat?

Der Mensch ist die Gesamtsumme aller manifestierten Energien auf der Erde. Er hat sich vom einzelligen Wesen empor zu seiner heutigen Form entwickelt. Er ist mit einem Eisberg zu vergleichen, bei welchem

Wasser unter extremen Witterungsbedingungen erstarrt ist und somit Form angenommen hat.

Der primitive Mensch, der gerade erst über die Schwelle seines tierischen Zustandes getreten ist, muss nun zu einer höheren Ebene aufsteigen. Im gleichen Maß wie sich sein Bewusstsein ausdehnt, wandeln sich auch seine körperlichen Formen und Charakterzüge. Gegen sein Lebensende hin wird er genügend Eindrücke und Erfahrungen gesammelt haben, welche seine nächste Geburt bestimmen werden. Die Anzahl der Erfahrungen für eine Lebensdauer ist beschränkt. Ein Kind kann nicht über Nacht ein erwachsener Mensch werden. Ebenso wenig kann der Mensch Erfahrungen überspringen; er muss sie alle selbst machen. Wie könnte er sonst lernen? Wie sollte er sonst die Naturkräfte in sich besiegen und sie für seinen Weg nach oben gebrauchen können? Wie schwierig ist es allein, einen Gedanken zu besiegen. Aber alle im Menschen tätigen schöpferischen Kräfte zu beherrschen, ist nur dann möglich, wenn der Mensch sie kennenlernt, und das kann er nicht innerhalb eines einzigen Lebens. Sind wir mit unseren Gemütsbewegungen, mit unseren Gefühlen, mit unserer individuellen Art des Denkens und Sprechens vertraut? Ein Blick in die Vergangenheit rückt einige verstreute Eindrücke von Bedeutung in den Brennpunkt unserer Aufmerksamkeit. Wie viele von ihnen sind wirklich von Nutzen gewesen? Bewusst sehr wenige und unbewusst doch alle.

Unser Fortschritt geht im Schneckentempo, dennoch kommen wir vorwärts und gewinnen immer neuen Boden. Wie oft müssen Handlungen wiederholt werden, bis ein Instinkt gebildet, eine Gewohnheit erworben, ein Charakterzug entwickelt worden ist! Die Instinkte, welche in einem Menschen lebendig und wach sind, wurden nicht in einem Leben gewonnen. Jene Instinkte und Eigenschaften, die einem Menschen helfen, ein guter Bauer, Handwerker oder Künstler zu sein, kommen aus Erfahrungen, die er in vielen Leben gemacht hat. Die Art und Anzahl dieser Erfahrungen sind verschieden, und das erklärt uns, warum die Menschen verschieden sind. Haben wir nicht schon an uns selber erfahren, wie wir eine Tätigkeit, die wir zum ersten Mal im Leben vollbringen, mit einer Sicherheit und Selbstverständlichkeit angehen, als ob sie uns schon lange vertraut gewesen wäre? Nur Erfahrung kann dem Menschen den richtigen Instinkt verleihen.

Die Vererbungslehre will die Übertragung von Charaktereigenschaften auf die Nachkommenschaft beweisen. Wie kommt es, dass beinahe alle Genies Kinder hatten ohne angeborene hervorragende Eigenschaften, mit denen sie den Vätern hätten nachstreben können? Goethes Sohn hätte ja seinen Vater übertreffen müssen, wenn die Vererbungslehre gültig sein soll. Andererseits aber hören wir von Genies, deren Eltern einfache, ungebildete Leute sind. Es ist kein außergewöhnliches Ereignis, wenn man hört, dass Wunderkinder oft von geistig nicht allzu sehr entwickelten Eltern abstammen. Die Vererbungsgesetze versagen in solchen Fällen. Kein Mensch kann mit geborgten Fähigkeiten auf diese Erde kommen. Er hat sie alle selbst entwickelt. Er muss die Lebensleiter Sprosse um Sprosse erklimmen. Meine Natur mag derjenigen meines Vaters ähnlich sein und doch – wie anders bin ich im Vergleich zu ihm!

Genauso wie nur ich allein meine Nahrung zu mir nehmen, meine Freunde wählen, meine Gefühle haben, meine Taten ausführen und niemand anders dies für mich tun kann, genauso habe ich selbst mein eigenes Gehirn und meinen eigenen Körper bewirkt. Dasselbe lässt sich in Bezug auf die Anlagen anwenden, mit denen ich auf der Erde erscheine und die ganz und gar mir eigen sind. Ich brauche sie nicht von meinen Eltern und Großeltern zu erben. Wie oft versuchen wir, unseren Kindern zu richtigem Denken und Handeln zu verhelfen, und wie schwierig ist die Aufgabe, der wir gegenüberstehen. Weshalb sollten wir uns dann einbilden, dass Charakterzüge erblich sind? Charakterzüge sind selbst angenommene Gewohnheiten, und obschon sie jenen unserer Eltern oder Großeltern gleichen mögen, sind sie doch unsere eigenen.

Das Gesetz der Schwerkraft hält die Dinge an ihrem richtigen Platz. Wenn ein Stein in die Luft geschleudert wird, muss er auf die Erde zurückfallen. Das Wasser muss abwärts fließen. Dieses Gesetz ist auch auf der menschlichen Ebene gültig. Betrachten wir ein Beispiel. Eine Familie wird gegründet. Sechs Kinder leben glücklich mit ihren Eltern, lieben diese und werden wieder geliebt. Trotz ihrer dürftigen Verhältnisse sind sie zufrieden. Die Kinder heiraten später, aber sie sind ihren Eltern weiterhin in großer Liebe und Anhänglichkeit ergeben. Ein Erdbeben zerstört das Dorf, in dem sie leben, und alle sterben. Was ist nun das Los dieser armen Familie?

Die Gesamtheit der sich als Liebe geoffenbarten Kräfte, welche diese arme Familie zusammenhielt, kann nicht vernichtet werden, auch nicht durch die Zerstörung ihrer Körper. Weil der Wunsch eine magnetische Anziehungskraft hat, bringt er diese ganze Familie nochmals zusammen, und zwar unter Umständen, welche die Erfüllung ihrer innigsten Wünsche ermöglichen, vielleicht sind sie nicht wie in ihrem früheren Leben sechs Kinder mit den gleichen Eltern, sondern enge Freunde, die gemeinsam für das Wohl ihrer Nation tätig sind. Die Physik beweist uns, dass kein Gramm Energie in diesem Universum je verloren gehen kann. Nach dem Gesetz der Kausalität kann zum Beispiel als Wirkung ein Wirbelsturm entstehen, eine Überschwemmung verursacht und ein Land verwüstet werden; es können aber auch mildes Wetter und angenehme Verhältnisse herrschen, und die Ernte kann reich werden. Ursache und Wirkung muss in allem sein. In der Natur gibt es kein Vakuum.

Der Verbrauch an Energie in einem menschlichen Körper übersteigt jede Beschreibung. Gedanken setzen die stärksten Kräfte in Bewegung, weniger mächtige das Reden und am wenigsten intensiv ist die Offenbarung der Kräfte, bewirkt durch Muskeln und Nerven.

Je nach dem positiven oder negativen Wirken eines Wesens sehen wir das Gesetz der Anziehung oder Abstoßung auf der menschlichen Gefühlsebene sichtbar werden. Energien können anziehen oder abstoßen. Begehren ist der große Magnet im Menschen, es setzt unvorstellbare Kräfte in eine positive Richtung, und Hass arbeitet in der entgegengesetzten Richtung.

Die Ausdehnung und das Wachstum unseres Bewusstseins geschehen während einer Lebensspanne mithilfe von Eindrücken, die ständig auf uns wirken. Alle Eindrücke eines Tages werden im Unterbewusstsein registriert und größtenteils während des Schlafes durch Träume verarbeitet. Überwältigende Eindrücke – verursacht durch den Verlust einer geliebten Person, durch irgendeine Naturkatastrophe, durch einen Krieg oder durch eine schwere, tödlich ausgehende Krankheit – verlangen jedoch einen längeren Assimilationsprozess. Dieses Geschehen kann, wenn nötig, nach dem Ablegen des Körpers erfolgen. Die Kräfte arbeiten stets weiter. Es ist wie Wetterleuchten am wolkenlosen Tageshimmel. Man sieht die Blitze nicht, obschon die Atmosphäre mit Elektrizität geladen ist. Mit anderen Worten: Die Kräfte, die einst den Körper aufgebaut hatten, bestehen nach dessen Tod in ihrer Gesamtheit fort. Nach einer bestimmten Zeit und nach der Aufarbeitung der irdischen Erfahrungen versuchen sich diese Kräfte erneut auf der materiellen Ebene unter für sie günstigen Bedingungen zu offenbaren.

Können wir uns ohne Wiedergeburt entwickeln? Dies ist unmöglich, denn Reinkarnation ist die Evolution der Natur, und Evolution ist das Gesetz des Lebens. Ein gewöhnlicher Stein muss sich zu einem Edelstein kristallisieren oder muss zu Marmor werden. Ein Samen muss sich zu einem Baum entwickeln, eine Raupe zu einem Schmetterling. Und der Mensch muss sich zur Göttlichkeit vollenden, indem er den Ausspruch Jesu »Ihr seid Götter« (Joh 10,34; Ps 82,6) erfüllt. Evolution ist die Umwandlung von Naturkräften in menschliche Kräfte. Das irdische Element muss in ein geistiges umgewandelt werden, das menschliche in ein göttliches und das sterbliche in ein unsterbliches. Wie soll der Mensch zu dieser Erkenntnis kommen? Nur durch Evolution. Diese Stufe der Allwissenheit und Vollkommenheit kann nicht in einem kurzen Leben errungen werden. Sie verlangt viele Geburten. Sie verlangt ein natürliches Wachstum. Keine einzige Erfahrung kann übersprungen werden. Wie viel wiederholtes Üben ist für den Pianisten nötig, bis er etwas vollkommen vortragen kann! Üben heißt, eine Fähigkeit immer besser zu offenbaren, bis deren Ausdruck vollkommen wird. Die Entfaltung all unserer Fähigkeiten geschieht schrittweise und mit unumstößlicher Sicherheit. Von Leben zu Leben wird der Ausdruck einer Fähigkeit immer besser, bis sie dann in einem gewissen Leben zur Vollkommenheit erblüht, wie dies in der Gestalt eines Beethoven oder Mozart geschah.

Was hätte es sonst für einen Sinn, als Mensch zu erscheinen? Was sonst wäre der Zweck der Evolution? Wir entwickeln uns gewiss nicht für das Wohl unserer Urgroßkinder, die wir in diesem Leben möglicherweise nicht einmal sehen werden. Gewiss erfüllen wir nicht nur eine patriotische Pflicht gegenüber unseren Mitbürgern und unserer Nation, wenn wir uns bemühen, bessere Bürger zu werden. Wir entwickeln uns nicht für jene Generationen, die noch gar nicht da sind. Wenn dem so wäre, was würde dann der Tod bedeuten? Wozu all dies Streben nach Erziehung, wenn die Entwicklung doch im Friedhof endet? Evolution bedeutet eine ununterbrochene Fortsetzung. Die Unterbrechung durch den Tod ermöglicht die Verarbeitung der Erfahrungen von jedem Leben. Er gleicht dem langen Winterschlaf der Natur, der durch das Nahen des immer wiederkehrenden Frühlings aufgehoben wird. Das Leben ist eine stete Fortsetzung, die weder Anfang noch Ende kennt. Nie war unser Planet unbevölkert und niemals wird er es sein. Wie die alles durchdringende Luft, die jeden Zwischenraum ausfüllt, wie der Ozean, der uns den Regen spendet, wird das Leben ewig fortdauern in einer ununterbrochenen Folge.

In der Genesis I, Verse 1-27, lesen wir über den Beginn der Schöpfung:

1. Am Anfang schuf Gott Himmel und Erde.
2. Und die Erde war wüst und leer, und es war finster auf der Tiefe; und der Geist Gottes schwebte auf dem Wasser.
3. Und Gott sprach: Es werde Licht. Und es ward Licht.
4. Und Gott sah, dass das Licht gut war. Da schied Gott das Licht von der Finsternis,
5. und nannte das Licht Tag und die Finsternis Nacht. Da ward aus Abend und Morgen der erste Tag.
6. Und Gott sprach: Es werde eine Feste zwischen den Wassern, und die sei ein Unterschied zwischen den Wassern.
7. Da machte Gott die Feste und schied das Wasser unter der Feste von dem Wasser über der Feste. Und es geschah also.
8. Und Gott nannte die Feste Himmel. Da ward aus Abend und Morgen der andere Tag.

9. Und Gott sprach: Es sammele sich das Wasser unter dem Himmel an besondere Orte, dass man das Trockene sehe. Und es geschah also.
10. Und Gott nannte das Trockene Erde, und die Sammlung der Wasser nannte er Meer. Und Gott sah, dass es gut war.
11. Und Gott sprach: Es lasse die Erde aufgehen Gras und Kraut, das sich besame, und fruchtbare Bäume, dass ein jeglicher nach seiner Art Frucht trage und habe seinen eignen Samen bei sich selbst auf Erden. Und es geschah also.
12. Und die Erde ließ aufgehen Gras und Kraut, das sich besamte, ein jegliches nach seiner Art, und Bäume, die da Frucht trugen und ihren eignen Samen bei sich selbst hatten, ein jeglicher nach seiner Art. Und Gott sah, dass es gut war.
13. Da ward aus Abend und Morgen der dritte Tag.
14. Und Gott sprach: Es werden Lichter an der Feste des Himmels, die da scheiden Tag und Nacht und geben Zeichen, Zeiten, Tage und Jahre
15. und seien Lichter an der Feste des Himmels, dass sie scheinen auf Erden. Und es geschah also.
16. Und Gott machte zwei große Lichter: ein großes Licht, das den Tag regiere, und ein kleines Licht, das die Nacht regiere, dazu auch Sterne.
17. Und Gott setzte sie an die Feste des Himmels, dass sie schienen auf die Erde
18. und den Tag und die Nacht regierten und schieden Licht und Finsternis. Und Gott sah, dass es gut war.
19. Da ward aus Abend und Morgen der vierte Tag.
20. Und Gott sprach: Es errege sich das Wasser mit webenden und lebendigen Tieren, und Gevögel fliege auf Erden unter der Feste des Himmels.
21. Und Gott schuf große Walfische und allerlei Tier, das da lebt und webt, davon das Wasser sich erregte, ein jegliches nach seiner Art, und allerlei gefiedertes Gevögel, ein jegliches nach seiner Art. Und Gott sah, dass es gut war.

22. Und Gott segnete sie und sprach: Seid fruchtbar und mehret euch, und erfüllet das Wasser im Meer; und das Gefieder mehre sich auf Erden.
23. Da ward aus Abend und Morgen der fünfte Tag.
24. Und Gott sprach: Die Erde bringe hervor lebendige Tiere, ein jegliches nach seiner Art: Vieh, Gewürm und Tiere auf Erden, ein jegliches nach seiner Art. Und es geschah also.
25. Und Gott machte die Tiere auf Erden, ein jegliches nach seiner Art, und das Vieh nach seiner Art und allerlei Gewürm auf Erden nach seiner Art. Und Gott sah, dass es gut war.
26. Und Gott sprach: Lasst uns Menschen machen, ein Bild, das uns gleich sei, die da herrschen über die Fische im Meer und über die Vögel unter dem Himmel und über das Vieh und über die ganze Erde und über alles Gewürm, das auf Erden kreucht.
27. Und Gott schuf den Menschen sich zum Bild, zum Bild Gottes schuf er ihn; und schuf sie: einen Mann und ein Weib.

    Genesis I, Kap. II, Vers 7: Und Gott, der Herr, machte den Menschen aus einem Erdkloß, und er blies ihm einen lebendigen Odem in seine Nase. Und also ward der Mensch eine lebendige Seele.

    Genesis I, Kap. IV, Vers 1: Und Adam erkannte sein Weib Eva, und sie ward schwanger und gebar den Kain und sprach: Ich habe einen Mann gewonnen mit dem Herrn.

Nie sollten wir uns vorstellen, dass all dies vor einigen tausend Jahren geschehen sei und die Eltern der Menschheit Adam und Eva gewesen wären. Nie dürfen wir annehmen, dass die Schöpfung aufgehört hat. Die Wahrheit muss sonnenklar sein. Keine Sentimentalität darf sich einschleichen, um den Kern der Wahrheit zu vertuschen. Gott schuf zuerst die vier Elemente, nämlich Erde, Wasser, Luft und Feuer. Aus diesen vier Elementen entstand alles, was geschaffen worden ist. Die Mineralien, dann die Pflanzen, dann die Tiere und zuletzt der Mensch. Sehen wir hier nicht die jeweilige Reihenfolge in der Schöpfung? Zuerst die Mineralebene oder das irdische Element, dann die pflanzliche Ebene, gefolgt von der tierischen Stufe und schließlich der Mensch.

Aber dies ist nicht das Geschehnis einer einzigen Woche. Es ist eine Evolution, die Millionen von Jahren gedauert hat. Die Schöpfung hat nicht aufgehört. Wir sehen sie fortdauern in unseren Bergen, in unseren Wäldern und Gewässern: Alles schafft ständig, entwickelt sich, geht vorwärts und erreicht seinen Höhepunkt in der höchsten Ausdrucksform, dem Menschen. Hätte Gott tatsächlich Erde genommen, daraus den Menschen nach *Seinem Ebenbild* geschaffen, den Atem des Lebens in ihn gehaucht und seinen Ersterschaffenen Adam genannt, so müsste Er auch heute noch dieselben Regeln befolgen und weiterhin den Menschen aus der Erde unserer Felder und Wälder formen. Erkennen wir hier nicht eine weit mächtigere Wahrheit als bloß eine gefühlvolle Geschichte, welche Gott mit Lehmformen spielen lässt, die durch seine Berührung lebendig werden? Dem Menschen gelang es schließlich, mit der Axt der Vernunft die Kruste veralteter Auffassungen abzuspalten und zu erkennen, dass die einfachen Geschichten der Bibel nicht buchstäblich, sondern symbolisch aufzufassen seien. Dann offenbaren sie uns die allerhöchsten Wahrheiten und Geheimnisse der Schöpfung. Wir dürfen das Unendliche nie innerhalb der Grenzen unseres beschränkten Verstandes gefangen nehmen wollen. Wollen wir Gott wirklich verstehen, müssen wir so weit wie der Himmel in unserer Auffassungsgabe, so tief wie das Meer in unseren Gefühlen und so unbegrenzt wie die Sternenwelt in unseren Anschauungen sein.

Gott kann nicht parteiisch sein. Es wäre ungerecht von Ihm, die eine Rasse als wild, die andere als zivilisiert zu erschaffen. Der Lehrer in der Schule war einst selber ein Schüler. Er musste sich zum Lehrer entwickeln. In derselben Weise musste sich eine zivilisierte Rasse aus ihrem seinerzeit wilden Zustand entwickeln. Das einst wilde Individuum, das seinen Körper bemalte und seine Haut tätowierte, ist durch mehrere Leben gewandert, bis es sich zum heutigen zivilisierten Menschen entwickeln konnte. Welche andere Erklärung vermögen wir zu geben für unsere täglichen Anstrengungen, die bei jedem Schritt einen Weg bahnen, wenn alles keinen persönlichen Fortschritt bringen würde? Wozu würden wir uns überhaupt anstrengen, wenn wir uns nicht selber entwickeln würden? Gleich wie wir ein abgenütztes Kleid wegwerfen und ein neues anziehen, so verlassen wir unseren müden Körper und erscheinen mit einer frischeren und tauglicheren Konstitution zur Ausführung unserer ehemaligen Vorhaben.

Jedes Mal, wenn ein Kind geboren wird, ist es die Geburt des Ebenbildes Gottes. Jedes Mal, wenn ein Knabe die Welt begrüßt, ist er »Adam«, oder »der Mann«. Jedes Mal, wenn ein Mädchen kommt, ist sie »Eva«, »denn sie ist die Mutter all dessen, was da lebt« (Gen 3,20). Das Rad der Schöpfung kann nicht aufhören sich zu drehen, denn zuerst müsste der Schöpfer selbst erlöschen. Öffnen wir unsere Augen und betrachten wir unser Wesen als nichts anderes als »Adam, den Mann«, und »Eva, die Mutter alles Lebendigen«. Beseitigen wir die Schale der Unwissenheit, und erkennen wir, dass das, was wir als unser Wesen durch Millionen von Jahren aufgebaut haben, das Streben und Bemühen unseres eigenen Herzens ist. Fassen wir Mut und klettern wir weiter, vertrauend auf den einen Schöpfer all unseres Tuns, auf den einen Schöpfer all unserer Werke, auf den einen Schöpfer all dessen, was edel ist, auf den einen Schöpfer all dessen, was göttlich ist. Erkennen wir in Wahrheit unsere himmlische Erbschaft, unser himmlisches Erbe, unser göttliches Geburtsrecht und unseren erhabenen Ursprung. Denn was von Gott stammt, ist aus Gott, und was aus Gott ist, ist Gott selbst.

6. Einiges zum Nachdenken

Ein bekannter ungarischer Rechtsanwalt und seine Frau hatten sich entschlossen, ihre drei Wochen Ferien auf einem Dampfschiff auf der Donau zu verbringen. Sie wollten sich dort aufhalten, wo es ihnen gefallen würde. Die Landschaft war überall sehr schön. Nachdem sie einige Orten in Österreich besucht hatten, reisten sie durch Deutschland. Sie sannen über Begebenheiten der Vergangenheit nach und besprachen immer wieder die interessanten Einzelheiten ihrer gegenwärtigen Reise. Sie waren beide von vollkommen nüchterner, besonnener Art; der Rechtsanwalt war mit einem außergewöhnlichen logischen

Scharfsinn begabt, während seine Frau eine nicht weniger große Beherrschung des Gedankens und des Ausdrucks besaß. Oft wusste sie mit ihrer weiblichen Intuition die Ursache gewisser Vorkommnisse aufzuspüren und konnte so ihrem Gatten in Rechts- und Gerichtsangelegenheiten helfen.

Als ihr Schiff eine Krümmung des Flusses hinauffuhr, wurde die Frau von einer eigenartigen Ruhelosigkeit ergriffen. Sie erfasste den Arm ihres Gatten und bat ihn inständig, zu halten. Sie wollte an Land gehen. Es gab keinen Steg, wo das Boot hätte anlegen können, und die Ufer waren auch beide dicht bewaldet. Es wäre sehr unvernünftig gewesen, hier zu ankern. »Ich muss an Land gehen! Nicht weit von hier liegt ein Schloss, das ich ansehen muss. Lass mich gehen, lass mich gehen, sonst werde ich über Bord springen! Ich muss diese Nacht hingehen!«, drängte sie.

»Aber meine Liebe, wo werden wir die Nacht zubringen? Wer wird unsere Koffer tragen? Siehst du denn nicht, dass es schon später Abend ist? Wir werden ganz gewiss morgen hingehen. Bitte, gib es auf für heute«, bat der Rechtsanwalt. Doch die Frau hörte nicht auf zu jammern. Sie war gar nicht mehr sie selbst. Sie riss sich los, als man sie halten wollte. Da man Wahnsinn befürchtete, wurde das Schiff dort verankert. Sobald die Frau den Fuß auf die Erde setzte, rannte sie durch die Wälder davon, ihr Mann dicht hinter ihr her. Bei einer Lichtung begegneten sie dem Förster, der ihnen mitteilte, dass kein Dorf in der Nähe lag.

»Ich gehe zum Schloss und kenne meinen Weg!«, antwortete die Frau. Der einzige Mensch dort in der Nähe war ein alter Bauer, der den Schlüssel des Schlosses in Verwahrung hatte. Wahrscheinlich hatte er die Aufsicht über das Schloss und den Park. Auf die Bitte jener seltsamen Dame öffnete der Bauer unwillig das große eiserne Tor. Sie stürzte hinein, auf dem Fuß gefolgt von ihrem geängstigten Gatten. »Da ist mein Zimmer!«, rief sie aus. »Schau, da ist mein Bett, und da haben sie mich getötet!« Mit einem durchdringenden Schrei fiel sie ohnmächtig nieder. Sie wurde in das Haus des Bauern gebracht, wo sie erst am nächsten Morgen wieder zu sich kam.

Der Bauer bestätigte, dass vor ungefähr vierzig Jahren die Leiche einer erdolchten Frau in einem dunklen Keller gefunden und im Garten begraben worden war.

***

Die moderne Psychologie begnügt sich nicht mehr damit, Statistiken von den unzähligen Symptomen der Psychopathen aufzustellen. Das – lange schon erwartete – Untertauchen in die Tiefen der menschlichen Seele ist der Gegenstand der neuesten Experimente. Pioniere erforschen die Psyche und erobern Stück für Stück ihrer eigenen Seele. Groß sind ihre Hoffnungen, denn der höchste Berggipfel wird endlich sichtbar, wenn auch noch immer die Aufgabe des Erklimmens zu erfüllen bleibt.

Berühmte Psychologen des Westens verkünden die Neu-Entdeckung einer uralten Wahrheit, dass der Mensch mehr als einmal in unsere irdische Sphäre wiederkehrt. Sie erklären, dass die Wiedergeburt die einzige Stütze der Evolutionstheorie sei.

Erfolgreiche hypnotische Experimente erlaubten, den Schleier der Gegenwart zu lüften und in die Vergangenheit zu blicken. In einem seiner Vorträge berichtete Dr. C. Alexander, London, über ein außerordentlich interessantes Experiment, das er ausgeführt hatte. Ein Medium wurde in tiefen Schlaf versenkt und dann über seine Beschäftigungen in den vergangenen Tagen, Wochen und Monaten befragt. Seine Antworten entsprachen genau den geheimen Beobachtungen, die von gewissen Mitgliedern des »Research Institute« gemacht worden waren. Dann befragte man die Patientin über ihre Beschäftigungen in den vergangenen Jahren. Die Antworten kamen in logischer Folge, bis zurück in die Tage der Kindheit. Je mehr ihr Sinn in die Vergangenheit tauchte, desto mehr veränderte sie ihre Stimme. Schließlich war es die Stimme eines sechsjährigen Kindes. »Woran erinnern Sie sich in dieser Zeit Ihres Lebens?«, fragte der Arzt. Aus diesem Zustand tiefster Hypnose kamen die Worte mit ungewohnter Langsamkeit, denn das Medium versenkte sich weiter in die Tiefen ihres Unterbewussten. Sie beschrieb ihre Spiele, Spielgefährten und den Frohsinn und die Scherze jener Tage. »Erzählen Sie alles, was Sie bis zum Augenblick Ihrer Geburt wissen!«, befahl der Arzt freundlich. Bis zum zweiten Lebensjahr gab das Medium richtige Antworten, aber dann konnte sie kein Wort mehr sprechen. Es verflossen lange Minuten, bis plötzlich der in tiefer Trance sich befindende Körper sich hin und her bewegte und sich wie ein Kleinkind gebärdete. »Wo waren Sie vor Ihrer Geburt?«, fragte der Arzt. Keine Antwort kam. Schweigen herrschte für volle zwanzig Minuten. Der Puls sank auf weniger als dreißig Schläge in der Minute. Es war ein beängstigender Augenblick. Einige vom Research Committee befürchteten ein Aussetzen des Atems, der nur noch in kurzen Stößen kam, und schlugen vor, das Experiment abzubrechen. Als der Versuchsleiter sich anschickte, das Medium zu wecken, ereignete sich etwas sehr Seltsames. Die liegende Gestalt gab neue Lebenszeichen und fing plötzlich an, in fremden Lauten zu sprechen, die den meisten Anwesenden unverständlich waren. Einige von ihnen waren immerhin imstande, herauszufinden, dass die Sprache Hindustani war. Sie erzählte Ereignisse ihres eigenen Lebens in einem Zeitraum des Altertums. Bald darauf wurde der Trance-Zustand unterbrochen, aber das Medium kehrte erst nach einigen Stunden zu vollem Bewusstsein zurück. In wachem Zustand hatte sie nicht die leiseste Erinnerung an das, was sie in jener Gesellschaft von Ärzten, Priestern, Psychologen und Philologen erzählt hatte.

***

Die Schlussworte des Alten Testamentes setzen die Wiederverkörperung von Elias und Elisa voraus: »Siehe, ich will euch senden den Propheten Elias, ehe denn da kommt der große und schreckliche Tag des Herrn.« (Mal 3,23.) So wurde Johannes (Elias) gesandt, »ehe denn da komme der Herr«, wenig früher geboren, um die Ankunft Christi zu verkündigen. Ein Engel erschien seinem Vater Zacharias und teilte ihm mit, dass sein Sohn Johannes, der geboren werde, kein anderer als Elias sei.

Aber der Engel sprach zu ihm: »Fürchte dich nicht, Zacharias, denn dein Gebet ist erhöret; und dein Weib Elisabeth wird dir einen Sohn gebären, des Namen sollst du Johannes heißen ... Und er wird der Kinder von Israel viele zu Gott, ihrem Herrn, bekehren. Und er wird vor ihm (»vor ihm«, d. h. »vor dem Herrn«) hergehen in Geist und Kraft des Elias, zu bekehren die Herzen der Väter zu den Kindern und die Ungläubigen zu der Klugheit der Gerechten, zuzurichten dem Herrn ein bereitet Volk.« (Lk 1,13 ff.). Zweimal identifizierte Jesus den Täufer unmissverständlich mit Elias: »Doch ich sage euch: Es ist Elias schon gekommen, und sie haben ihn nicht erkannt ... Da verstanden die Jünger, dass er von Johannes dem Täufer zu ihnen geredet hatte.« (Mt 17,12 f.) Und weiter sagte Christus: »Denn alle Propheten und das Gesetz haben geweissaget bis auf Johannes. Und so ihr's wollt annehmen, er ist Elias, der da soll zukünftig sein.« (Mt 11,13 f.)

Als Johannes der Täufer verneinte, Elias (Joh 1,21) zu sein, so meinte er, dass er unter der demütigen Erscheinung von Johannes aufgehört habe, Elias, der große Guru, zu sein. In seinem früheren Leben hatte er seinen göttlichen Mantel und seine geistige Macht an seinen Schüler Elisa weitergegeben. »Elisa sprach: Dass mir werde ein zwiefältig Teil von deinem Geist. Er sprach: Du hast ein Hartes gebeten; doch, so du mich sehen wirst, wenn ich von dir genommen werde, so wird's ja sein ... Und hob auf den Mantel Elias, der ihm entfallen war. Der Geist Elias ruht auf Elisa.« (2 Kön 2,9 ff.)

»Die Seele ist älter als der Körper. Die Seelen werden immer und immer von Neuem in dieses Leben geboren.«

Platon.

***

»Alles hat Seele; alles ist wandernde Seele in der organischen Welt, dem ewigen Willen und Gesetz gehorchend.«

Pythagoras

***

»Nach dem Tod umgibt sich die vernunftbegabte Seele, von den Ketten des Körpers befreit, mit einer ätherischen Hülle und geht hinüber ins

Reich der Toten, wo sie verbleibt, bis sie zurückgesandt wird in einen anderen, menschlichen oder tierischen Leib. Nach aufeinanderfolgenden Reinigungen, wenn sie die höchste Stufe erreicht hat, wird sie von den Göttern aufgenommen und kehrt so zu den ewigen Quellen zurück, die ihren Ursprung bildeten.«

Pythagoras

***

»Das Licht scheinet vom Osten zum Westen; aus der Finsternis steigt die Sonne empor und geht wieder hinab in die Finsternis. Also ergehet es dem Menschen in alle Ewigkeit.

Wenn sie aus der Finsternis kommt, so hat sie vorher gelebt, und wenn sie wieder niedersinkt, so geschieht es, auf dass sie ein wenig raste und dann abermals lebe.

Also müsset ihr durch viele Wandlungen hindurch, damit ihr vollkommen werdet, so wie es geschrieben steht in dem Buche Hiob: Ich bin ein Wanderer und wechsele einen Platz nach dem anderen und ein Haus nach dem anderen, bis ich in die Stadt und in das Haus komme, die ewig sind.«

Worte Christi an Nikodemus

***

»In denselben Tagen waren Riesen auf der Erde, und auch nachher, da die Söhne Gottes zu den Töchtern der Menschen kamen, und diese ihnen Kinder gebaren. Dieselben wurden mächtige Leute, die von alters her namhafte Männer waren.«

Gen 6,4.

***

»Der Herr des Weltalls, der den frommen Mann liebte … und der ihn vor den Fluten der Zerstörung retten wollte, die durch die Verworfenheit der Zeiten verursacht wurden, sprach also zu ihm, wie er sich zu verhalten habe: »O du, Bändiger der Feinde! Binnen sieben Tagen werden die drei Welten in einem Ozean des Untergangs versinken; aber inmitten der tödlichen Wellen wird ein von mir zu deinem Gebrauch entsandtes Boot vor dir auftauchen. Und du sollst alle Heilkräuter nehmen und jede Art Samen und wilde Tiere und sollst damit die geräumige Arche betreten und dahinfahren in Sicherheit vor den Fluten, auf einem unendlichen lichtlosen Ozean, der nur durch die Ausstrahlung deiner heiligen Gefährten erhellt werden wird. Und wenn ein Sturmwind das Schiff erschüttern wird, werde ich dir nahe sein und das Boot mit dir und deinen Begleitern lenken. Und ich werde auf dem Ozean bleiben, o du Haupt der Menschen! Du wirst dann meine wahre Größe erkennen und wirst mich beim richtigen Namen nennen: Gott, den Allmächtigen; und meine Gnade wird all deine Fragen beantworten und deinen Geist völlig belehren.«

Puranas

Die Mythologie aller antiken Völker spricht von der Sintflut und der Errettung einiger Tugendhafter samt den Gattungen der Tiere dieser Erde. Vergleiche mit der Arche Noah.

Gen 6,7 ff.

***

Die 14. Inkarnation Chenresis

Einer von den wenigen Augenzeugen, die noch leben und bei der Entdeckung des 14. Dalai Lamas zugegen waren, ist der jetzige Befehlshaber der Armee, Dzasa Künsangtse. Bereitwillig erzählte er mir an einem Abend den Hergang dieser so überaus geheimnisvollen Geschehnisse.

Schon einige Zeit vor seinem Tod, im Jahre 1933, hatte der 13. Dalai Lama Andeutungen über die Art seiner Wiedergeburt gemacht. Als der Tote dann aufgebahrt im Potala saß, in der traditionellen Buddha-Stellung nach Süden blickend, fand man eines Morgens seinen Kopf nach Osten gewendet. Man befragte gleich das Staatsorakel, und auch der Mönch in seinem Trance-Zustand warf eine weiße Schleife in die Richtung der aufgehenden Sonne. Aber zwei Jahre lang fand man keine näheren Anhaltspunkte. Da pilgerte der Regent zu einem berühmten See, dem Tschö Khor Gye, um sich Rat zu holen. Von diesem Wasser heißt es, dass jeder Mensch, der hineinblicke, ein Stück Zukunft sehen könne. Leider liegt er acht Tagereisen von Lhasa entfernt, so dass ich nie die nötige Zeit aufbringen konnte, um hinzupilgern und ein paar Aufnahmen von diesem Wundersee zu machen – und auch selbst hineinzusehen.

Als der Regent nach vielen Gebetsübungen vor den Wasserspiegel trat und hineinblickte, hatte er die Vision eines dreistöckigen Klosters mit goldenen Dächern, neben dem ein kleines chinesisches Bauernhaus mit schön geschnitzten Giebeln stand. Voll Dank für den göttlichen Fingerzeig wanderte der Regent wieder nach Lhasa zurück, und nun begannen die Vorbereitungen zur Suche. Das ganze Volk nahm regen Anteil daran, denn es fühlte sich ohne seinen lebenden Schutzpatron schon sehr verwaist. Bei uns ist häufig der Irrtum verbreitet, dass jede Wiedergeburt sich im Augenblick des Ablebens vollziehen müsse. Das ist aber nach der buddhistischen Lehre nicht der Fall, es kann Jahre dauern, bis der Gott wieder aus seinen himmlischen Gefilden zurückkehrt und Menschengestalt annimmt. So machten sich erst im Jahre 1937 verschiedene Suchgruppen auf den Weg, um entsprechend den himmlischen Vorzeichen in der angegebenen Richtung nach dem heiligen Kind zu forschen. Die Ausgesandten waren Mönche, doch zu jeder Gruppe gehörte auch ein weltlicher Beamter. Sie alle führten Gegenstände mit, die aus dem persönlichen Gebrauch des 13. Dalai Lama stammten, und neben diesen oft abgenützten und schlichten Dingen noch andere, die demselben Zweck dienten, aber prunkvoll und glitzernd neu waren.

Die eine Gruppe, zu der auch mein Gewährsmann gehörte, war unter der Führung des Kyetsang Rimpoche bis in den Distrikt Amdo in der chinesischen Provinz Tschinghai gekommen. In dieser Gegend gibt es viele Klöster, denn der Reformer des Lamaismus, Tsongkapa, ist hier geboren. Die Bevölkerung ist zum Teil tibetisch und lebt friedlich mit den Muslimen zusammen. Die Suchgruppe fand eine Reihe von Knaben, aber keiner entsprach den Anforderungen. Sie zweifelten schon an dem Erfolg ihrer Sendung. Endlich stießen sie nach langer Wanderung auf ein dreistöckiges Kloster mit goldenen Dächern. Wie eine Erleuchtung stand die Vision des Regenten vor ihren Augen – und da fiel auch schon ihr Blick auf ein Bauernhaus mit wunderbar geschnitzten Giebeln. Voll Erregung legten sie rasch, wie es bei dieser Suche üblich ist, die Gewänder ihrer Diener an. Hinter dieser Maskerade verbirgt sich ein tiefer Sinn. Man vermeidet unnötiges Aufsehen und findet eher Kontakt mit den Leuten, als wenn man als Rimpoche auftritt. Die Diener in der Kleidung ihrer Herren werden in die gute Stube geführt, und die als Diener maskierten Adeligen finden ihren Platz in der Küche, wo auch die Kinder des Hauses spielen.

Schon als die Gruppe das Haus betrat, waren sie überzeugt, dass sie hier das richtige Kind finden würden, und warteten gespannt auf das, was nun kommen musste. Tatsächlich stürzte ihnen ein kaum zweijähriger Knabe stürmisch entgegen und packte den Lama, der um den Hals den Rosenkranz des 13. Dalai Lama trug, am Gewand. Ohne Scheu rief das Kind: »Sera Lama, Sera Lama!« Es war schon erstaunlich, dass der Knabe in dem Diener einen Lama erkannte, dass er aber gleich sagte, er käme aus dem Kloster Sera, das war selbst für Mönche, die mystische Ereignisse gewohnt sind, verblüffend. Dann griff der Kleine nach dem Rosenkranz und zerrte so lange daran, bis er ihn dem Lama weggenommen und ihn sich selbst um den Hals gehängt hatte.

Den Adeligen fiel es schwer, sich nicht gleich vor dem Kind auf den Boden zu werfen, denn für sie gab es keinen Zweifel mehr: Sie hatten die Reinkarnation gefunden. Sie verabschiedeten sich indes und kamen erst nach einigen Tagen wieder, diesmal ungetarnt. Sie verhandelten mit den Eltern, die schon einen Sohn als Inkarnation dem Kloster gegeben hatten, dann zogen sich die vier Lamas mit dem aufgeweckten Knaben in das Altarzimmer zurück. Sie verschlossen die Tür und unterzogen das Kind der vorgeschriebenen Prüfung. Zuerst zeigten sie ihm vier verschiedene Rosenkränze, unter denen der des verstorbenen Dalai Lama der schlichteste war. Der Knabe, der ganz natürlich und gar nicht schüchtern war, wählte ohne Zögern den richtigen und sprang damit vor Freude im Zimmer herum. Auch eine Trommel des

Verstorbenen, mit der er immer seine Diener gerufen hatte, griff er aus mehreren gleichen heraus und nahm den abgenutzten Spazierstock des 13. Dalai Lama, ohne einen neuen mit einem Griff aus Elfenbein und Silber nur eines Blickes zu würdigen. Als man den Körper des Knaben untersuchte, fand man alle Zeichen, die eine Inkarnation Chenresis aufweisen musste: Die großen, etwas abstehenden Ohren, die Male am Oberkörper, die den Ansatz des zweiten Armpaares des vierarmigen Gottes darstellen sollen.

Jetzt waren die Abgesandten ihrer Sache sicher. Sie telegrafierten in Geheimsprache über China und Indien den Bericht von ihrer Entdeckung nach Lhasa und erhielten auch sofort die Anweisung, gegen jedermann strengstes Stillschweigen zu bewahren, damit keine Intrige den großen Plan gefährden könne. Die vier Abgesandten leisteten vor einem Thangka mit dem Bild Chenresis, das sie mitgenommen hatten, einen Eid und zogen dann weiter, um zur Tarnung noch einige Knaben zu examinieren. Da die ganze Suchaktion sich auf chinesischem Hoheitsgebiet abspielte, musste man sehr vorsichtig zu Werke gehen. Man durfte um keinen Preis verraten, dass man den richtigen Dalai Lama gefunden hatte, sonst konnte China darauf bestehen, zu seiner Begleitung Truppen mit nach Lhasa zu schicken. Deshalb richtete man an den Gouverneur der Provinz, Ma Pufang, die Anfrage, ob man den Knaben nach Lhasa bringen dürfe, wo aus mehreren Anwärtern der Dalai Lama bestimmt werden sollte. Ma Pufang verlangte 100 000 chinesische Dollar für die Herausgabe des Knaben. Man überreichte ihm sofort den Betrag. Das war jedoch falsch gewesen, denn nun merkten die Chinesen, wie viel den Tibetern an dem Knaben lag. Sie verlangten jetzt noch einmal 300 000 Dollar. Die Delegation, die ihren Fehler eingesehen hatte, gab diesmal nur einen Teil des Betrages, den sie sich von muslimischen Händlern auslieh. Der Rest sollte bei der Ankunft in Lhasa den Händlern ausbezahlt werden, die mit der Karawane mitzogen. Der Gouverneur war damit zufrieden.

Im Spätsommer des Jahres 1939 machte sich die Delegation der vier Adligen mit ihren Dienern, mit den Händlern, dem Kind und seiner

Familie endlich auf den Weg nach Lhasa. Monatelang waren sie unterwegs, bis sie die Grenze Tibets erreichten. Dort erwartete sie schon ein Kabinettsminister mit seinem Gefolge und überreichte dem Kind einen Brief des Regenten, der offiziell seine Wahl bestätigte. Zum ersten Mal wurde ihm, als dem Dalai Lama, gehuldigt. Auch die Eltern, die wohl geahnt hatten, dass ihr Sohn eine hohe Inkarnation sein musste, da man so viel für ihn tat, erfuhren erst jetzt, dass er kein Geringerer als der zukünftige Herrscher Tibets war. Damit war auch ihr Leben an einem Wendepunkt angelangt.

Von diesem Tag an erteilte der kleine Dalai Lama mit einer Selbstverständlichkeit den Segen, als ob er nie etwas anderes getan hätte. Er selbst erinnert sich heute noch gut daran, wie er in seiner goldenen Sänfte seinen Einzug in Lhasa hielt. Noch nie hatte er so viele Menschen gesehen, denn die ganze Stadt war auf den Beinen, um die neue Verkörperung Chenresis zu grüßen, die nach so vielen Jahren der Verwaisung endlich im Potala einzog. Seit dem Tod des »vorigen Körpers« waren schon sechs Jahre vergangen, und von diesen waren fast zwei Jahre verflossen, ehe der neue Dalai Lama Gestalt angenommen hatte. Im Februar 1940 wurde während des großen Neujahrsfestes feierlich die Thronbesteigung begangen. Gleichzeitig bekam er neue Namen wie: Der Heilige, der zarte Gloriose, der Sprachgewaltige, der ausgezeichnete Verstand, die absolute Weisheit, der Bewahrer der Doktrin, der Ozean.

Alle waren über die für sein Alter kaum glaubliche Würde erstaunt, die der Knabe besaß, und über den Ernst, mit dem er stundenlangen Zeremonien folgte. Auch zu den Dienern seines Vorgängers, in deren Obhut er kam, war er so lieb und zutraulich, als ob er sie schon immer gekannt hätte.

Ich war sehr froh darüber, dass ich diese Geschichte gewissermaßen aus erster Hand bekam, denn im Laufe der Zeit hatten sich viele Gerüchte um das wunderbare Geschehen gebildet, und ich hatte schon verschiedene Versionen davon gehört.

***

Sri Ramana Maharshi, der Weise von Arunachala (Süd-Indien), wurde von Menschen aus allen Volksschichten besucht. Oft versammelten sich einige der hervorragendsten Gelehrten Indiens, um dem heiligen Mann ihre Verehrung zu erweisen. Maharshi sprach nur selten. Seine Weisheit vermittelte er vielmehr durch Schweigen. Strahlte er doch einen Frieden aus, der fühlbar aus den unermesslichen Höhen seines Selbst niederströmte. Nicht selten sah man den Weisen im Samadhi- oder Seligkeitszustand, während seine getreuen Anhänger in der Halle saßen und jeder auf seine bescheidene Art sich bemühte, auf dem Wege der Meditation (Selbstversenkung) vorwärtszuschreiten. Ihnen allen war bewusst, dass ihnen eine der drei Gnaden des Lebens vergönnt wurde durch die Anwesenheit dieser erleuchteten Seele, deren bloße Gegenwart schon die Zuversicht und Gewissheit gab, dass das von den Menschen ersehnte Ziel erreichbar ist. Unter dem Strom der Besucher befand sich ein Knabe im Alter von achteinhalb Jahren. Lange Zeit saß er wortlos dem Heiligen gegenüber. Gegen Abend begab sich Maharshi auf seinen täglichen Gang den Hügel hinauf. Da wandte sich der Knabe an die Versammlung und sprach in äußerst einfachen und klar verständlichen Worten über die Grundsätze der Yoga- und Vedanta-Philosophie, indem er auf die Lehren der großen indischen Weisen der Vergangenheit hinwies. Gebannt lauschten die Zuhörer und waren von den unerhörten Kenntnissen, die der Knabe offenbarte, aufs Tiefste erschüttert. Bei Maharshis Rückkehr verstummte jedes Gespräch. Der Knabe aber wandte minutenlang die Augen nicht von seinem Meister, und Tränen der Ekstase flossen über sein unschuldiges kleines Gesicht. Bald darauf erhob sich der Knabe und entfernte sich. Da näherten sich einige der gelehrten Zuhörer dem Weisen und baten ihn um Erklärung des seltsamen Ereignisses. Er antwortete ihnen: »Die Eigentümlichkeiten seines letzten Lebens sind mächtig in ihm.«

7. Unsere individuelle und nationale Pflicht

Eine Nation ist die Entwicklungsgemeinschaft von Menschen mit ähnlichen Eigenschaften und Charakterzügen. Es ist kein Zufall, dass wir in einer bestimmten Kultur oder Nation geboren sind. Unsere Tendenzen, Impulse, Energien, Wünsche und Pläne manifestieren sich leichter innerhalb der Gemeinschaft eines Volkes, wo ähnliche Menschen mit ähnlichen Neigungen und Zielen geboren werden.

Wirklicher Fortschritt ist aber nur gewährleistet, wenn man auch die Hindernisse auf dem Weg objektiv genug zu sehen bereit ist und den starken Willen hat, sie zu überwinden. Wenn ein gegenwärtiger Zustand das Resultat der gemeinsamen Bemühungen der vergangenen und der gegenwärtigen Generation ist, wird dieser Zustand naturnotwendig durch die kommende Generation weitergeführt und ausgebaut werden. Diese kommende Generation sind unsere Kinder und Jugendlichen! Werden diese Kinder für die große Arbeit richtig vorbereitet? Sind sie stark im Glauben an sich selbst? Haben sie die große Widerstandskraft ihrer Ahnen? Hier müssen wir leider feststellen, dass heute, als allgemeine Welterscheinung, ein untrügliches Zeichen der Schwäche in der jungen Generation zu bemerken ist. Lange bevor die Heranwachsenden noch das Reifealter erreichen, nehmen sie schon die schädliche Gewohnheit des Rauchens und Trinkens oder gar des Drogenkonsums an. Diese Gewohnheit bleibt an ihnen kleben und öffnet zu einer Unzahl von ungesunden Zügen das Tor. Die Wirkung ist nicht nur ein individueller, sondern ein nationaler Niedergang. *Eine untergrabene Gesundheit ist ein größerer Feind für das Volk als ein politischer Gegner.*

Aber warum rauchen und trinken heute schon die Jungen? Was soll durch diese unheilvolle Gewohnheit ersetzt werden? Welcher Mangel liegt dieser Sucht bis zur Ausschweifung zugrunde? Was ist es, das sich hier zeigt? Was ist es, was das Kind, der junge Mensch nötig hat, jedoch nicht bekommt?

Denken wir an unsere eigene Kindheit zurück. Wie ist die Erinnerung an unsere Eltern? Was ließ ein unauslöschbares Merkmal aus unseren frühen Tagen in uns zurück? Ist es die Nahrung, die Kleidung, ein schönes Haus, Geld oder eine andere materielle Gabe, die wir von ihnen bekamen? Ist es irgendeine weltliche Gabe, für die wir dankbar sind? Nein, denn es ist ganz natürlich, diese zu bekommen. Es ist die Persönlichkeit von Vater und Mutter, ihr gutes oder schlechtes Beispiel, das in unserer Erinnerung lebendig blieb. Vielleicht können wir an eine liebenswürdige Mutter denken, die die Nachsicht, Geduld und Liebe selbst war; oder an einen guten Vater, der uns mit starker Hand zu den Toren der Reife geführt hat, wo wir dann die Verantwortung auf unsere eigenen Schultern nehmen konnten. Das Kind ist sehr empfänglich für alle Eindrücke, die es dann in sich verarbeitet. Wenn die Eindrücke schädlich sind, ist ihrer leidvollen Folgen kein Ende. Probleme, welche die Erwachsenen angehen, sind private Angelegenheiten und sollten nie vor den Kindern diskutiert werden, mögen diese noch so frühreif und verständig sein. Die kleinen und großen Argumente hin und her, die oft eine schlechte Wendung nehmen, zerstören die Achtung des Kindes vor seinen Eltern, die doch des Kindes Ideal und die Personifikation von allem, was dem Kind heilig ist, sein sollten. Wie viele Eltern erfüllen diese heilige Pflicht? Welcher Vater ist ein wirklicher Hirte seiner kleinen Herde? Welche Mutter verkörpert ganz das würdevolle Sein der Lebensspenderin und erwirkt durch ihr Leben die ihr gebührende Achtung? Welcher Vater verkörpert wirklich die Tugenden der Wahrheit, des Mutes, der Kraft und des Glaubens? Welche Mutter ist der heilige Schrein für das Herz ihres Kindes und das Ideal seiner Anbetung und Nachahmung? Welcher Schullehrer lebt selber die Disziplin wahrer Moral und zeigt durch sein eigenes Beispiel Mut, Selbstachtung und all die anderen Tugenden? Welcher Priester strahlt durch seine Gegenwart Frieden und Segen in die immer offene empfängliche Seele des Kindes? Wenn wir nicht wenigstens einen Teil dieser geistigen Gaben unsern Kindern vermitteln, erfüllen wir unsere Aufgabe als Eltern oder Lehrer nicht. Wenn wir den werdenden und sich öffnenden Seelen in früher Kindheit und Jugendzeit Wunden zugefügt haben, dann können wir uns über ihr Elend und ihre Schwäche nicht wundern, da wir sie selbst verschuldet haben. Wir müssen klar und deutlich wissen, dass wir dafür die Verantwortung tragen.

Statt die Herzenswurzeln unserer Kinder mit Lebenswasser zu tränken, lassen wir sie oft in einer Wildnis von Zweifel und Verzweiflung leben. Wenn die Erziehung keine edlen Eigenschafen einflößt und versäumt, Geistigkeit zu wecken, dann werden die innere Leere und das seelische Leid ein krummes Wachstum zeitigen und in schädlichen Vergnügungen Kompensation und Betäubung suchen.

In alten Zeiten war es, dass ein Maharaja seine Minister nach dem Wohlergehen seines Volkes befragte, das ihm sehr am Herzen lag. »Sind die Menschen glücklich? Sind sie zufrieden?«, fragte er. Die Minister antworteten: »Oh Maharaja, möge der Allmächtige euch segnen, eure Untertanen erfreuen sich der Gerechtigkeit und des Friedens. Sie sind glücklich und zufrieden. Sie singen, tanzen und sind fröhlich. Sie trinken, sie spielen und ungezählt sind ihre Vergnügungen.« Da wurde der König sehr ernst und sagte traurig: »Mein Volk ist unglücklich. Es sucht Vergnügen, um etwas zu vergessen. Ich muss sehen, was es benötigt.« In derselben Nacht ging der König als ein Bettler verkleidet unter sein Volk; er wollte seinen verborgenen Kummer ergründen und Heilung dafür finden. Tage später kehrte der König zurück, versammelte seinen Hof und seine Gelehrten und gab seine Befehle: »Mein Volk lebt in großer geistiger Dunkelheit. Da es kein geistiges Licht bekommt, geht es den Weg des Vergnügens und der Zerstreuungen. Ich brauche starke Männer, um ihm aus seiner Schwäche zu helfen. Ich brauche weise Männer, um es aus seiner Dunkelheit ans Licht zu führen. Ich brauche leuchtende Männer, die mir helfen, meine Nation zu bauen. Geht! Geht in die Längen und Breiten des Landes und bringt meinem Volk Licht. Gebt ihm seinen höchsten Besitz, gebt ihm Wissen und Weisheit zurück. Gebt ihm sein geistiges Erbe, gebt ihm das Mahabharata und das Ramayana und bald wird das Ideal eines starken und tugendvollen Lebens ihre schwächenden Gewohnheiten ändern.«

Was schätzt der Mensch im Leben am meisten? Was bedeutet ihm mehr als die vergänglichen Vergnügen der Welt? Sicherlich die Entfaltung seiner wahren geistigen Natur. Alles, was diesen Fortschritt hindert, macht ihn unglücklich. Wen schätzt die Welt mehr, den Menschen des Fleisches oder den Menschen des Geistes? Zweifellos den, dessen Geist lebendig und wach ist. Der Mensch ist ein geistiges Wesen, und als solches kann ihn auch nichts außer Geistigkeit befriedigen und beglücken. Alles, was seine Perspektiven zu einem universalen Sein weitet, ist Geistigkeit. Bekommen wir, was für unser Leben so wichtig ist? Ist unser eigenes Leben in der richtigen Weise aufgebaut und ist es ein rechtes Vorbild? Bekommt das frühkindliche und jugendliche Bewusstsein die richtigen Eindrücke, um sich recht zu entfalten und danach richtig zu handeln? Wird es so gestärkt, dass es in späteren Jahren mit gesundem Verstand selber kraftvoll weiterschreiten kann? Oder ist es unter dem Einfluss von schwächender Furcht und Unsicherheit?

Oft ging ich durch die Straßen von Europas wunderschönen Städten, und mein Blick ruhte auf prachtvollen Kirchen mit alles überragenden Kirchtürmen. Oft wollte ich in diese heiligen Gebäude eintreten für eine kurze Zeit der Ruhe und friedvollen Sammlung. Aber die schweren Tore waren verriegelt. Mein Herz war enttäuscht, und ich konnte nicht verstehen, warum eine Kirche, der gemeinsame Besitz eines Volkes, geschlossen war. Jeder Christ darf zwar in das Gotteshaus eintreten, aber es ist zum Vorrecht für die Sonntage geworden. Als ich auf den Treppenstufen verschlossener Kirchen saß und darüber nachdachte, wurde mir vieles über den tragischen Zustand der Dinge in Europa klar. Bedenken wir das Ungeheuerliche: Religion wurde zu einer Sonntagsangelegenheit, zu etwas Exklusivem und Unwesentlichem. Diese Einsicht muss unsere Herzen mit Schrecken erfüllen. Das Wesentliche, Lebensnotwendige für den Menschen wird ihm nicht in richtiger Weise gegeben. Er ist seines Geburtsrechtes enthoben. Sein geistiges Erbe ist ihm genommen und wurde zu einem Mythos für eine jenseitige Welt. Das Herz ist nicht mehr an seinem Platz. Die Brücke zwischen Kopf und Herz ist abgebrochen. In einem solchem Zustand ergreift den Menschen Verwirrung, und er handelt töricht.

Was könnte das zarte innerliche Fühlen des Menschen zum Erblühen bringen, wenn nicht eine Erziehung, die ihn an seine wahre Natur erinnert, die seine edle Seele anspricht und seine tugendhaften Eigenschaften! Kann solch erhabenes Erleben erweckt werden durch eine Dressur der Seele am Sonntag, durch Murmeln von Gebeten während einiger Minuten, durch ein wenig sentimentales Singen, durch eine kurze Predigt, die nur unsere Fehler und unser Versagen aufzeigt und uns unsere Unwissenheit zum Vorwurf macht? Ist das die Geistigkeit des Menschen? Ist das eine Erziehung, die uns hilft, die rohe Natur in uns zu überwinden, die uns hilft, den Besitz des Nachbarn in jeder Weise zu achten und ihn nicht durch Kampf und Krieg zu berauben?

Nehmen wir diese Beobachtungen sehr ernst. Suchen wir ein Gegenmittel und lenken wir durch persönliche Anstrengung eines jeden Einzelnen das Steuerrad der menschlichen Gesellschaft in die rechte Richtung. So wie die Dinge sind, können sie nichts Gutes bringen. Der heutige Mensch ist unzufrieden, weil die vitale Frage seiner geistigen Entfaltung ungelöst ist. Das Kind von heute, der Bürger von morgen, wächst in einer Welt auf, in der das Allerwichtigste fehlt. Die heutige Zivilisation überschwemmt den Menschen mit materiellen Gütern und wirft ihn aus dem Gleichgewicht, so dass er unfähig wird, sich in körperlicher und geistiger Beziehung zu kontrollieren und zu beherrschen. Was wir heute brauchen, sind starke Seelen, die fähig sind, nicht nur für ihr eigenes Gute, sondern auch für das Gute ihrer Mitmenschen zu wirken. Was für Menschen waren stets Fackelträger der Menschheit? Es waren aufrichtige Geister, die zuerst ihr eigenes Leben in Ordnung brachten. Die die schlechten Zustände sahen, nie aber andere verurteilten, sondern ihr eigenes Leben veredelten und durch ihre eigenen seelischen und geistigen Errungenschaften auch andere geweckt und ihnen vorwärts geholfen haben. »Die Geschichte der Welt ist die Geschichte von Männern und Frauen, die Vertrauen in sich selbst haben.« Nie waren es die Massen, die Geschichte machten. Erinnern wir uns zum Beispiel an den großen Lehrer Pestalozzi. Er war ein Einzelner. Was tat er? Er hatte unerschütterlichen Glauben an sich und sein Ideal. Er war die verkörperte Stimme von Millionen von Kindern, die nach mehr Liebe hungerten, nach mehr Gerechtigkeit, mehr Sorgfalt und besserer Erziehung dürsteten. Seine Worte und sein Leben erschütterten seine Nation bis zu den Wurzeln, und sie hat geantwortet. Es gab nicht zwei Pestalozzi, einer genügte. Einer führt und die andern folgen nach.

Die Straßen einer Stadt sind von großen Lampen in einer Distanz von fünfzig Metern erleuchtet. Wir finden nicht, dass diese Lampen einander zu nahestehen. In gleicher Weise ist ein starker, furchtloser und aufrechter Mensch von hervorragendem Charakter ein stilles, aber starkes Licht, das die andern durch sein Selbstvertrauen und seinen Mut anzieht und erleuchtet. Das Beispiel solcher Menschen und Erzieher weckt die geistigen und seelischen Eigenschaften Gebildeter und Ungelehrter, vor allem aber der Kinder und Jugendlichen.

Es ist nicht unsere Aufgabe, eine nationale Reformbewegung zu schaffen. Andere können das tun. In unserer Yoga-Schule erfahren wir, dass unser Ziel die Erziehung zum Menschen im besten Sinn ist. Unser Ziel ist Selbsterziehung. Wirklich positive, aufbauende Haltung im Leben ist unser Leitmotiv. Unser Ziel ist es, die Gemeinschaft der Menschen durch rechte Förderung des Einzelnen zu heben. Der unwiderstehliche gute Einfluss solcher Selbsterziehung wird fühlbar in unserer nächsten Umgebung und bei unseren Kindern. Nur das vermag unsere Herzen mit Freude und Genugtuung zu erfüllen. Wir brauchen Männer und Frauen, die Glauben an sich und an das Leben haben. Wenn wir Glauben haben, haben wir alles. Gleichgültig, ob wir eine gute Konstitution oder einen schwachen Körper haben; gleichgültig, ob wir eine gute Position oder keine haben. Das alles wird sich mit der Zeit ergeben. Alles, was nötig ist, ist ein starker Glaube; denn wahrer Glaube ist das Licht, das unseren Pfad erhellt. Zuerst müssen wir dieses Licht auf unseren Pfad leuchten lassen, dann gehen wir kraftvoll vorwärts. Wecken wir zuerst wirklichen Glauben, dann wird alles andere von selber kommen. Arbeiten wir mit entschlossenem Glauben an uns selbst, ändern wir unsere Einstellung von Schwäche zu Kraft, von Furcht zu Furchtlosigkeit, von Feigheit zu Tapferkeit! Ein so verwandelter Mensch wird ein furchtloser Arbeiter für die Gemeinschaft, für seine ganze Nation und für die ganze Welt. Tun wir unser Bestes! Ein Gramm bewusster, wirklich positiver Handlung bringt Tonnen von

Gutem für die Massen. Nichts Gutes geht verloren! Dein Land lebt durch dich. Fällst du, so fällt auch dein Land mit dir. Erhebst du dich, so wird dein Land mit dir gehoben. Eine Nation stirbt bald aus, wenn nicht die rechten Menschen zur Erfüllung ihrer Aufgabe da sind. Erzeugt starke Menschen, kraftvoll und aufrichtig bis ins Knochenmark! Erzeugt tapfere Menschen! Erzeugt glaubensstarke Menschen! Sie sind das Salz der Menschheit und das Fundament des großen nationalen Gebäudes, das den kommenden Generationen Obdach, Schutz und Inspiration sein wird.

8. Betrachtungen über indische und europäische Musik

Noch heute entsinne ich mich eines Sängers, der nach den Sprechstunden in meines Vaters Zimmer saß und mit seiner schrillen trillernden Stimme das ganze Haus in Atem hielt. Er sang alte tamilische Weisen, denen sich aber mein auf englische Laute eingestelltes Ohr widersetzte. Der Besuch einer englischen Schule ließ mich zu jener Zeit sehr britisch empfinden, was ein unbewusster Versuch war, meinen Minderwertigkeitskomplex zu überwinden. Ich mochte damals zwölf oder dreizehn Jahre zählen und war mächtig stolz auf die paar englischen Lieder, die ich auswendig kannte. Diese sang ich nun aus voller Brust, um deren Überlegenheit im Vergleich zu den, wie mir schien, langweiligen, monotonen, sinnlosen indischen Gesängen zu beweisen. »Weißt du, wie ein berühmter englischer Kenner indische Lieder und indische Musik beurteilte?«, fragte mich eines Tages der Sänger. »In jeder Art Musik, sei sie weltlich oder geistlich, hat indische Musik die höchste Entwicklungsstufe erreicht. Sie umfasst eine größere Tonfolge als die westliche Musik, indem die indische Musik sich nicht nur in Ganz- und Halbtönen ausdrückt, wie die westliche, sondern sogar Vierteltöne gebraucht. Stimmlich und instrumental drückt sie die tiefsten Gefühle aus. Ebenso wie die indische Kunst und Literatur, greift auch die indische Musik in die tiefsten Tiefen des menschlichen Wesens. Die indische Musik erweckt im Menschen das Echo des höheren Selbst!« Aus dem *Atlantisbuch* der Musik: »Die Melodien der vorderindischen Musik sind ungewöhnlich reich an *Melismen* und vielgestaltig in der Rhythmik, erscheinen uns aber sehr gleichförmig im Klang. Dem entspricht auch äußerste Gelassenheit in der Haltung der Musiker. Wie in Alt-China soll in Indien die Musik leidenschaftslos sein, alle starken Affekte vermeiden, Abgeklärtheit, Selbstbeherrschung, Tugend erwecken. Die Musik soll zum Nachsinnen anregen. Das Augenmerk des Sängers wie des Hörers ist dabei auf die Einhaltung des Raga (die komplizierte tonale Struktur, die nicht weniger komplizierte Rhythmik, wobei oft noch Melodie und Trommelbegleitung einander kontrapunktieren) und die kunstvolle Verschnörkelung der Melodielinie gerichtet. Das Klangliche tritt zurück.«

Viele Jahre sind seitdem vergangen, und eine lange, im Westen verbrachte Zeit gab mir Gelegenheit, vielerlei Dinge zu vergleichen. Ich kann die Augen schließen, um mit Bach in seinem kristallklaren Reich zu Jesus zu beten. Mit erhobenem Haupt vermag ich still zu stehen, und einstimmend in das Halleluja aus Händels Chor verliere ich mich in Erschauern und Verzückung. Mit dem großen Kometen Beethoven aber erhebe ich mich aus den tiefsten Höllen des menschlichen Daseins und fliege hinauf in seine himmlische Heimat, um dort mit seiner letzten, göttlichen Symphonie zu verschmelzen. Mit welch vulkanischer Macht erschüttert er die schlummernde Menschenseele! Von ihren Fesseln befreit, beginnt sie ihren Flug zu Gott! Aber wie wenige können sich zu diesem Kometen bekennen; wie wenige seine Erhabenheit ertragen! »Hoffe, oh Mensch«, sagt er mit seiner Musik, »verharre nicht in Schlaf und Sorge, sondern komm! Einer soll kommen und alle sollen kommen, die bereit sind! Fürchtet euch nicht, die Hölle hat ihre Macht verloren und hält die entschwebende Seele nicht länger zurück. Erhebe auch du dich, oh Mensch, denn du bist freier, gesegneter Geist!«

Diese und noch viele andere Große erschienen, um mit ihrer Fackel den dunklen Erdenpfad der Menschheit zu erleuchten. Ich trinke den Nektar, den sie mir bieten, und fühle mein Dasein gesegnet.

Indische Kunst und indische Musik vermitteln innerstes Wesen und lassen alles Nebensächliche beiseite. In der indischen Malerei fehlen unwesentliche Zufälligkeiten und schmückende Überflüssigkeit; der Geist des Werkes soll allein klar hervortreten. Es ist interessant, in der modernen Malerei des Westens derselben Tendenz zu begegnen, die den Künstler in seinem Werk nur das Wesentliche festhalten heißt. Mit Ausnahme der wahrhaft begabten Maler widerspiegeln jedoch die modernen Bilder deutlich die Pathologie unseres Zeitalters. Wo es gilt, Schlichtheit darzustellen, fehlt der heutigen Kunst oft ihr wesentliches Merkmal: Einfachheit. Sie versteht deren tieferen Sinn nicht. Einfachheit ist nicht gleichbedeutend mit Leere, sondern soll verborgenen Reichtum in sich tragen. Wo der Geist fehlt, bleibt nur eine Totenmaske, und *diese* tritt uns in der modernen Malerei entgegen. Dem gesunden Menschen widerstrebt dies. Diese Dekadenz ist im Bild so offensichtlich, dass die fehlende Durchgeistigung als zerstörendes Element alles aus dem Gleichgewicht bringt und verschiebt. Auch die modernen Maler sind die Medien ihrer Zeit. Leider offenbaren viele das rasende Fieber eines pathologischen Niedergangs. Ein Medium ist dem Guten und Bösen gleicherweise offen. Unser Zeitalter leidet unter einem Zustand verzehrender Geschäftigkeit, die vom Normalen weit entfernt ist. Doch hier empfängt der Maler seine Eindrücke und die Inspiration seines Pinsels. All das Gesagte lässt sich ebenso auf die heutige Literatur und Musik beziehen, die, oft laut und chaotisch, ein Zerrbild dessen ist, was Kunst berufen ist zu sein!

Kunst ist in jeglicher Form stets Ausdruck des Geistes, sei es in der Literatur oder in der Musik, in der Malerei, Bildhauerei oder im Tanz. Kunst muss den Menschen erheben; denn sie *ist* Geist. Wo das Verlangen nach wahrer Kunst besteht, zeigt sich unweigerlich das Aufblühen und Entfalten geistiger Werte als sicheres Zeichen der Entwicklung.

Die Musik ist vor allem auserkoren, die Seele des Menschen zu erheben. Mozarts Musik ist wie zarteste Spitze, ätherisch und sphärisch zugleich. Alle Erdenschwere ist ihr vollkommen fremd, und nur eine wahrhaft edle Seele vermag sie wirklich zu würdigen und zu erfassen.

Schuberts Musik ist voller Gefühl und Liebe; voll jener mütterlichen

Liebe und Empfindsamkeit, die jedes Herz weich werden lässt. Sie pocht an die Menschengüte und enthüllt Enttäuschung, Schmerz und Sorge. Nach und nach führt sie uns auf den Weg, dessen Ziel jene Befreiung ist, welche der Mensch nur in der Einsamkeit mit Gott findet. Schuberts leidenschaftliche Sehnsucht ist rein, ohne Makel.

Chopins Musik ist Leidenschaft, rot wie Blut und heiß wie Feuer. Da entbrennt der Kampf um die Vereinigung, da entsteht der Wettlauf nach dem Unerreichbaren und lodert vulkanischer Ausbruch, wenn er seine Vision beinahe fasst. In seinem Erwachen liegt das verzweifelte Suchen nach dem entschwundenen Trugbild. Chopins Einsamkeit atmet Trauer, denn auch dieser feurige Stern musste allein die ihm bestimmte Bahn ziehen.

Der feurige Ungar Liszt war ein Bahnbrecher. Wie auf dem Klavier, kannte er auch in seinen Kompositionen keine Schranken. Er befreite sich in vielen Hinsichten von den Grenzen der Gesetze der klassischen Musik. Um Liszt zu erfassen, muss der Mensch sich auf eine höhere, ebenso grenzenlose, freie, geistige Ebene erheben. Die Menschheit wird ihn erst in der Zukunft restlos verstehen können.

Der flammende Komet Beethoven vermag nicht das menschliche Firmament zu durchmessen, ohne an unsere Herzen und Hoffnung Feuer zu legen. Eine besondere Botschaft brachte er den Menschen: Eine des Trostes, doch voll des Mutes. Eine des Gebetes, doch voll der Tat. Eine der Freiheit, doch voll des Friedens. Sein Leben war der Spiegel, in dem der Mensch seine eigenen Kämpfe, Mühen und Siege wiederfand. Wenn in Beethovens Kampf der Mensch in ihm beinahe unterlag, erhob sich in ihm eine göttliche Kraft, die ausrief: »Nein, nein, ich will es nicht verlieren. Ich will es für Höheres bewahren!« Wenn Beethoven aus seinem schweren innersten Ringen als Sieger trat, schrieb er seinen Freunden, dem Ehepaar Weigel: »Es gibt kein höheres Glück, als sich der Gottheit zu nähern und sie dem Menschen herunterzubringen.«

Die Verschmelzung all dessen, was diese Titanen und viele andere große Musiker den Europäern schenkten, ergibt die Musik des Abendlandes. Sie ist erstaunlich reich besetzt mit den Edelsteinen, die ihr diese Auserwählten darbrachten. Die klassische Musik des Abendlandes spricht zum Einzelnen wie auch zur Masse. Diese großen Schöpfer erschüttern die Menge und reißen sie mit. Sie redeten alle Sprachen, wandten sich an die Gesellschaft sowie an den Einzelnen und erfüllten die Sehnsucht aller. Mit der Entwicklung der Gemeinschaft hält der Einzelne Schritt und gewinnt schließlich die Fähigkeit, jene Höhen zu erklimmen, wo diese Titanen am Lebensquell standen.

In Europa strebt die Musik wie eine unaufhaltsame Flut mit Strudeln und Wasserfällen dem offenen Meer zu. Sie trägt die Hörer auf ungestümen Wogen zu der Stille des Geistes. Anders ist es in Indien! Dort vollzog sich die Entwicklung gerade entgegengesetzt. Von dem Einerlei des geschäftigen Alltags zieht sich der Inder an den Urquell seines Herzens zurück, um jene reine, lautere Melodie festzuhalten, die aus seinem Innersten dringt. Musik ist ja immer individuell, sei es im Gesang oder durch Instrumente. Das indische Orchester ist relativ klein, so dass jedes Instrument gewissermaßen dominierend, deutlich wahrnehmbar und ungeschmälert seine Ausdrucksmöglichkeit bewahrt. Alle Instrumente sind jedoch der menschlichen Stimme ähnlich, sei es die Geige, die Vina oder die Flöte. Die begleitende Trommel vibriert nur leise im Rhythmus des pochenden Herzens. Die indische Musik verfolgt dasselbe Ziel wie jede andere indische Kunst, darum sind alle Melodien äußerst einfach: Wesentliches will sie ausdrücken! Dem Hindu bedeutet Kunst Anbetung, welche höchster Ausdruck und reinste Melodie seiner Seele ist. Der Sänger legt alles Gefühl in sein Lied und gibt ihm so viel Pathos, Liebe, Trauer und Fröhlichkeit, so dass er den Hörer gleicherweise ergreift, wie er selbst zutiefst ergriffen ist. Nach dem Singen einiger Strophen werden gewisse Motive wiederholt, dann werden ein oder zwei Worte in ununterbrochener Folge wiederholt, bis schließlich nur mehr eine Silbe in wechselnden Melodien gesungen wird. Der ganze Gesang erstirbt endlich im Summen einer einzigen Note. Die im Lied zum Ausdruck kommende Handlung versiegt erst, wenn sie sich dem übervollen Herzen nähert. Wie oft bemerkte ich, dass Sänger ihr Lied mit voller Stimme begannen, und trotzdem empfand ich es in meiner Unwissenheit als nichtssagend.

Die Brücke der Jahre, über die mich mein Weg führte, schenkte mir die Möglichkeit, mit klarem Blick auf den Strom der Geschehnisse zu schauen.

Von allen Liedern des Abendlandes erscheinen mir die ungarischen Weisen am schlichtesten und reinsten; sie sind überreich an Empfindung und Gefühl, teilweise überschäumend von feurigem Temperament. Voller Gegensatz und Farbe, treffen sie den Hörer unmittelbar ins Herz. Ähnlich, aber in verstärktem Maße, ergeht es mir mit dem indischen Lied. Jene Gesänge, die mir einst eintönig erschienen, erschüttern mich heute zutiefst. Längst vergessene Gestalten lassen sie heute vor meinem geistigen Auge erstehen, während in mir das Loblied des Regens und der Götter als inneres Echo erscheint. Während Inder singen, sieht man mit heller Freude verklärte Gesichter, und aus den Augen sprüht göttliches Funkeln. Ich kann nicht indischen Gesängen zuhören, ohne zu Tränen gerührt zu sein. Nicht weil die Lieder an sich traurig sind, sondern weil sie die einfache, reine, heilige Sprache des Herzens offenbaren. Was vom Herzen kommt, klingt und findet den Weg zurück zum Herzen. Sei es das einfache Lied, das Rama meist sang, oder Mahatma Gandhis Lieblingsmelodie: »Ragupathi Rajava Rajaram«; kaum, dass ich wenige Minuten daran zurückdenke, falle ich in Trance und fühle mich auf jenen Wassern treiben, die keine Ufer benetzen.

Ob es ein Straßenjunge ist, der aus voller Kehle singt, oder der Schaffner einer Straßenbahn, die durch die brütende Hitze der Großstadt fährt, mag es eine Gruppe heiliger Pilger sein, die ihren Gott preisen, oder eine Prozession, die ihre Götter mit sich führt und die durch einen Sänger in halber Ekstase angeführt wird; mögen es die Frauen am Brunnen sein, die ihre Melodie von Krishna trällern, oder ein paar Tänzerinnen, die ihren Tanz der Anbetung und Liebe vollführen. Ich muss bekennen, dass ich nirgendwo auf der ganzen Welt diese geistige Hingabe in einem einfachen Lied fand als in Indien! Als die Schienen der Straßenbahn in unserer Straße mir durch die Muskelkraft der Arbeiter verlegt wurden, fiel mir der Vorarbeiter auf; er sang einen kurzen Text, in dessen Refrain »Kailasa!« alle fünfzig und mehr Ar-

beiter einfielen. Als Knabe folgte ich der Tätigkeit dieser Männer mit dem größten Interesse während all ihrer langen Arbeitsstunden! Auch ich sang dies Wort »Kailasa!« mit, das in der heißen Luft zitterte. Viel später erst erfuhr ich, dass Kailasa die Bezeichnung von Shivas Götterthron ist, der hoch oben im Himalaya steht. Um die Eintönigkeit und Erschöpfung unter der unerbittlichen Sonnenglut von Madras zu überwinden, war es des Gottes und seines heiligen Thrones Name, der das Elend dieser Männer milderte. Gleich ihnen singen viele Hunderte der Straßenarbeiter, deren Verdienst ihnen kaum eine tägliche Mahlzeit sichert! Es sind Männer und Frauen in schrecklicher Not. Sie sind in Fetzen gekleidet und haben kein festes Dach über dem Kopf. Dennoch tragen sie ihr Schicksal ohne Murren. Govinda ist ihr göttlicher Tröster, Govinda ihr einziges Ziel!

9. Fragen und Antworten

Frage: Welche Vorstellung hat der Hindu von der Sünde und wie stellt er sich zu der Auffassung, dass der Mensch in Sünde geboren ist?

Antwort: Der Hindu empfindet den Ausspruch, der Mensch sei in Sünde geboren, als größte Gotteslästerung; denn indem Er den Menschen, den »Sünder«, schuf, würde Gott selber zum Sünder werden. Der Hindu glaubt, dass Gott in Seiner Schöpfung wahrhaftig einen Teil seines Selbst in den erschaffenen Menschen legte. Die christliche Bibel lehrt: »Gott schuf den Menschen nach seinem eigenen Bildnis.« Deshalb anerkennt der Hindu die Sünde als solche nicht, sondern er sagt, des Menschen wahre Natur sei die Kraft, die Gott ihm verlieh. Wenn der Mensch seine wahre Natur der Vollkommenheit nicht offenbart, ist er unglücklich. Seine Entwicklung führt ihn vom Embryo zum Menschentum und vom Menschentum zur Göttlichkeit. Die Anerkennung der Sünde ist nichts anderes als der primitive Standpunkt, der sich im Kampf, die niedrigen Triebe des Körpers zu überwinden und zu beherrschen, behauptet. Sobald diese bezwungen sind, wird der Mensch durch den ihm innewohnenden Geist erlöst, der über allem Sterblichen und Endlichen steht. Wer ständig von Sünde spricht und vom Begriff der Sünde nie loskommt, muss daher immer an Sünde denken. An unsere Unvollkommenheit zu denken, macht uns elend. Gemeinsam mit ihrem großen Lehrer Vivekananda glauben die Hindus: »Wenn Sünde besteht, heißt dies, zu sagen, dass du schwach bist und auch die anderen schwach sind.« Im ungeheuren Kampf der Entwicklung gewinnt der Mensch schließlich die Erkenntnis, dass »der Mensch nicht vom Irrtum zur Wahrheit dringt, sondern von Wahrheit zu Wahrheit findet; von der niedrigen Wahrheit zu höherer Wahrheit«.

Frage: Wie äußert sich der Einfluss des Christentums auf den Hindu?

Antwort: Der Hindu anerkennt Christus rückhaltlos, aber er lehnt das westliche Christentum ab.

Frage: Anerkennt der Hindu die erlösende Macht Christi?

Antwort: Der Hindu öffnet sein Herz allen Belehrungen von Jesus Christus und wendet sie praktisch in seinem täglichen Leben an. »Wache und bete, denn das Reich Gottes ist nah!« Wachen bedeutet, wachsam und bewusst in all unserem Tun zu sein. »Beten« aber heißt »handeln«. Nur dem Wachsamen und Betenden, der bewusst handelt, ist das Reich Gottes sehr nahe, zu dem er jederzeit Zutritt hat. »Das Reich Gottes liegt in dir.« Mahatma Gandhi machte aus diesem Gedanken seinen Wahlspruch und erklärte oftmals: »Die Grundlage meines Lebens ist gebetsvolle Tätigkeit.« Wenn die Lehren Christi in unserem täglichen Leben Anwendung finden, erfahren wir die unmittelbare Wirkung der erlösenden Macht unseres eigenen positiven Handelns.

Frage: In einem Ihrer Vorträge sagten Sie, der Hindu bete nicht, sondern er meditiere. Dieser Ausspruch ist mir nicht ganz klar.

Antwort: Ich bin selber Christ, aber mein Gebet war eine lange Klage, ein Jammern und Beklagen. Nachdem ich Gott darlegte, welch ein elendes Wesen ich sei und ihn genügend überzeugte, dass ich ein teuflischer Sünder sei, gemeiner und ärger als ein Wurm, begann ich zu bitten: Erst um Vergebung, dann um Barmherzigkeit; dann bat ich um Gnade, um Geld, um Trost und um vieles mehr! Es gelang mir nicht, mich mit dem Bewusstsein zu erheben, ich sei ein Kind Gottes; ich sah mich vielmehr als notorischen Bettler! »Gib uns heute unser tägliches Brot.« Und ich, gleich meinen christlichen Brüdern, fragte nach Nahrung! Viele Jahre später kam mir die Erleuchtung dieser Worte: »Gib uns am heutigen Tag das Brot des Lebens. Lasse unsere hungernden Herzen dein himmlisches Manna empfangen, damit unsere Glieder erstarken und das Rechte tun!« Gebet hat nichts mit einer Haltung zu tun, die uns erniedrigt. Das richtig erfasste Gebet schenkt Kraft. Beten heißt, vorwärts zu gehen auf dem Weg, der uns zu Gott führt, bis wir ihn endlich erreichen. Gebet ist das bedingungslose Aufgeben unserer Schwachheit, um kraftvoll zu werden, unserer Sünde, um Tugend zu empfangen, all unseres Wahnes, um Weisheit zu erlangen. Dies ist die eine Haltung des Hindu. Ein anderer Weg, Gott zu verwirklichen, führt durch die Meditation. Das Kind des Hindu wiederholt beim Erwachen: »Ich sinne über die Herrlichkeit dessen nach, der das Universum schuf. Möge Er meinen Geist erleuchten.« Indem sich sein Sinn in der Vollkommenheit des Schöpfers verankert, erreicht der Hindu selbst Vollkommenheit. Dieser Vorgang, den Geist zu »fixieren«, nennen wir Meditation. Es gibt noch eine unmittelbare Form der Meditation, bei welcher wir uns mit dem innewohnenden Selbst unseres Herzens, das göttlich ist, identifizieren. Auch dieser Weg führt zu der letzten Erkenntnis.

Frage: Durch das Christentum brachte der Westen Indien viel Kulturgut und Zivilisation. Ohne diese revolutionäre Umgestaltung hätte sich Indien nicht zu seinem heutigen Zustand erhoben. Ist dem nicht so?

Antwort: Indien ist durch den Einfluss der modernen Wissenschaft als Nation nicht glücklicher geworden. Wir Inder behaupten, dass der gegenwärtige Zustand, zu dem wir uns »aufschwangen«, in vielem doch einen Niedergang bedeutet; denn er ließ Millionen Menschen zu Robotern werden! Wenn der Mensch zur Maschine wird, versklavt er sich, und ein Sklave kennt keine Freiheit mehr. Er verliert die Beweglichkeit, sich geistig weiterzuentwickeln. Indien benötigt keine neue Kultur; Kultur hat es von jeher selbst in hohem Maß besessen. Das Herz zu bilden, das Göttliche zu offenbaren, ist die größte Kultur.

Frage: Warum sagen Sie, dass wahre, nach Befreiung strebende Yogis die Erwerbung von Siddhis oder okkulten Kräften nicht billigen? Sind okkulte Kräfte eine Hilfe oder ein Hindernis für den geistigen Schüler?

Antwort: Nehmen wir an, dass ein Mensch gewaltige magische Kräfte besitzt wie Gedankenlesen, Hellsehen bis in ferne Länder, über Wasser oder Feuer gehen kann, durch die Luft fliegen, Unsichtbarsein und Beherrschen der Elemente, wie Regen, Schnee, Hitze, Wind und Erde. Nehmen wir sogar an, dass er fähig ist, die Kranken zu heilen und die Toten auferstehen zu lassen, dass er sein Leben nach eigenem Wunsch auf Hunderte von Jahren ausdehnen kann. Welchen

Gewinn bringen ihm solche Fähigkeiten aber tatsächlich? Außer der Befriedigung seines Durstes nach Berühmtheit gewinnt er gar nichts dadurch. Es sind nichts als psychische Kraftleistungen; wer sie ausführt, kann verglichen werden mit einem Muskelriesen, der körperliche Kraftleistungen im Zirkus darbietet, oder mit einem Virtuosen in intellektueller Hinsicht.

Als Knabe bin ich gewissen Yogis begegnet, welche verschiedene dieser Kräfte besaßen. Ich dachte, dass man, um ein Yogi zu sein, ähnliche Kräfte besitzen müsse. Deshalb begann ich, einige fortgeschrittene Hatha-Yoga-Übungen eifrig auszuführen. Ich war tatsächlich fähig, eine gewisse Kontrolle über mein Herz auszuüben, so dass es genauso langsam oder so schnell arbeitete, wie ich wollte; oder auch meinen Puls bis zum Stillstand zu verlangsamen; oder den Atem etliche Minuten anzuhalten. Durch eine gewisse Konzentrationsübung war ich fähig, eine über- oder unternormale Körpertemperatur zu erzeugen. Durch eine andere Übung wurde ich unempfindlich gegen Schmerzen oder konnte den Austritt von Blut aus einer Wunde aufhalten. Verschiedene solcher Leistungen beherrschte ich, doch zuletzt gab ich sie alle auf, weil ich fühlte, dass ich nur den Körper gefordert hatte. Ich besaß eine körperliche Gesundheit, die jeden krankhaften Einfluss abwehren konnte. Während der ganzen Ausbildung hatte ich mich scharf beobachtet und traurig bemerkt, dass nichts sich geistig in mir geändert hatte. Der wahre Mensch in mir lag in tiefem Schlaf, und der äußerlich sichtbare, der scheinbare Mensch war wach. Der Zustand eines gesunden Tieres, den ich erreicht hatte, brachte mir gar keine Befriedigung.

In Indien werden okkulte Kräfte von allen geachtet, doch lässt ein »sechster Sinn« dem geistigen Schüler die Warnung zukommen, dass – im Verfolgen des Wesentlichen – in der Suche nach der letzten Wirklichkeit oder Gott, die okkulten Kräfte wie eine Schranke den Weg versperren. Es war einst ein Mann, der sehr stolz war auf die großen Kräfte, die er besaß. Als Gott diesen Stolz sah, nahm er die Gestalt eines armen Brahmanen an und ging zu ihm, um ihm eine Lehre zu erteilen. Er sprach: »Herr, ich habe so viel von Ihren Kräften gehört. Welches sind sie, wenn ich fragen darf?« »Ich kann einen Elefanten mit einem Wort töten.« – »Wirklich?«, sagte der Brahmane. »Wie bringen Sie diese Leistung zustande?« Gerade in jenem Augenblick ging ein Elefant vorbei. Der stolze Mann sah ihn an und sprach: »Stirb!« Auf der Stelle fiel das große Tier tot um. »Und was wird nun aus diesem armen Tier?«, fragte angstvoll der Brahmane. »Schauen Sie her!«, sprach der andere, außerordentlich erregt über seinen Erfolg. Er warf ein wenig Sand auf den Elefanten und rief aus: »Erhebe dich!« Auf diesen Befehl hin schüttelte sich der Koloss, erhob sich und trottete davon. Mit einem siegreichen Lächeln schaute der Mann auf seinen erstaunten Bewunderer. »Und jetzt? Sie töteten den Elefanten und brachten ihn zum Leben zurück. Was haben Sie damit gewonnen?« Indem er so sprach, verschwand der Brahmane. Diese Worte brachten den Mann zur Vernunft, und er gab seinen Durst nach Macht, welcher ihn stolz und selbstsüchtig gemacht hatte, auf.

Swami Vivekananda warnte seine Schüler vor allem Geheimnisvollen und Okkulten als einem Hindernis im geistigen Fortschritt. Er sagte: »Geistigkeit hat nichts zu tun mit Zurschaustellung psychischer Kräfte, welche bei näherer Untersuchung zeigen, dass der Mensch, der sich mit ihnen abgibt, ein Sklave seiner Begierden und eine sehr selbstsüchtige Person ist. Geistigkeit bringt die Erlangung jener wahren Kraft, Charakter, mit sich. Charakter bedeutet: Sieg über die Leidenschaft, Vernichtung der Begierde an ihren Wurzeln. Die ganze Jagd nach psychischen Illusionen bedeutet eine ungeheure Kraftverschwendung, sie ist die konzentrierteste Form der Selbstsucht und führt zur Degeneration des Geistes. Dieser Unsinn ist es, der ein Volk demoralisiert. Was wir jetzt brauchen, ist der kraftvolle, gesunde Menschenverstand, Gefühl für Gemeinschaft und eine Philosophie und Religion, welche *Menschen* aus uns macht.« Die einfacheren Stufen des Hatha-Yoga sind aber trotzdem unsere Beachtung wert. Auch schon die einfachen Atemübungen und die Körperhaltungen haben eine mächtige Wirkung auf den Organismus. In Indien wird in verschiedenen Schulen eine halbe Stunde Yoga im Freien geübt. Die regenerierende Wirkung ermöglicht es den Studenten, sich besser zu konzentrieren. Die Aufnahmefähigkeit des Geistes nimmt schnell zu, und die Ruhelosigkeit verschwindet. Die Asanas wirken zurück auf den Geist. Mit geringer Anstrengung wird der Geist gefestigt, die Willenskraft entwickelt; mit der Widerstandskraft nehmen zugleich die Entschlussfähigkeit und ebenfalls alle andern Eigenschaften positiver Art zu.

Frage: Sind die Übungen nicht zu kompliziert und zu schwierig für den Durchschnittseuropäer?

Antwort: Ganz im Gegenteil! Die Übungen, welche ich von meinem Meister Mohan Singh lernte, sind solche, die Kinder und Erwachsene ausüben können.

In der vollständigen Yogi-Atmung werden die drei Teile der Lungen, der untere, der mittlere und der obere, richtig gebraucht. Von ihrem richtigen Funktionieren zieht der Organismus den größten Nutzen. Durch den Gebrauch des unteren Teils der Lungen werden alle Bauchorgane und unteren Körperteile bis zu den Füßen hinab reichlich mit Blut versorgt. Der richtige Gebrauch des mittleren Teils der Lungen ermöglicht eine Beherrschung des Herzens, des Rückgrats und der Nerven. Die bewusste Ausübung der vollständigen Yogi-Atmung wird, wenn regelmäßig täglich geübt, mit der Zeit zur Gewohnheit. Man wird automatisch so atmen. Wenn keine Yoga-Asanas geübt werden, sondern nur eine richtige Körperhaltung eingenommen und diese richtige Atmungsart täglich ausgeführt wird, stellen diese in großem Maß eine gründliche Ordnung im ganzen Organismus her. Wenn der Körper aufrecht gehalten wird, ist es dem Geist unmöglich, »krumm« zu sein. Die entsprechende Wirkung, der entsprechende Einfluss einer geraden Haltung wird gleichzeitig im Geist gefühlt. Andererseits ist eine aufrechte Körperhaltung nicht möglich ohne einen aufrechten Geist. Die eine beeinflusst den anderen und umgekehrt.

In Indien gibt es Fakire einer Wandersekte, welche auf einen geistigen Fortschritt durch streng asketisches Leben hinzielen. Sie unterscheiden sich von ihren anderen Brüdern, von der Sekte der sich Selbstkasteienden, welche den Körper durch die strengste Art von Bußübungen abtöten, um himmlische Verdienste zu erlangen. Die Ersteren kommen zur physischen Vollkommenheit, Reinheit und Keuschheit; sie verdienen ihr tägliches Brot, indem sie einige Yoga-Asanas vor den Vorübergehenden ausüben. Es ist nicht ihre Absicht, übernatürliche Kräfte zu entwickeln wie die Hatha-Yogis. Mein Meister pflegte mir alle Arten von Fakiren zu zeigen. Einige von ihnen waren Betrüger, andere bloß Landstreicher.

Ich bemerkte, dass der Körper jener Fakire, welche Hatha-Yoga übten, unverkennbare Merkmale eines sehr verfeinerten ätherischen Körperbaus besitzen. Auch schon die einfachen Asanas bewirken eine radikale Änderung im Organismus. Während jeder Übung werden latente Kräfte befreit; dies bringt eine Verwandlung sowohl der körperlichen als auch der geistigen Verfassung zustande. Es ist ein plötzlicher Zustrom von befreiten Kräften, welche sich fast augenblicklich offenbaren. Genauso wie ein inspirierter Redner eine unmittelbare geistige Änderung erfährt, welche aus dem verklärten Ausdruck seines Antlitzes ersichtlich ist, hat das einfachste Asana eine Wirkung von innen her. »Die regelmäßige Übung einiger weniger Pranayamas und Asanas – auch nur während der kurzen Zeit von drei Monaten – bewirkt unbedingt eine auffallende Veränderung im Ausübenden«, lehrte unser Meister.

Frage: Entspricht die Wissenschaft des Yoga nicht eher dem Osten als dem Westen, ich meine, passt sie nicht besser zur Mentalität der östlichen Völker, da sie nicht so aktiv sind wie die westlichen?

Antwort: Ich verstehe, was Sie meinen. Wenn Sie denken, dass Inder eine passive Art von Menschen sind, haben Sie vollkommen recht, aber nur in einer Hinsicht. Jegliche überflüssige Tätigkeit, welche keine praktischen Ergebnisse bewirkt, ist ihnen zuwider. Durch das viele Hin und Her im Leben, in verschiedenste Richtungen getrieben, findet man zuletzt heraus, dass man, trotz des großen Kraftaufwandes, kaum einen Zoll vom Ausgangspunkt fortgerückt ist. Deshalb lässt der Inder instinktiv das Unwesentliche fallen und ergreift das Wesentliche. Er gibt die Jagd auf schnell vorübergehende Freuden auf, und obwohl dies viele Geburten bedeutet, steigt er auf zum Ziel der Zufriedenheit. In seinem eifrigen Bemühen nach dem Wesentlichen ist er tätiger als jeder andere Menschenschlag auf Erden; denn der Inder hat ein Ideal, und seine ganze Aufmerksamkeit ist darauf gerichtet, das Ziel der Vollkommenheit in diesem Leben zu erreichen. Die meisten Menschen haben kein tatsächliches Ziel im Leben; ihre Jagd nach Vergnügen ist also ein Ausweg aus dem Leiden. Die Väter des indischen Volkes, die Rishis und Yogis der Vergangenheit, sahen die Bedürfnisse ihrer Kinder und gaben ihnen die wahre Richtung und die geistigen Lehren für alle Zeiten. Diese Lehren sind im täglichen Leben des Menschen anwendbar und betreffen keineswegs den Glauben, dem er anhängt. Durch Vervollkommnung der Mittel kommt das Ziel in Reichweite. Mit anderen Worten: Wenn der Körper Gesundheit und Kraft ausstrahlt, offenbart der Geist seine wahre Natur in jeder Hinsicht. Eine einzigartige Beschreibung des Ziels der Menschen sind Swami Vivekanandas Worte: »Erziehung ist die Offenbarung der im Menschen schon vorhandenen Vollkommenheit. Religion ist die Offenbarung der im Menschen schon vorhandenen Göttlichkeit.«

Frage: Was bedeutet das Wort Yoga?

Antwort: Das Wort Yoga bedeutet Vereinigung; Vereinigung des Menschlichen mit dem Göttlichen, das Einschmelzen des menschlichen Egos in das Göttliche. Während jedes menschliche Wesen nach dem gleichen Ziel – Vereinigung mit seinem göttlichen Selbst – strebt, welches es unwillkürlich als Ausdruck seiner besseren Natur durch vollkommenes Handeln bezeichnet, führt der Yoga-Übende sein Streben vollkommen bewusst aus. Nichts Geringeres als der Ausdruck der Vollkommenheit ist sein höchstes Ziel. Er sagt: »Ich muss das Höchste offenbaren, Geringeres kann mich nicht befriedigen.«

Im Durchschnittsmenschen beherrscht das persönliche Ich alle Handlungen. Im höher entwickelten Menschen ist das persönliche Ich, oder seine menschliche Natur, mehr oder weniger untergeordnet und dient der Erfüllung der täglichen Pflichten. Dem Yogi ist der Körper untertan, dieser hat keine Macht mehr über ihn. Er ist der Herr, und das Ego ist der Diener. Er wird seiner unbeherrschten Sinne Meister und unterwirft sie seinem Willen. Erst auf einer solchen Stufe ist er fähig, Vollkommenheit auszudrücken – welche Tätigkeit er auch ausübt.

So sehen Sie, dass es nicht wichtig ist, welcher Tätigkeit ein Mensch in seinem Leben nachgeht, noch welcher Religion sein Glaube angehört, noch spielt seine Rassenzugehörigkeit irgendwelche Rolle, denn Yoga erzieht den Menschen. Diese Wissenschaft der Selbsterziehung ist Yoga, das einzige Mittel zu einer beschleunigten Evolution.

Frage: In welcher Hinsicht vollzieht sich die Erneuerung Indiens?

Antwort: Indiens Vergangenheit, Glanz und Höhepunkt seiner Kultur wiederholten sich öfters, gefolgt von Niedergang und Entartung, welche in natürlicher Folge nach einer wesentlichen Stufe der nationalen Entwicklung einsetzten. Es war das Sinken einer Welle als Vorbereitung zum Anstieg auf eine umso größere Höhe, alle umringenden Wellen mit sich emporreißend. Die Zeit vor Buddha war eine Zeit des großen Verfalls. Sein Aufstieg rief die auf Jahrhunderte hinaus größte Kultur- und Kunstperiode hervor, sowohl in Indien als auch in China und allen angrenzenden Ländern. Wie wahr ist es, dass durch den Aufstieg eines einzelnen Menschen die Welt ebenfalls gehoben wird! Später, in der Verfallsperiode, als das Volk seinen tiefsten Punkt in seiner Geschichte erreichte, als es schien, als habe es seine irdische Aufgabe erfüllt und bereite sich darauf vor zu gehen, als das Alter seine Glieder berührte und die Kraft es zu verlassen schien, da kam einer vom Himmel, dessen göttliche Berührung dem Körper Bharatas noch einmal einen unsterblichen Atem einhauchte. Dieser göttliche Lehrer, Sri Ramakrishna, und seine himmlischen Abgesandten kamen vor ungefähr einem Jahrhundert auf unsere Erde mit einer Botschaft für die Menschheit. Das Leben dieses Erhabenen war eine einzigartige Synthese aller auf der Erde bestehenden Glaubensbekenntnisse. Er war die Verkörperung all dessen, was dem Hindu, dem Christen, dem Buddhisten, dem Mohammedaner, dem Juden und anderen heilig ist. Während seines eigenen Lebens folgte er dem Weg Jesu, um das Reich Gottes, dem Weg Mohammeds, um das Reich Allahs, dem Weg Buddhas, um das Nirvana, und dem Weg der Hindus, um Brahman zu erreichen. Das tat er, um zu beweisen, dass, auf welchem Weg ein Mensch auch zu Gott hinschreitet, er immer das eine gleiche Ziel erreicht. Jeder Glaube ist ein lebendiger Pfad, nur verschieden, um den individuellen und nationalen Bedürfnissen gerecht zu werden, bis zu einer Entwicklungsstufe, auf der der Mensch weitherzig genug sein wird, um die engen Grenzen seines Glaubens zu erweitern und alle bestehenden Glaubensbekenntnisse seiner Mitmenschen miteinzubeziehen. Nirgends in der Geschichte der Menschheit finden wir einen Propheten mit einer solch allumfassenden Mission. Niemals zuvor befand sich die Menschheit auch in einer solchen Not. Botschaft und Bote kamen für die ganze Welt. Die Botschaft war sowohl für den einzelnen Menschen als auch für die ganze Menschheit. Bisher war jeder große Lehrer als Antwort auf die besonderen Bedürfnisse seines eigenen Volkes gekommen. Die Propheten des Alten Testamentes brachten Jehovas Befehle den Juden. Sie waren keinesfalls für die Ägypter, die Assyrer, die Babylonier, die Hindus oder die Chinesen. Jesus kam sowohl als Erfüllung des Alten Testaments als auch, um eine Botschaft der ganzen Menschheit zu bringen. Der Prophet Mohammed gab seine inspirierten Lehren seinem Volk in Arabien. In den ältesten Zeiten waren die Pharaonen die Verkörperung des Wissens, und durch ihre Weisheit wuchs Ägypten zu Macht und Einfluss. Während der letzten paar tausend Jahre erhielt auch Indien seine göttlichen Inkarnationen, welche in Notzeiten zum Volk kamen. Shankaracharyas blendende Intelligenz und mächtige Unterscheidungskraft brachten die entgegengesetzten Meinungen der kämpfenden Sekten und streitenden Gelehrten zum Schweigen. Kraft seiner Vernunft und seines unbesiegbaren Verstandes bezwang er alle seine Gegner und überzeugte sie durch seine Weisheit, dass

der Weg der Unterscheidung die richtige Lösung für das Problem des damals vorherrschenden Widerspruchsgeistes sei. Dies brachte Einheit und Frieden unter die Streitenden.
Zu einer Zeit in Indiens Geschichte, als der Weg zu Gott überwuchert war von dem Gesträuch und dem Unkraut der Eitelkeit und des trockenen Lernens, als das Herz zur nackten, ausgedorrten Wüste wurde, kam der Gärtner Gottes – Chaitanya. Seine Lieder labten die ausgetrockneten Seelen von Millionen, welche nun ihr Herz pflegten, um die Frucht der Hingabe hervorzubringen. Sein Dasein rüttelte Bengalen für Jahrhunderte auf.
Als dann zu einer Zeit des Verfalls des Menschen Herz seinen Schwerpunkt verlor, das Prinzip der Zerstörung sich in sein Entwicklungsbestreben festsetzte, als in einer augenblicklichen Verwirrung seine Hände Böses tun wollten und er sich zur Zerstörung seines eigenen Gebäudes vorbereitete, erschien plötzlich ein Komet, um das Leben des Menschen zu ändern – Sri Ramakrishna.
Seine Persönlichkeit ist für die ganze Menschheit von größter Wichtigkeit geworden. Sri Ramakrishna und seine kraftvollen Helfer sind die berufenen Führer, um die Menschheit auf eine höhere Stufe ins neue Zeitalter zu leiten. So hören wir seinen großen Schüler und Wortführer Vivekananda befehlen: »Ich will Pioniere und Kämpfer in meiner Armee des geistigen Lebens. Geht hin, ihr Knaben, und bildet eure Muskeln aus! Für Einsiedler ist Kasteiung das Richtige. Doch für Arbeiter: Wohl entwickelte Körper, Muskeln aus Eisen und Nerven aus Stahl!«
Arbeiter braucht es für die heutige Aufgabe. Im Laufe der Entwicklung sind alle Kräfte wirksam. Es ist ein Kampf zwischen Gut und Böse, Leben und Tod, Vergangenheit und Zukunft, Mensch und Gott. Gerade als die Flut von Dunkelheit die Menschheit zu überschwemmen drohte, brach plötzlich ein unaufhaltsamer Strom von geistiger Kraft her-

vor und bahnte sich seinen Weg. Deshalb sehen wir heute, wie die Religion eine andere Ausdrucksform prägt. Diese Form ist: Kraft. Gegen den fieberhaften Zustand unserer Zeit gibt es nur dieses eine Heilmittel: Kraft statt Schwäche, Mut statt Feigheit, Wahrheit statt Unwahrheit, Wirklichkeit statt Unwirklichkeit, Licht statt Finsternis und Leben statt Tod. Es kann keinen Kompromiss mehr geben unter den heutigen Bedingungen. Religion muss unbedingt eine Wirklichkeit sein, die den Durst eines jeden stillt. Deshalb versetzt Vivekananda der Vergangenheit erbarmungslos einen Todesstoß, wenn er verkündet: »Das Wesen meiner Religion ist Kraft. Die Religion, welche dem Herzen keine Kraft einflößt, ist für mich keine Religion, beruhe sie nun auf den Upanishaden, der Gita oder dem Bhagavatam. Kraft ist Religion, und nichts ist größer als Kraft.«

Kraft!

Kraft! Du Atem des Kriegers!
Du Herr auf dem Schlachtfeld des Lebens!
Deine Stimme ist der Donner,
Der durch die Jahrtausende grollt,
Der die Küsten des Firmamentes bespült
Und spielend die Felsen wetzt,
Bis ihr Staub von den Himmeln zur Erde wirbelt.

Dein Thron ist des Kriegers Herz!
Geist und Zunge zwingst Du,
Deinem Willen hörig zu sein!
Befiehl! Wer wagt, Dir nicht zu gehorchen?
Selbst die Götter verneigen sich tief,
Deine flammenden Füße zu küssen,
Du Lodernder!

Kraft! Du gefürchteter Feind der Toren,
Die ihr Antlitz in der Handfläche des Todes bergen.
Du bist der Sterblichen höchstes Hoffen!
Verbrenne meine Hülle
Und lass sie in Deinen Flammen aufgehen;
Wandle sie in eine feurige Zunge,
Die als das Licht fortbesteht,
Das kein Schatten je deckt!

S. Y.

Frage: Für welchen der verschiedenen Yogas interessieren Sie sich am meisten?

Antwort: Für alle Yoga-Systeme, angefangen mit dem körperlichen Yoga, worunter ich einige Pranayamas und Asanas verstehe (Beherrschung der Lebenskraft durch Atemübungen und gewisse Körperstellungen, wodurch der Körper unter Kontrolle gebracht wird). In einem gesunden Körper ist es viel leichter, die gewaltigen Naturkräfte zu beherrschen, als in einem schwachen Körper, der allen Einflüssen offen steht. Den Haupt-Yoga-Systemen: Hatha-, Karma-, Bhakti-, Raja- und Jnana-Yoga gilt mein besonderes Interesse.

Die Wissenschaft des Hatha-Yoga hat begonnen, die Bewunderung der heutigen medizinischen Wissenschaft zu erregen. Hatha-Yoga beweist, dass der Mensch sein ganzes Körpersystem bis ins Letzte beherrschen kann. Das Gehirn, das Rückgrat und die Nerven – bekannt unter dem Sammelnamen »Nervensystem« – sind vollkommen unter der Kontrolle des Hatha-Yogis und ebenso die vegetative Funktion der Nerven und Organe. Ich war Zeuge einiger erstaunlicher, von Hatha-Yogis ausgeführten Leistungen, welche diese Tatsachen bewiesen. Einer von ihnen gab vor berühmten Ärzten zwecks wissenschaftlicher Prüfung eine Vorführung. Drei Flaschen, Schwefelsäure, Salpetersäure und Karbolsäure enthaltend, standen auf einem kleinen Tisch. Um die Wirkung dieser Säuren zu zeigen, wurden zuerst von einem Arzt einige medizinische Experimente vorgenommen. Der Yogi nahm die erste Flasche in die Hände, goss einige Tropfen in die rechte Handfläche und leckte sie dann mit der Zunge auf. Das Gleiche tat er mit den beiden anderen Giften. Während der darauffolgenden zehn Minuten vollführte er eine kraftvolle Folge von *Dhautis*, *Uddiyanas* und *Naulis* (reinigende Übungen), dann, unter Aufbietung einer ungeheuren Konzentration, entlud er die Säuren in seinem Urin. Eine medizinische Prüfung bewies die Anwesenheit der Säuren im Wasser, das seinen Körper verlassen hatte.

Mein Meister erklärte diese Leistung wie folgt: Durch Bewusstseinslenkung unterband der Yogi die absorbierende Funktion seines Körpers und ließ so die gefährlichen Stoffe seinen Körper durchlaufen, indem er den ganzen Ablauf in eine begrenzte Zeitspanne zusammendrängte. Solche Experimente sind gefährlich und beanspruchen eine jahrelange Übung. Um solchen ganz besonderen Ansprüchen zu genügen, muss der Körper schon sehr entwickelt sein. Die nächste Leistung war das Anhalten der Atmung, verbunden mit einem volle fünf Minuten währenden Stillstand des Herzens. Kein Pulsschlag war fühlbar. Eine stethoskopische Untersuchung bewies, dass sich kein Betrug in die Vorführung eingeschlichen hatte. Das Manometer zeigte keinen Blutdruck. Die Hautfarbe war während jener Zeitspanne sehr blass, als ob alles Blut sich im Inneren des Körpers gesammelt hätte. Der Yogi hatte die Augen geschlossen und befand sich halb im Trance-Zustand. Genau nach fünf Minuten kehrte sein Bewusstsein zurück und nahm den Körper wieder in Besitz.

Darauf wurden mit einem Messer verschiedene Schnitte in seinen rechten Deltamuskel gemacht, und obwohl der Chirurg dies ohne vorherige Verabreichung von Betäubungsmitteln ausführte, wurde weder Schmerz verspürt noch zeigte sich ein Tropfen Blut. Was darauf folgte, war vom medizinischen Standpunkt aus noch interessanter. Die ziemlich tiefen Wunden zogen sich zusammen, bildeten noch nicht einmal fünf Minuten später schon eine Narbe und waren geheilt. Man konnte sehen, wie der Yogi die Heilung durch einen hohen Grad von Konzentration bewirkte. Seine Körpertemperatur war auf 40° C gestiegen, während die Wunden heilten. »Diese Fiebertemperatur wird vom Yogi aus zwei Gründen erzeugt«, erklärte mein Meister später. »Der erste ist, Keime oder Verunreinigungen zu vernichten, der zweite, eine schnelle Heilung der Schnittwunden zu ermöglichen.«

Ich selbst halte nicht sehr viel von den fortgeschrittenen Stufen des Hatha-Yoga, welche auch auf langes Leben und die Erlangung okkulter Kräfte ausgehen. Das Ziel des menschlichen Daseins liegt nicht darin, sondern in der Erlangung des göttlichen Selbstbewusstseins.

Frage: Ist es tatsächlich wahr, dass Hatha-Yogis so lange leben können wie sie wollen, sogar drei- oder vierhundert Jahre?

Antwort: Warum nicht? Wenn ein Banyanbaum tausend Jahre, eine Schildkröte über dreihundert Jahre, ein Elefant ungefähr hundert Jahre lang leben kann, wird ein Mensch, der die nötige Willenskraft besitzt, fähig sein, das Alter zu erreichen, das er sich wünscht. Mit dem Willen kann alles erreicht werden. Im Süden Indiens, im Kodaikanal-Gebiet, habe ich einen Hatha-Yogi gesehen, von dem gesagt wird, dass er über dreihundert Jahre alt sei. Viele Generationen des Dorfes am Rande des Dschungels, wo der Yogi lebt, haben von diesem und anderen Meistern gesprochen. Diese Übermenschen meiden die anderen menschlichen Wesen aus vielen Gründen. Der Körper eines Hatha-Yogi ist vollkommen verwandelt und so vergeistigt und verfeinert, dass ihm jegliche menschliche Berührung zu heftig ist. Ihre Nahrung besteht aus seltenen Wurzeln und Gräsern, welche sie spärlich zu sich nehmen. Unsere Speisen sind ihnen zu grob und zu schwer verdaulich. Die chemische Zusammensetzung ihres Blutes ist vollkommen verschieden von derjenigen des Blutes eines, wenn auch hoch entwickelten anderen Menschen. Mein Meister, der selber ein Hatha-Yogi war, ermutigte uns zu nicht mehr als einer bestimmten Anzahl Pranayamas und Asanas. Er sagte uns, dass er nie danach getrachtet habe, sein Leben zu verlängern. Er hatte seinen Körper bis zu einem hohen Grad vervollkommnet, damit dieser ihn in seiner Absicht, geistige Erleuchtung zu erlangen, unterstützen konnte.

Frage: War Ihr Meister irgendeiner okkulten Leistung fähig?

Antwort: Ja, aber er stellte seine Kenntnisse nie zur Schau. Nur bei ganz seltenen Gelegenheiten, in unbedingt notwendigen Fällen, waren wir Zeugen seiner Kräfte. Einer der Knaben wurde plötzlich krank, und sein Körper brannte im Fieber. Da legte unser Meister seine rechte Handfläche auf die Stirn des Knaben und versank in Trance. Nach einigen Minuten ließ das Fieber nach. Es stellte sich heraus, dass der Knabe eine sehr kraftvolle Art der Atmung geübt hatte, welche sein Gehirn erhitzte und einen Zusammenbruch bewirkte. Als der Knabe wieder gesund war, tadelte ihn der Meister streng wegen der Unvorsichtigkeit, andere als die ihm bestimmten Übungen auszuführen.

Frage: Welcher Art sind die okkulten Kräfte eines Hatha-Yogi?

Antwort: Die Hatha-Yogis sind Meister der vier Elemente: Feuer, Wasser, Erde und Luft. Mittels einer außerordentlich schwierigen Ausbildung, welche manchmal länger als dreißig Jahre dauert, erlangen sie eine vollkommene Beherrschung über ihren Lebensatem, »Prana«, welcher den Körper belebt. Wenn sie das Leben spendende Element einmal bemeistert haben, sind sie fähig, alles zu vollbringen, was sie wünschen. Es ist Prana, die Lebenskraft, welche das Leben des ganzen Universums erhält. Wenn Prana fehlt, faulen die Äpfel, verdorrt das Gras, verfällt das Holz, stirbt der Körper. Mit Prana offenbart sich das Leben in allem. Durch die Beherrschung des Prana ist der Yogi befähigt, über dessen Offenbarung nach Wunsch zu gebieten. Prana ist im Feuer, im Wasser, in der Luft und in der Erde. Dadurch, dass er das Prana – dessen Aggregatzustände die vier Elemente sind – seines Körpers beherrscht, ist der Yogi fähig, die Natur außerhalb seines Körpers ebenfalls zu beherrschen. Nicht nur kann er einen ganzen Tag lang seinen Körper ohne jegliche schützende Hülle der heißesten Sonne aussetzen, er kann auch über Feuer gehen oder glühende Kohlen in den Händen halten. Ich habe Asketen gesehen, welche dies ohne jede Art von Yoga fertigbrachten. Dann können sie sich auch während einer unglaublich langen Zeitspanne im Schnee aufhalten, ohne zu frieren. Im Himalaya ist es auf den Höhen über 6000 Metern kein ungewöhnlicher Anblick, Menschen zu begegnen, welche tagelang nackt im Schnee bleiben, indem sie allen Härten des Wetters trotzen. Das sind meistens religiöse Einsiedler, welche Bußübungen vollführen, gewöhnlich um himmlische Verdienste zu erlangen. Für einen Hatha-Yogi bedeutet diese Leistung gar keine Anstrengung. Die Beherrschung des Wasser-Elements ermöglicht es ihm, über Wasserflächen zu gehen, ohne einzusinken, und die Beherrschung des Luft-Elements befähigt ihn, durch den Raum zu fliegen. Ich wiederhole: Es ist sehr schwierig, solchen Übermenschen zu begegnen, da solche Leistungen nie in Anwesenheit von Durchschnittsmenschen, deren Ausstrahlung eine zu heftige Wirkung haben würde, vollbracht werden. Die alten Hatha-Yoga-Texte beschreiben diese Leistungen als ausführbar mittels der Übung gewisser sehr gefährlicher Asanas, denn das Entweichen von Lebensatem aus dem Körper kann einen Schlaganfall und den sofortigen Tod verursachen. In einem ihrer Bücher beschreibt Alexandra David-Neel die »Lungompas«, gewisse tibetische Asketen, welche fähig sind, durch die Luft zu fliegen. Sie war Augenzeuge, wie ein Mensch sich vom Boden erhob und einige Meter weiter den Boden berührte, von wo er wiederum in die Höhe sprang wie eine Feder und viel weiter landete, in solchen Sätzen unglaubliche Distanzen zurücklegend. Er ging über gefährliche Felsen und Gipfel und folgte nicht einmal einem Fußweg. Obwohl er sich schneller fortbewegte als der schnellste Schnellläufer auf Erden, machten sein Körper und seine elastischen Sprungbewegungen auf den Zuschauer den Eindruck eines sich langsam bewegen-

den Gegenstandes. So selten diese Luftreisenden auf jenen seltenen Höhen sind, wird sich jeder Tibeter, sobald er einen solchen erblickt, sofort abseits begeben, denn er wagt es nicht, des »Lungompas« Reise, welche in einem Trance-Zustand ausgeführt wird, zu stören. Die Trance zu brechen, könnte den sofortigen Tod infolge des heftigen Schocks verursachen. Wenn der Flieger sein Ziel erreicht hat, bindet er sich Gewichte an die Füße – bis sein Bewusstsein wieder zum normalen Zustand zurückgekommen ist –, damit sein Körper, der ja seine Schwerkraft vorübergehend verloren hat, nicht weiterschwebt. Das Antlitz trägt einen in tiefer Konzentration versunkenen, unbeschreiblich erhabenen Ausdruck des Sieges über die Elemente.
Die Hatha-Yogis sind fähig, sich zu entmaterialisieren und sich Tausende von Meilen weiter wieder zu materialisieren. Das ist eine ihrer größten Leistungen. Sie gebieten über die Wetterverhältnisse, Regen oder Sturm, Hitze oder Kälte, wie dies auch unter tibetischen Lamas bekannt ist. Sie sind fähig, Licht aus ihrem Körper hervorzubringen, um ihren Weg zu erleuchten, wenn sie durch dunkle Wälder gehen.
Sri Ramakrishna, ein großer Weiser, kehrte einst nach Dakshineshvar, wo er wohnte, zurück. Sein Weg führte durch dichte Baumgruppen, und da in jener Nacht der Mond nicht schien, war es vollkommen dunkel. Er kam fast nicht vorwärts. Ein Hatha-Yogi, der ihn begleitete, bemerkte dies und sagte: »Warte, Bruder, ich werde dir helfen.« Indem er die Arme hob, strahlte er helles Licht aus den Achselhöhlen. Es erhellte die ganze Umgebung, und ohne jede Schwierigkeit konnte Sri Ramakrishna seinen Weg fortsetzen. Auf Verlangen des Weisen gab der Yogi seinen Durst nach okkulten Kräften auf und konzentrierte seinen Geist vollkommen auf Gott.
Rund um die Höhle eines Hatha-Yogi ist die Ansammlung von Tieren aller Art kein ungewöhnlicher Anblick. Nicht

nur Hirsche und Rehe gehen da vorbei oder lassen sich sogar beim Yogi nieder, sondern auch Tiger und Elefanten. In der Nähe eines Wesens, das niemanden fürchtet und niemandem etwas zuleide tut, verschwindet jegliche Regung der Angst und der Feindschaft.
Lebend begraben zu werden, ist nur selten zu sehen. Die Stadt Madras war Zeuge, wie ein Yogi sich selbst für drei Wochen begraben ließ. Der Yogi versank in einen tiefen Trance-Zustand, während sein Atem immer langsamer wurde, bis er endlich vollkommen aussetzte. Das Klopfen seines Herzens hörte ebenfalls auf. Der Körper wurde mit einer Art geschmolzenem Wachs bestrichen und, nachdem die Körperöffnungen verstopft worden waren, damit kein Insekt eindringen könne, in dünnes Leinen eingewickelt. Der Körper befand sich in einem kataleptischen Zustand, er war steif und leblos. Er wurde in eine sargähnliche längliche Kiste gelegt, die von innen mit Zink ausgekleidet war. Die Kiste wurde hermetisch verschlossen und ungefähr zwei Meter tief in die Erde versenkt. Die Grube wurde wieder mit Sand angefüllt. Treue Jünger des Yogis hielten Tag und Nacht Wache bei ihrem begrabenen Meister, während sie fromme Lieder sangen und heilige Silben wiederholten. Scharen von Menschen strömten herbei mit kleinen Opfergaben wie Blumen und Früchten, wie es sich für einen Heiligen geziemt. In Anwesenheit von Tausenden von Zuschauern wurde am 21. Tag die Kiste wieder ausgegraben und der Deckel abgehoben. Der Körper wurde nicht berührt, bis die Jünger das heilige Wort »OM« von den Lippen des Meisters hörten. Dies war das erste Zeichen des zurückkehrenden Lebens. Der Körper wurde in allen Teilen tüchtig massiert, hauptsächlich am Scheitel. Der Yogi öffnete allmählich die Augen und nahm langsam die Tausende von Menschen in seinen Blickkreis auf. Fromme Leute haben einen Gedenkstein in Erinnerung an den Yogi

aufgestellt. Als Knabe begab ich mich oft an jenen Ort. Ich bedauerte sehr, dass die Schulstunden mich daran gehindert hatten, dieser einzigartigen Begebenheit beizuwohnen. Monatelang sprach man davon in der Stadt.

Frage: Die Yoga-Lehre versetzt den Menschen auf eine göttliche Ebene. Meine Erfahrungen beweisen das Gegenteil, da ich oft gegen die schlechte, wenn nicht sogar teuflische Natur der Menschen anzukämpfen hatte. Ist Yoga nicht eher ein Friedensstifter und eine Lehre der Ethik und der Moral, um ein wenig Licht in den düsteren Zustand unserer modernen Zeit zu bringen? Ich gebe zu, dass mein Standpunkt subjektiv ist, wenn ich glaube, dass der Mensch eine niedrige Kreatur ist. Dadurch, dass ich so vielen Lebenskonflikten gegenüber zu stehen habe, bin ich von dem Glauben abgekommen, dass der Mensch in seiner fundamentalen Natur das sogenannte Göttliche besitzt. Ein Beispiel wird genügen. Als Nichtraucher habe ich meine im Büro rauchenden Kollegen oft um etwas mehr Rücksicht gebeten, da meine Gesundheit durch das Einatmen der erstickenden, mit Nikotin geschwängerten Luft ernstlich leidet. Meine Worte wurden nicht im Geringsten beachtet, und darüber hinaus wurde ich als Schwächling beschimpft und aufgefordert, eine andere Stelle zu suchen, wenn mir das Rauchen als beleidigend erscheine. Diese rücksichtslosen Worte verletzten mich aufs Tiefste, und hätte ich nicht die ernste Verpflichtung eines Vaters von fünf Kindern, würde ich den Platz längst schon verlassen haben. Wie hätten Sie an meiner Stelle, als kleiner, machtloser Beamter, der zu unbedeutend ist, um beachtet zu werden, reagiert?

Antwort: Wenn immer ein Mensch sich erniedrigt und seine menschliche Würde vergisst, versuche ich zuerst ihn aus seiner sich selbst auferlegten Hypnose aufzuwecken. Die Haltung von Schwäche wird von den Starken, die instinktiv die Schwachen unterdrücken, verabscheut. Warum? Weil der starke Mensch die Offenbarung von Schwäche nicht ertragen kann; für ihn ist sie widerwärtig und unerträglich, genau wie es der Schmutz für den sauberen Menschen ist. Auf diese Weise auf seinen entwürdigenden Zustand aufmerksam gemacht, erwacht der schwache Mensch und entschließt sich, seine Schwäche zu bezwingen. Ein Entschluss, der ihm Jahre mühsamer Arbeit und schmerzhafter Erfahrung gekostet hat. Vergessen Sie nicht, dass nur derjenige tyrannisiert werden kann, der seine Unterjochung erlaubt. Wenn Sie im Leben viel gelitten haben, ist dies nicht dem Mangel an Unabhängigkeit und Selbstachtung zuzuschreiben?

Wer hat Ihnen jemals gesagt, dass Sie ein macht- und bedeutungsloser kleiner Beamter sind? Da Sie diesen Gedanken fortwährend selbst genährt haben, ist es nicht zu verwundern, dass diese Selbsthypnose Sie beherrscht. Hören Sie auf, zu den Füßen Ihrer Vorgesetzten zu kriechen, welche, bis Sie nicht aufrecht stehen, fortfahren werden, auf Ihnen herumzutreten. Wer hält Sie davon ab, zu sein, was Sie sein wollen? Ändern Sie den Kurs Ihrer Gedanken von Schwäche zu Stärke, von Feigheit zu Mut, von Furcht zur Furchtlosigkeit. Respektieren Sie sich selbst und zeigen Sie ein wenig Kraft, Mut und Furchtlosigkeit. Dies allein wird genügen, um die Aufmerksamkeit Ihrer Umgebung auf Sie zu lenken. Die Sie umgebenden Menschen vermögen nur das zu sehen, was Sie ihnen zeigen. Seien Sie mutig und lassen Sie nicht zu, dass Ihr halbes Leben vorüberzieht, indem Sie über Ihre negative Natur und über all das, was Sie in der Vergangenheit nicht erreicht haben, grübeln. Die Tendenz dieser Zeit ist die Tat, die starke Tat. Nur der, welcher richtig handelt, kann mit der beschleunigten Evolution unserer Tage Schritt halten. Lassen Sie Ihre größte Tat die Zusammenfassung Ihrer Kräfte sein, indem Sie selbst zur Kraft, zum Mut und zur Furchtlosigkeit werden. Sie werden selbst feststellen können, dass auf diese Weise der Erfolg nicht ausbleiben kann. Entscheidung ist die größte Tat. Weichen Sie keinen Fingerbreit von Ihrer Entscheidung ab. Ein entschlossener Wille, auf ein bestimmtes Ziel gerichtet, erleuchtet den Weg zur Verwirklichung jeder Eigenschaft, die Sie zu erlangen wünschen. In dieser Gemütsverfassung, positiv und immer heiter, wird sich jede Tür vor Ihnen öffnen, und Sie werden zu einer höheren Lebensstufe erhoben werden. Vor dem Gesicht eines sich selbst zerstörenden Wichtes, der trübsinnig, pessimistisch und negativ ist und überall Fehler findet, werden alle Türen zugeschlagen. Es wird Zeit benötigen, um positive Eigenschaften zu entwickeln. Bauen Sie an der imposanten Struktur der menschlichen Würde. Genau wie ein warmer Mantel den lähmenden Einfluss eines kalten Winters zurückwirft, müssen Sie gegen den Einfluss der Welt gewappnet sein. *Eine heitere und ruhige Gesinnung und ein gesammeltes Gemüt sind die Waffen, die wir in dieser Welt tragen müssen.*

Es ist leider wahr, dass die menschliche Gesellschaft heute vieles erlaubt und viele ungesunde Dinge als vernünftig betrachtet. In dieser düsteren Verfassung vegetiert die Menschheit dahin. Nur die Starken und die Gesunden überleben, während die Schwachen untergehen. Doch wenn Schwäche das allgemeine Symptom ist, welche werden die wirklich starken Führer der Menschheit sein? Die Ärzte werden die große Verantwortung auf sich nehmen müssen, das Volk auf die unausweichlichen Folgen von Nikotin und Alkohol aufmerksam zu machen. Die Gefahr eines internationalen Zusammenbruchs ist unvermeidlich, wenn die Menschen sich vergessen und sich ohne Selbstbeherrschung schwächenden und degenerierenden Gewohnheiten hingeben, um ihre Nerven zu beruhigen. Selbst achtbare Männer und Frauen sagen: Ich kann das Rauchen nicht aufgeben. Es geht über meine Kräfte, und abgesehen davon ist es die

einzige Freude in meinem Leben. Ich habe keine Selbstbeherrschung. Wie können sich erwachsene Menschen so weit vergessen und sich wie Kinder benehmen?
Die zum Zerreißen gespannten Nerven des modernen Menschen können niemals durch Nikotin entspannt werden. Dieses langsame Gift zerstört die Fähigkeit des klaren Denkens und Handelns. In meinem ganzen Leben habe ich nie einen wirklich gesunden Raucher getroffen. Kann überhaupt der erstickende Rauch von Zigarren und Zigaretten wohltuende Folgen haben? Er führt nur die langsame Zerstörung von Nerven und Gehirn herbei.
Was die Raucher in Ihrem Büro anbelangt, würde ich vorschlagen, dass Sie die Angelegenheit mit Ihren Kollegen besprechen. Erklären Sie auf positive Weise, dass Ihre Leistungsfähigkeit zunimmt, sobald Ihnen gestattet wird, in frischer Luft zu atmen, und dass Sie, wenn Ihnen Gelegenheit gegeben wird, mehr zu produzieren vermögen. Sprechen Sie mit ihnen auf freundschaftlicher Basis. Ich bin überzeugt, dass sie Ihnen Gehör schenken werden. Appellieren Sie höflich an ihren gesunden Menschenverstand, und die Dinge werden sich sicherlich ändern. Sollten die Widerstände kein Ende finden, würde ich Ihnen raten, Ihren Chef aufzusuchen und ihn um Hilfe zu bitten. Das Übel ist, dass wenige es wagen, Ordnung zu schaffen. Wenn Schwäche erlaubt ist, und solange wir gewillt sind, diese zu dulden, tragen auch wir Schuld daran. Wenn ein Mensch energisch die Schwäche tadelt und durch sein Beispiel Gutes bringt, werden die anderen dankbar folgen.

10. Gedanken über Selbsterziehung

Wer ist der große Lehrmeister des Menschen? Einzig der Mensch selbst. Ist er es nicht, der die rätselhaften Zeichen an den Kreuzwegen des Lebens deutet, um stufenweise von Geburt zu Geburt aufzusteigen? Reichen seine Sinne nicht aus, die irdische Sprache zu sprechen, und ist er nicht für seine lange Lebensreise mit allem ausgerüstet, dessen er bedarf? Welche Geheimnisse bewahrt der Schrein seines Gehirns? Und ist sein Herz nicht so verborgen, dass niemand sehen kann, welche Schätze darin verschlossen sind? So, wie ein Same einen mächtigen Baum hervorbringt, wird der Mensch die Göttlichkeit offenbaren, die in ihm verborgen ist. Wir mögen seine nackte Gestalt eine Weile bekleiden, seinen Körper mit Nahrung stärken, seinen irdischen Weg ein wenig erhellen, aber zuletzt ist es doch er, der hünenhaft wächst, mit unsterblicher Zunge redet und entschwindet, wenn das Spiel beendet ist.

*

Niemand vermag den Menschen zu formen. Wir lehren ihn die irdischen Gesetze, aber die Gesetze des Lebens lernt er selbst.

Beherrsche dich selbst und wisse, dass es keinen anderen Herrscher für dich gibt.

Wachse und werde ein Riese in deiner geistigen Haltung. Entfalte unbegrenztes Vertrauen in dich selbst, wie ein Vivekananda, und stelle dich mutig dem Leben, wenn dich Fluchtgedanken befallen. Der Sieg wird dem Helden zuteil und niemals dem Schwächling. Habe die unbegrenzte Freiheit eines Buddhas, den nichts, was ihm auf Erden lieb war, an die Erde fesseln konnte. Habe die unendliche Liebe eines Jesus, der die Heiligen und die Frevler an sein großes Herz nahm, die Reichen und die Armen, die Weisen und die Toren.

Keine Hilfe kommt von außen. Jegliche Hilfe kommt von innen. Du hilfst dir immer selber. Es gibt keinen Meister außer deinem eigenen

Selbst. Abhängigkeit von äußeren Hilfsquellen macht dich hilflos, schwach und unglücklich in der Welt. Es bedeutet, dass du unten bist, und derjenige, der dir hilft, über dir. Baue deine Zukunft auf, befiehl deinem Schicksal, beherrsche dein Leben und sei glücklich.

Was immer deine Aufgabe sein möge, tue dein Bestes. Ob du nun für die Gesellschaft oder für dein Volk arbeitest, stets arbeitest du für dich selbst, denn du bist Gesellschaft und Nation zugleich. Ein Sandkorn sittlich bewussten Handelns wird zu einem Berg des Guten für deine Mitmenschen. Nichts Gutes geht verloren. Fällst du, so fällt dein Land mit dir. Erhebe dich, und dein Land ersteht mit dir.

Glaube an alles, was du tust. Nur dem Menschen, der an sich selbst glaubt, öffnen sich die Tore der Welt. Glauben ist gänzlicher Verlass auf den alles belebenden inneren Geist. Wisse, dass du dieser Geist bist. Lasse die Kraft des Geistes deine Handlungen begleiten, sei es als Gedanke, als Wort oder als Tat.

Die Stärke einer Nation liegt nicht in ihrer Armee, sondern in ihren sittlich hochstehenden Männern. Eine kleine Zahl genügt, um die wahren sittlichen Kräfte des Volkes durch die Macht des Beispiels zu erwecken. Denn gibt es eine stärkere Kraft als die sittliche?

Ob ein Mensch seine Mitmenschen zu seinem eigenen Vorteil tyrannisiert oder ob eine Nation andere Länder tyrannisiert, der Sinn für Kultur ist tot in beiden.

Bist du eine Hilfe für diese Welt mit deiner Stärke oder eine Behinderung mit deiner Schwäche?

Gehst du den rechten Weg, so wird ihn auch die Gesellschaft gehen. Weichst du von ihm ab, wie könnte die Gesellschaft den rechten Weg gehen?

Die wahren Reformatoren einer Nation sind ihre einzelnen Individuen, die sich von innen heraus wandeln. Erst wenn dieses Ziel erreicht ist, können Reformen von außen her einsetzen.

Können wir die Welt verbessern, indem wir sie verdammen? Solchermaßen stiften wir Verwirrung. Zeige den Weg, der aus der Dunkelheit führt, und die Menschen werden dir willig folgen.

Die Welt denkt, dass der Yogi ein Mann der Entsagung sei, der auf alles verzichtet, was das Leben bietet. Im Gegenteil: Der Yogi will das Allerhöchste, er will das Leben selbst. Er verzichtet nur auf die vergänglichen Freuden und zieht die wirklichen vor. Wenn ein Durchschnittsmensch tausend Wünsche hat, will ein Yogi alles haben. Die Welt läuft dem Schein nach, doch der Yogi wählt die Wirklichkeit.

Wir bleiben rassischen Vorurteilen so lange verhaftet, wie wir nicht reif sind für eine freie Entwicklung. Erst wenn wir erkennen, dass unser persönlicher Fortschritt eine weltumspannende Angelegenheit ist, gewinnen wir vollkommene Freiheit.

Mache dir alle Erfahrungen, die das Leben dir bietet, zu eigen, und lerne die Wahrheit. Ohne eigene Erfahrungen wirst du die Wahrheit nicht erkennen.

Sorge nicht um Vergangenes. Sorge nicht für den kommenden Tag. Wer von den Fesseln der Zeit befreit ist, dessen Werk wird das beste sein.

Lebe einem Ideal nach. Alles Übrige wird sich von selbst ergeben.

Der Geist antwortet auf körperliche und geistige Impulse. Gute Gedanken erwecken gute Neigungen. Der Geist will trainiert werden wie der Körper, sonst unterliegt er den Einflüssen der Sinne.

Der Mensch hat ein Körper-Bewusstsein und ein Geist-Bewusstsein. Auf einer frühen Entwicklungsstufe identifiziert er sich mit dem Körper-Bewusstsein und gewahrt alles als Materie. Hat ihn seine Aufwärts-Entwicklung zum Geist-Bewusstsein geführt, so erlebt er das ganze Universum als Manifestation des Geistes.

Lerne verstehen, dass du nur dann geistig bist, wenn du beginnst, Gott im Menschen zu erkennen, wenn du begreifst, dass es der Geist ist, der alles durchdringt: Den hellen Kristall, die lächelnde Blume, das stumme Tier, den denkenden Menschen.

Deine Denkweise soll in geistigen Dingen genauso rational sein wie in den Angelegenheiten des täglichen Lebens. Die äußeren Aufgaben verlangen rationales Denken. Das geistige Leben verlangt ein tausendfaches Maß an rationalem, exaktem, gut fundiertem Denken.

Wahre Philosophie ist Erklärung der Geistigkeit. Wahre Geistigkeit ist Erfüllung der Philosophie.

Philosophie und Geistigkeit sind die beiden Schalen der Waage unseres Lebens. Die eine ist der Kopf und die andere das Herz. Um unser Glaubensideal zu verwirklichen, müssen Philosophie und Geistigkeit einander ausgleichen.

Wie kann der Mensch eine unmittelbare Beziehung zu Gott herstellen, wenn Gott eine völlig getrennte Wesenheit ist? Wo ist der Beweis, dass jedes Bittgesuch, jedes Gebet erhört wird; und wer ist es, der es erhört? Wo wohnt dieser Gott? Wenn Moses Gott im brennenden Busch sah, warum gewahrt der Priester unserer Tage den Herrn nicht ebenfalls? Wenn Moses Gott in Gestalt des Feuers erblickte, ist das nicht eine Botschaft an uns, dass dies ein inneres Geschehen der Seele war und die alles Leben spendende Macht des Geistes als Feuer erlebt wurde? Jeder der Propheten des Alten Testaments, der mit Gott sprach, tat dies im Innersten seines Herzens. Erst nachdem sie durch das Gebet mit dem Göttlichen in ihrem Inneren vereint waren, verkündeten sie ihre Botschaft der Masse. In diesem Zustand der Erleuchtung wiesen sie die Frevler zurück und zwangen sie, ihren Weg zu ändern. Keiner der Propheten sprach von Jehova als von kleiner oder großer Gestalt, sondern von Gott als dem allmächtigen Geist. Die erleuchtete Lehre der Heiligen Schrift ist ein erleuchteter Ausdruck der Erlebnisse von Menschen, die von dem göttlichen Geist *in ihrem Inneren und nicht von außen* inspiriert wurden. Erleuchtung ist die höchste Manifestation des Göttlichen im Menschen.

Evolution (Aufwärts-Entwicklung) bedeutet Entfaltung des Verstandes aus den Instinkten und Entfaltung der Inspiration (Eingebung, Einfühlung) aus dem Verstand. Deshalb kann die Inspiration nicht zum Verstand in Widerspruch stehen, denn sie stellt seine letzte Vollendung dar, genau wie sich der Verstand aus der Überwindung der Instinkte entwickelt.

Nicht Liebe ist blind, sondern Wollust. Die Menschen werden durch sinnliche Begierden geblendet. Wirkliche Liebe macht frei von Wollust und macht sehend.

Warum den Tod tragisch nehmen? Er ist der Zeitpunkt, in dem wir bis zum Rand erfüllt sind und nichts mehr aufnehmen können. Der Tod ist eine Pause, um zu verarbeiten; doch bald werden wir wieder auf der Erde zurück sein, wo wir durch unsere Wünsche verankert sind.

Solange auch nur ein einziger Wunsch in einem Menschen übrig geblieben ist, wird er auf die Erde zurückkehren müssen, wo sein Wunsch die Erfüllung findet.

Der letzte Wunsch eines sterbenden Menschen hat einen mächtigen, bestimmenden Einfluss auf sein nächstes Leben.

Der Wunsch ist ein Ziel, das uns unfehlbar anzieht.

Erfolg? Lasse jede Handlung von der Macht des Geistes geleitet sein. Was wird dann nicht gelingen?

Wie kannst du in der Welt arbeiten mit einem unruhigen Gemüt? Nichts kann von einem mit den Sorgen und Plagen des Lebens beladenen Gemüt vollendet werden. Bloßes Erwägen kann keine Aufgaben lösen. Klagen kann keine Hilfe bringen. Erhebe dich! Bring den Geist zurück zur Stätte des Friedens im Herzen. Ein ruhiger Geist kann alles zustande bringen.

Selbstvertrauen ist der Grundstein des Lebens. Entferne es, und das Leben zerfällt.

Manche Menschen fürchten sich, vollkommen zu sein. Wie lächerlich! Als ob Unvollkommenheit unsere Natur wäre. Wir trachten ja immer nach Vollkommenheit. Unsere Lebensbedürfnisse beruhen auf Vollkommenheit: Wir wollen saubere Häuser, saubere Städte, gutes Essen, schöne und gesunde Kinder, ein vollkommenes Familienleben, einen guten Charakter, einen starken Willen, Selbstachtung und vieles mehr. Der Yogi achtet darauf, sich selbst zu vervollkommnen, und erlangt so das höchste Glück des Geistes.

Wünsche nicht, wie ein anderer zu sein. Sei offen für das Höchste und sei, was du bist.

Unser Bewusstsein von der vergänglichen Ebene zum Ewigen zu heben, ist das Ziel einer jeden bestehenden oder möglichen Religion in der Welt.

Warum nenne ich mich selbst einen Christen? Ist Religion für mich eine Wirklichkeit? Habe ich auch nur den hundertsten Teil wahrer Christenliebe verwirklicht? Habe ich Geduld mit meinem Nächsten? Habe ich die nötige Standhaftigkeit im Glauben, im Mut, in der Furchtlosigkeit? Was ist überhaupt christlich in mir? Mein Taufschein oder auch meine Mentalität? Wenn Christentum nichts anderes ist als mein Glaubensbekenntnis, dann sollte ich lieber zugeben, dass ich um nichts besser bin als jemand, der gar keine Religion hat.

Ein Atheist ist wenigstens ehrlich; aber was ist mein Glaube ohne Taten mehr als Heuchelei?

Geistigkeit muss auf die praktische Ebene des Lebens gebracht werden. Zu was ist sie sonst gut? Geistigkeit muss das Herz und das Heim, den Einzelnen und die Menge, die Gesellschaft und die Nation erheben.

Derjenige ist wirklich ein geistiger Mensch, der einen unerschütterlichen Glauben an sich selbst hat und fähig ist, diesen auch in seinen einfachsten Gedanken und täglichen Handlungen zu verwirklichen.

Wahre Religion ist nicht für schwache Seelen. Sie ist nur für jenen Menschen, der den höchsten Grad des Gefühls für andere besitzt, seien sie nun Heilige oder Sünder, Unwissende oder Weise, Reiche oder Arme; für den Menschen, dessen Herz alle menschlichen Begrenzungen überschritten hat und alle Geschöpfe mit unendlicher Liebe umfasst.

Religion bedeutet, über alles Menschliche in uns hinauszugelangen und mit dem Göttlichen in Berührung zu kommen. Wo anders kann dies erreicht werden als in uns selbst?

Würde Religion auf ein Buch oder auf ein Gebäude beschränkt sein, was wäre dann leichter, als in eine Kirche zu gehen, um religiös zu werden? Religion ist der natürliche Zustand des Seins und Werdens, wofür wir letztlich bestimmt sind. Religiös ist ein Mensch, in dem der Geist zu erwachen beginnt. Seine Gedanken und seine Handlungen sind voller Licht und Weisheit, und er kennt den wahren Zweck seiner Geburt.

Es ist unmöglich, *Gott* oder *Geist*, den Lebensspender des Weltalls, mit unseren leiblichen Augen zu sehen. Geist kann nur innerlich wahrgenommen werden, und die Religion weist uns den Weg hierzu. Wahre Religion ist daher Verwirklichung des Geistes.

Der Glaube sagt: »Bete ohne Unterlass«; und die Wissenschaft sagt: »Strebe ohne Unterlass.« Beide ringen sie um Befreiung – der eine von der Versklavung, die andere von der Unwissenheit. Beider Wege aber müssen letzten Endes zu einem Weg verschmelzen; denn beide suchen das Licht. Der Glaube sucht Erlösung von den Fesseln des Fleisches, die Wissenschaft strebt nach Herrschaft über Geist und Materie. Beide müssen den Sieg erringen: Der eine durch die Kraft des Herzens, die andere durch die Macht des Denkens.

Abgesehen von einigen Menschen, unter ihnen der Heilige Franz von Assisi, hat in der westlichen Welt wohl kaum jemand Jesus wirklich verstanden. Er lehrte: »Das Himmelreich ist in euch«, aber der in der Materie verhaftete Mensch will diese Botschaft nicht hören, er verlangt nach einem materiellen, greifbaren Himmel. Wie könnte je ein solcher Mensch den Geist erfassen? Wer würde jetzt schon wagen zu behaupten, er habe diese erhabene Wahrheit verstanden und sei bereit, es zu beweisen? Der Prüfstein der Wahrheit ist ihre Verwirklichung. Wenn du dazu nicht fähig bist, befreie dich vorerst vom Aberglauben, und dann entwickle dich weiter ohne Unterlass, bis du das Ziel der Verwirklichung erreicht haben wirst.

Wenn die Seele nach dem Tod unsterblich ist, so muss sie auch jetzt – in diesem Augenblick – unsterblich sein, und wir leben, um es zu beweisen. Es ist der unsterbliche Hauch der Größten dieser Erde, welcher uns mitreißt, es ihnen gleichzutun.

Was bist du, wenn nicht Geist? Und wenn du nicht Geist bist, was bist du dann?

Alle heiligen Schriften bestätigen die Geburt Gottes im Menschen.

Wenn du mit Drohung und aus Furcht vor Sünde und Höllenfeuer in die Religion getrieben werden sollst, dann verwirf sie in gerechter Empörung. Es gibt nichts Schädlicheres für die Seele des Menschen, als wenn sein Glaube auf Furcht gegründet ist.

Die größte Religion in dieser Welt ist Kraft; und die größte Kraft in dieser Welt ist Religion.

Glaubenssätze (Dogmen) sind in den frühen Entwicklungsstufen der Menschheit von großer Wichtigkeit; wie ein kleiner Topf den zarten Setzling in seinem Wachstum schützt, durch den in die Höhe gewachsenen Baum aber zersprengt wird, so braucht erwachende Vergeistigung keine äußeren Stützen mehr. Der Mensch wird sich seiner wirklichen Kraft bewusst und entfaltet sein göttliches Wesen.

Was kann Erhebendes an einem solch unwürdigen Dogma sein, wie dem von der Strafe für menschliche Schwäche? Kehre zu Christus zurück und lerne, so stark, so liebevoll und so vergebend zu sein, wie ER es war. Wo anders könnte die Kraft deines Glaubens liegen?

Würdest du dein Kind – und wäre es auch für die schlimmsten Verbrechen – zu solch teuflischen Strafen wie Höllenfeuer und ewiger Verdammnis verurteilen? Würdest du nicht den Kleinen mit all deiner Elternliebe umfangen und ihn zu retten versuchen, statt ihn zu verdammen? Warum also solch barbarische Absichten *Gott* zuschreiben und aus der alles-belebenden, alles-erhaltenden und alles-liebenden Macht einen rächenden Vater machen?

Eine vernunftgerechte Religion, die sich auf die Hauptlehren des christlichen Glaubens stützt und von den Erkenntnissen der Wissenschaft getragen wird, ist der einzig annehmbare Weg für die geistige Entwicklung Europas. Nichts Geringeres vermag einen denkenden Menschen zu befriedigen.

Bete! Aber bete nicht um materiellen Gewinn, denn dies ist die Bitte eines Bettlers. Im Betteln liegt nichts Erhebendes. Ein wahres Gebet wird sofort erhört, denn du wirst daraus als ein verwandeltes Wesen hervorgehoben, gestärkt durch das innere Feuer des Geistes.

Gebet ist genau das Gegenteil dessen, wofür die meisten Menschen es halten: Gebet ist ein innerer Entschluss, der durch entsprechendes Handeln bekräftigt und ausgeführt wird.

Jedes Gebet wird durch den Eifer und durch die Bemühung erhört, die wir in dasselbe hineinlegen.

Gebet ist eine wunderbare Hilfe, denn es ist die einzige Gelegenheit, sich wirklich selber zu helfen.

Gebet ist einer der Wege, um zur Vereinigung mit dem Geist in uns selbst zu gelangen. Durch das Gebet versenken wir uns bis zu den Quellen unseres Seins in unserem innersten Herzen, und wir steigen daraus empor, erfüllt von einer geistigen Stärke, die jeder anderen Kraftentfaltung auf körperlicher oder verstandesmäßiger Ebene weit überlegen ist.

Bist du ein Dualist, so sei dein Gebet ein zweckgebundenes: »Möge meine Versenkung in dich, mein Gott, die in meinem Wesen schlummernde Kraft und Mannhaftigkeit erwecken. Möge der Geist der Furchtlosigkeit mich durch mein Leben begleiten und nichts anderes als Wahrhaftigkeit die Triebfeder meines Handelns sein.«

Bist du ein Monist und ziehst du es vor, Gott überall und in allem, ja sogar in dir selbst wahrzunehmen, dann laute dein Gebet: »Ich muss das Höchste offenbaren. Ich kann mich mit nichts Geringerem als mit dem Höchsten zufriedengeben.«

Die Welt hat mehr als genug von Gesprächen und Theorien über Gott. Wirf sie alle über Bord und gehe daran, deine eigenen Erfahrungen zu sammeln. Das Erlebnis der Verwirklichung des Göttlichen in dir ist der Beweis des Göttlichen. Wenn du es nicht verwirklicht hast, wo bleibt dann der Beweis? Fruchtlos ist alles Gerede, eitel und leer. Der Reiche beweist seinen Reichtum durch seinen Besitz, der Gelehrte seine Kenntnisse durch sein großes Wissen, und der vergeistigte Mensch beweist das Göttliche durch seine Vervollkommnung.

Es gibt keine geistige Autorität. Wenn es sie gäbe, wäre Erfahrung die größte.

Religion ist Privatsache und kann nicht kollektiv erlebt werden. Sie ist das individuelle Streben, das Höchste, Erhabenste und Edelste zu offenbaren.

Herz und Kopf sind wie zwei Schalen einer Waage. Durch ihren Einfluss müssen all unser Handlungen ausgewogen werden. Intellekt ohne Gefühl und Gefühl ohne verstandesmäßige Kontrolle werden zwangsläufig das Gleichgewicht des Lebens stören.

Wirkliche Taten entstehen im Herzen, reifen im Gehirn und werden durch die Hände vollbracht.

Taten leben, wenn du in ihnen lebst.

Ich sage, was mein Herz weiß, und ich weiß, was mein Herz sagt.

Warum den gegebenen Verhältnissen entfliehen? Oft sind es gerade diese Verhältnisse, die das Beste, was du zu geben hast, aus dir hervorholen.

Der Mensch wird durch die Verhältnisse geformt, und er ist es selbst, der sie verursacht.

Nur Feiglinge sind schwach.

Sei furchtlos und stark.

Die Welt achtet nur ihre Helden.

Sich zu behaupten, ist das Gesetz des Lebens. Wie sollten Feiglinge sich behaupten können? Unbarmherzig werden sie vom Strom der Umstände fortgeschwemmt! Der Held allein ist es, der wirklich lebt und die Erde genießt.

Nur ein Narr wird den Tod erwählen, statt mit seinem Schicksal zu ringen, bis es ihm zu Füßen liegt.

Jeder Atemzug, den du nimmst, hat eine Rückwirkung. Jeder Gedanke, den du denkst, hat eine Rückwirkung. Darum handele, wissend, was du willst.

Kein anderer verursacht unser Elend. Kein anderer verursacht unser Glück. Wir allein verursachen unser Elend. Wir allein verursachen unser Glück.

Ich will nicht einen Lehrer haben, der mich beeinflusst. Ich will aber einen Lehrer, der mich lehrt, mich nicht beeinflussen zu lassen.

Unabhängigkeit im Denken ist das erste Kennzeichen der Freiheit. Ohne sie bleibst du ein Sklave der Umstände.

Lasse in deinem Gehirn kühne und furchtlose Gedanken entstehen, und lasse jeden deiner Atemzüge, jedes deiner Worte, lasse alle deine Taten von diesen Gedanken durchdrungen sein. Das ist der Weg, Schwäche in Kraft, Knechtschaft in Freiheit, Todbringendes in Lebenspendendes zu verwandeln.

Und wenn die Schriften die größten Wahrheiten enthalten! Und wenn die Propheten der Menschheit ihre Botschaft verkünden! Und wenn die Überlieferung ihre tausend Türen hütet! Und wenn die Gesellschaft ihre geheiligten Regeln hochhält! Lasse sie alle zu dir sprechen. Derjenige ist ein Riese, der alles in sich aufnimmt und dennoch über alles hinaus gelangt.

Rohe Kraft ist nicht alles. Ein Stier mit all seiner Stärke bleibt immer nur ein Stier. Dem Menschen allein ist es gegeben, den Zustand primitiver Rohheit zu überwinden, indem er physische Kraft in geistige Macht verwandelt.

Wer seine tierischen Kräfte in Geistesmacht umwandeln kann, der speichert unermessliche Energien in sich auf. Jeder Fortschritt gründet sich auf die Beherrschung der tierischen Kräfte in uns. Lässt du diese Kräfte los, so ziehen sie dich erbarmungslos hinunter; vermagst du sie jedoch zu zügeln, so machen sie aus dem Menschen ein göttliches Wesen.

Der Geist strahlt aus jenem, der Hass, Furcht und Scham überwunden hat.

Zivilisation ist die Errungenschaft des materiellen Menschen. Kultur ist die Errungenschaft des geistigen Menschen. Zivilisation und Kultur müssen folglich der materielle und geistige Ausdruck des Menschen sein. Ein entwickelter Mensch ist somit jener, der zugleich zivilisiert und kultiviert ist.

Auf diesem großen Tummelplatz des Lebens entwickeln wir unseren Körper und unsere Seele. Religion ist die Verwirklichung gesunder Ideen, welche die Seele stärken und ihr verhelfen, das Höchste, Edelste, Erhabenste und Göttlichste in ihr zu offenbaren.

Die Sybillen aus alter Zeit sind noch lebendig und rufen mit ihren Orakeln die Menschenherzen wach. Ist auch die Hand hastig und vorschnell in ihrem Tun und der Kopf verwirrt, das Herz ist da; immerzu pochend, ermahnt es uns zu ernsthaftem Handeln, gesundem Denken und beherrschtem Tun.

Nie war die Welt verloren, und nie wird sie es sein. Auch die verheerendsten Katastrophen hinterlassen eine gesunde Lehre für die Menschheit, die daraus Nutzen ziehen und sich daran entwickeln kann.

Der Mensch lernt wirklich! Er sehnt sich nach dem Guten – daher verlangt es ihn nach Gott. Wird der Mensch seine Göttlichkeit verwirklichen können? Wenn der Wunsch da ist, wird er nicht unerfüllt vergehen.

Der Mensch ist ein allmächtiges Wesen. Seine Erfahrungen werden einst den schlafenden Riesen in ihm wachrufen, auf dass er sich erhebe und seine eigene Größe und Kraft bezeuge. Sind nicht des Menschen Errungenschaften ein Zeugnis seiner Größe und seiner unbegrenzten Natur? Wird er nicht immer Neues erringen? Hat er schon alle Seiten des Lebensbuches beschrieben? So unermesslich wie die Himmel sind, so unermesslich sind des Menschen Möglichkeiten.

Die große Spaltung in unserer Erziehung beruht auf einer Spaltung zwischen Eltern, Lehrern und Priestern. Nur wenn diese zusammenarbeiten, können unsere Kinder jener Erziehung teilhaftig werden, die sie benötigen. Heim, Schule und Kirche müssen in der Vorstellung des Kindes einen einzigen Begriff, niemals aber verschiedene Begriffe darstellen. In alten Zeiten wurden die Kinder in Indien von ihren Gurus oder geistigen Lehrern erzogen, die sie in körperlichen, intellektuellen und geistigen Wissenschaften gleichermaßen unterwiesen. Eine Erziehung, bei der eines dieser drei Wissensgebiete fehlt, ist nur eine Teilerziehung; und eine Teilerziehung ist keine Erziehung.

Aus Mangel an Selbstbeherrschung werden heutzutage viele widerwärtige Gewohnheiten gutgeheißen. Das Rauchen in Straßenbahnen, Zügen, Flugzeugen, Kinos und Büros zeugt von unserer Rücksichtslosigkeit und Gleichgültigkeit gegenüber unseren Mitmenschen. Abgesehen von den zunehmenden Krankheiten als Folge dieser Gewohnheit ist die Wirkung nicht nur ein individueller, sondern auch ein nationaler Niedergang. Eine untergrabene Gesundheit ist ein weit mächtigerer Feind als jeder politische Gegner.

Das Wesentliche der christlichen Religion – »Liebe deinen Nächsten wie dich selbst« – ist heute zu leeren Worten entartet. Nicht Schwätzer wollen wir sein, sondern ernsthafte Arbeiter mit gesundem Menschenverstand und einem starken Rückgrat, um das mächtige Gebäude gegenseitigen Verstehens aufzurichten, wodurch wir lernen, unsere wahre Natur – Tugend, Kraft, Weisheit und Frieden – zu offenbaren.

Unsere viel gerühmte Zivilisation hat eine ansehnliche Höhe erreicht. Was kann sie uns mehr bieten als saubere, technisch vollkommene Städte, schnelle Fahrzeuge, Hygiene und gute Nahrung? Aber nicht Bequemlichkeit für den Körper sollte das Ziel der Zivilisation sein, sondern Kultur. Zivilisation fördert den materiellen Wohlstand des Menschen, doch sollte sie ihn dazu führen, dass er die schlichte und reine Ausdrucksweise des Herzens erlernt und in dessen kultivierter Sprache spricht.

Beurteile einen Menschen nicht nach seinen Fehlern. Achte vielmehr auf seine Tugenden und hilf ihm, sie selbst zu sehen. Die Kraft seiner Tugenden wird ihm helfen, seine Schwächen zu überwinden.

Wenn du von deinen Mitmenschen Vollkommenheit erwartest, dann lasse sie wenigstens fühlen, dass du an die Vollkommenheit ihrer wahren Natur glaubst.

Wer niemals irrt, vollbringt niemals etwas.

Zehntausend Mal zu fallen, heißt, sich zehntausend Mal wieder zu erheben.

Keiner ist zu niedrig geboren, um nicht emporsteigen zu können. Wer emporsteigt, kommt aus der Tiefe.

Lasse von früher Kindheit an stärkende Gedanken in dich eindringen. Öffne dich für diese und nicht für schwächende und lähmende Gedanken. Sage in dir: *»Ich bin das Selbst,* das ewig freie, das ewig starke, unsterbliche *Selbst.«* Lasse diese Worte in deiner Seele erklingen wie einen Gesang, und an der Pforte des Todes bekenne immer noch: *»Ich bin das Selbst.«*

Beschwichtige deine Zunge, um deine Seele zu erkennen. Beschwichtige deine Seele, um dein Selbst zu erkennen.

11. Betrachtungen

Eine Erziehung, die wahre Menschen hervorbringt, tut unserer Zeit not. Wenn unsere Eltern, Lehrer und Priester sie uns nicht gewährleisten können, verdient Erziehung den Namen nicht, den sie führt.

Als ein Schüler meines Meisters einst heftig das passive Wesen eines pessimistischen Mitschülers tadelte, bemerkte unser Meister freundlich: »Wenn es darum geht, einen andern zu bessern, ist Tadel genau so unfruchtbar wie seine passive Haltung dem Leben gegenüber. Zeige ihm lieber, wie er zuversichtlich werden kann.«

»Werft keinem Menschen Fehlerhaftigkeit vor«, lehrte unser Meister. »Seht ihr nicht, dass er sich die größte Mühe gibt, selbst – wenn auch nur wenig – vorwärtszukommen?«

Ich bat einst meinen Meister, mir zu helfen, gewisse Schwächen zu überwinden, da ich wusste, dass er dessen fähig war. Mit einem verständnisvollen Lächeln sagte er: »Aber mein Sohn, die Freude des Kampfes wäre dahin, und das Verdienst des Sieges wäre nicht dein!«

Unsere Pflicht besteht darin, unsere Kinder bis zu den Toren der Reife zu begleiten und sie dann selbstständig sich weiter entwickeln zu lassen. Das einzige Rüstzeug, das sie für das Leben benötigen, ist ein Ideal des weltlichen und religiösen Wissens, verkörpert durch ihre Eltern, Lehrer und Priester. Das richtige Vorbild ist die beste Stütze einer wirklichen Erziehung.

Das Wort »Yogi« müssen wir zuerst einmal in seinem wahren Sinn erfassen. Es hat nichts zu tun mit sogenannten »Yogis«, welche verantwortungslos eine Menge unverdauter, von andern Verfassern entlehnte Gedanken reden oder schreiben, um sie unter dem Namen von »Yogi Soundso« herauszugeben. Solche Yogis schießen wie Pilze aus dem Boden Amerikas, Englands, Deutschlands und anderer Gegenden. Doch keiner von diesen hat die geringste Ahnung von dem, was Yoga ist. Es ist wirklich sehr einfach, vollkommen zu werden, indem man sich den Titel »Yogi« beilegt. Aber ist es so leicht, ein Yogi, ein vollkommenes Wesen, eine erleuchtete und befreite Seele, ein von allen menschlichen Unzulänglichkeiten Freigewordener zu werden, ohne jahrelange Anstrengungen und Kämpfe? Der Unterschied zwischen einem solchen wie ein Pilz aufgeschossenen Yogi und einem Gottmenschen ist so groß wie derjenige zwischen einem Steinchen und dem Himalaya oder zwischen einem Wassertropfen und dem weiten Ozean. Lasse dich von solchen selbst ernannten Schein-Yogis nicht täuschen und betrügen! Wenn du hörst, dass hier und da ein Yogi aufgetaucht ist, sieh dich vor!

Das Wort »Yogi« ist kein Titel, sondern bezieht sich auf einen Menschen, der, auf dem Lebensweg fortschreitend, das Ziel – die Stufe der Vollkommenheit – erreicht hat. Ein Yogi ist ein Mensch, der durch viele Jahre und Leben harter Selbsterziehung die Vollkommenheit als

Frucht seiner Anstrengung erlangt hat. Er hat das Ideal des Menschen in sich verwirklicht, welches das Wesen des Gottmenschen ist.

Der Mittelpunkt jeder bestehenden Religion ist ein großer Lehrer, der Wahrheit verkündet; die Massen folgen ihm. Ohne den Lehrer zerfällt das religiöse Gebäude. Die Veden sind die einzigen heiligen Lehren, welche nicht auf einer bestimmten Persönlichkeit oder Schrift gründen, sondern den Menschen als solchen zum Mittelpunkt der Evolution machen und ihn zu seiner letzten Stufe, der Göttlichkeit, erheben. Ihre Gesetze sind allumfassend und leiten des Menschen innere Entfaltung. Die Veden heben das Wesentliche im Menschen hervor – wobei es keine Rolle spielt, welchem Glauben er anhängt – und helfen ihm, sein Ziel zu verwirklichen. Deshalb betrachtet man sie als eine Universal-Religion, die einen Menschen innerhalb seines besonderen Glaubensbekenntnisses bessert. – Vivekananda sagt: »Eine Eigentümlichkeit der Veden ist, dass sie, als einzige religiöse Schrift, immer wieder erklären, der Gläubige müsse ihnen entwachsen. Die Veden sagen, sie seien nur für den noch wenig entwickelten Geist geschrieben worden; ist der Geist erwachsen, ist er den Veden entwachsen und muss seinen Weg weiter selber suchen!«

Nicht eine Erziehung, die nur auf Broterwerb ausgerichtet ist, brauchen wir heute, sondern wir wollen auch unsere Kulturbedürfnisse befriedigen. Erhebe dich über bloße körperliche Bedürfnisse und erstrebe jene wahre Erziehung, die dich für alle Zeiten auf die eigenen Füße stellt. Eine Erziehung, die uns unsere menschliche Würde vor Augen hält und uns frei und furchtlos ins Leben treten lässt, soll unser Ziel sein.

Drei Menschentypen schlafen die Nacht nicht durch: Die Rogis, die Bhogis und die Yogis. Die Rogis (Kranke) sind wegen ihrer Krankheit und ihrer Leiden wach, die Bhogis der Freuden und Vergnügen wegen, die sie genießen wollen, und die Yogis, weil sie die kurze Spanne des Lebens in Wachsamkeit und Meditation verbringen.

Das größte Epos der Welt ist das Mahabharata der Hindus, bestehend aus zweihunderttausend Versen in Sanskrit. In alten Zeiten war dieses nicht schriftlich festgehalten, sondern die Gelehrten wussten es auswendig. Heute noch begegnet man Menschen mit solch außergewöhnlichem Gedächtnis, welche das Epos vom Anfang bis zum Ende und umgekehrt, vom letzten Vers zurück bis zum ersten rezitieren können.

Idole gibt es keine in Indien. Das sogenannte »Idol« stellt das eigentliche Ideal dar. Es symbolisiert die Eigenschaften, wonach der Mensch strebt. Das Bild eines uns bekannten Menschen erinnert uns an ihn, aber das Bild ist auf keinen Fall die Person selbst. Gleicherweise sind die unzähligen Göttergestalten in Indien keine Idole, sondern personifizierte Eigenschaften Gottes. Das Kreuz wurde in Indien bei rituellen Zeremonien schon vor mehr als 2000 Jahren vor Christi Geburt verwendet. Das Dreieck stellt die Hindu-Trinität »Brahma, Vishnu und Shiva« dar, welche wiederum die drei Aspekte »Schöpfung, Erhaltung und Vernichtung« personifizieren. Die Svastika war die älteste Form des Kreuzes. Für die vier Elemente Feuer, Wasser, Luft und Erde wurde oft als Symbol das Quadrat genommen; der Kreis war ein Symbol der Unendlichkeit. Alle wurden als Symbole gebraucht, um dem Menschen zu helfen, sich in seine Andacht zu versenken. Auch wir Christen haben das Kreuz, das unsere Gedanken auf Jesus Christus lenkt. Die Taube kennen wir als Symbol für den Heiligen Geist und das Lamm als das große Opfer Christi, sich als Mensch auf der materiellen Ebene zu verkörpern. Aber diese bedeuten für uns ebenso wenig Idole wie für die Hindus ihre verschiedenen symbolischen Figuren.

*

Die Religion der Hindus ist äußerst logisch. Deshalb sehen wir, dass in Indien Wissenschaft, Logik und Philosophie mit den Glaubensoffenbarungen Hand in Hand gehen. Für die hinduistische Denkweise muss eine Religion logisch, wissenschaftlich und philosophisch sein.

Zu Lebzeiten von Mahatma Gandhi lernten die von Armut heimgesuchten Massen Indiens, sich ihrem Schicksal ohne Murren zu fügen.

Zu jener Zeit waren die politischen Spannungen stark, da Indien daran arbeitete, seine Freiheit zurückzugewinnen. Wegen der allgemeinen Trockenheit machte sich der Mangel an Nahrung und Wasser über das ganze Land fühlbar. Millionen Brunnen trockneten aus, die Flüsse erhielten keinen Zufluss mehr, die Felder waren von der stechend heißen Sonne versengt, Viehherden gingen ein, und eine große Hungersnot bedrohte das ganze Volk. Die Heimsuchungen derartiger Katastrophen in der Vergangenheit haben die Hindus gelehrt, ihr Schicksal in Stille zu ertragen. Leiden und Elend wurden aber unerträglich in jenen Jahren. Um ihr Unglück zu vergessen, ergaben sich viele Leute dem Trinken von Toddy (eine Art süßer Grog) und Arrak (besonders starkes alkoholisches Getränk).

Mahatma Gandhi erkannte die Gefahr und appellierte an die Vernunft der Leute. Doch nichts konnte diese dazu bewegen, das, worin sie den einzigen Trost für ihr Leiden sahen, aufzugeben. Die Schenken vermehrten sich dauernd. Die Getreuen und Jünger Gandhis gingen monatelang umher und baten die verstörten Menschen, der Trunksucht zu widerstehen. Als sich alles Reden als vergeblich erwiesen hatte, nahm Gandhi Zuflucht zu seinem unfehlbaren »passiven Widerstand«, der in einer eigenartigen Weise vor sich ging. Eines Tages, als ich von der Schule heimkam, bot sich meinen Augen ein äußerst seltsamer Anblick, an dessen Wirklichkeit ich vorerst kaum glauben konnte. Dort, vor dem Eingang mehrerer Schenken, lagen Gandhis Jünger auf der staubigen und schmutzigen Straße. Einer von ihnen, der ihr Anführer zu sein schien, stand in ihrer Mitte und wandte sich wie folgt an die Schenkenbesucher: »Wir erheben unsere Stimmen nicht mehr, liebe Freunde, wir bitten euch nicht mehr, wir erlassen auch keinerlei Verbote. Kommt, Freunde, tretet ein in euer Vergnügungslokal. Wir sind eure Diener. Betrachtet uns deshalb als demütiger als den Staub unter euren Füßen …« Mehrere prominente Persönlichkeiten der Stadt befanden sich in dieser auf der Erde liegenden Armee von Friedensaposteln. Universitätsprofessoren, Ärzte, Richter, Advokaten und Menschen aller Gesellschaftsschichten lagen vor den Leuten. Die Wirkung dieser Demonstration war erschütternd. Hunderte von Vorbeigehenden

folgten diesem Beispiel. Sogar solche, die gekommen waren, um ihren Trunk zu genießen, warfen sich auf die Straße. Selbst einige der Schenkenbesitzer waren durch den Anblick gerührt und zerschlugen die großen Gefäße mit Toddy, schlossen ihre Geschäfte zu, baten die Friedensstifter aufzustehen und heimzukehren. Mahatma Gandhi gewann viele seiner Kämpfe mit einer Kraft, die mächtiger war als das Schwert und der die besondere Macht eigen war, seine Feinde nicht nur von Hass zu befreien, sondern sie durch die Macht seiner großen Liebe zu gewinnen.

»Wie betrachtet man die Frauen in Indien?«, fragte neulich ein Schüler. »Als Mutter«, sagte ich. »Mütter bedeuten uns alles, und in jeder Frau sehen wir *die Mutter*, deshalb nennen wir sie auch so. Da wir durch die Mutter, die uns das Leben gibt, das Licht dieser Welt erblicken, halten wir sie in höchsten Ehren und gestehen ihr eine höhere Stellung zu als unserem Vater. Gesetzgeber aus uralter Zeit erließen Gesetze bezüglich der Frauen zum Wohl der menschlichen Gesellschaft, und diese Gesetze stehen auch heute noch in Kraft. Einige davon lauten:

»Der Hauptlehrer ist zehnmal verehrungswürdiger als der Unterlehrer; der Vater ist hundertmal verehrungswürdiger als der Hauptlehrer; doch die Mutter ist tausendmal verehrungswürdiger als der Vater.«

»Der Mund einer Mutter ist ewig rein.«

»Wenn den Frauen Ehre erwiesen wird, haben die Götter Gefallen daran. Wenn die Frauen nicht geehrt werden, wird kein Gebet erhört.«

»Wo die Frauen in Kummer leben, verdirbt die Familie bald. Wo die Frauen in Glück leben, gedeiht die Familie immer.«

»Der Mann ist Kraft, die Frau ist Schönheit; er ist regierender Verstand und sie mildernde Weisheit.«

»Eine Frau zu verachten, heißt, die eigene Mutter zu verachten.«

»Die Tränen einer Frau beschwören den Zorn des Himmels auf ihren Urheber herab.«

»Der Segen einer Mutter ist des Himmels Segen selbst.«

12. Yogi Padmasambhavas Worte

Es wird überliefert, dass Padmasambhava die Stufen des mystischen Weges wie folgt beschrieben habe:

1. Lesen einer großen Anzahl Bücher über die verschiedenen Religionen und Philosophiesysteme. Anhören mehrerer Gelehrter, die verschiedenen Lehren anhängen. Einige Methoden ausprobieren.
2. Die beste von den vielen geprüften Lehren annehmen mit Ausschluss aller anderen, genau wie der Adler ein einziges Schaf von der Herde fortträgt.
3. In einer bescheidenen Stellung bleiben, demütig sein im Benehmen; nicht versuchen, in den Augen der Welt auffallend oder wichtig dazustehen; doch hinter einer scheinbaren Bedeutungslosigkeit den Geist hoch über alle irdische Macht und über allem Ruhm schweben lassen.
4. Sich jeglichem Geschehen gegenüber gleichmütig verhalten. Hinnehmen, was das Schicksal bringt, und trotzdem unberührt bleiben. Keinen Unterschied zu machen in dem, was einem begegnet. Jegliche Anstrengung unterlassen, um etwas zu erlangen oder zu vermeiden. Alles, was kommt, mit unveränderlichem Gleichmut annehmen: Reichtum oder Armut, Lob oder Verachtung. Verzicht auf die Unterscheidung zwischen Tugend und Laster, ehrenvoll und schändlich, gut und böse. Niedergeschlagenheit vermeiden, ebenso fruchtlose Reue, was man auch getan, und andererseits sich nie überlegen oder stolz fühlen, was man auch ausgeführt haben mag.
5. Mit vollkommenem Gleichmut, mit vollkommener Loslösung die sich widersprechenden Ansichten und die verschiedenen Offenbarungen der tätigen Lebewesen betrachten. Verstehen, dass dies das innere Gesetz alles Geschaffenen, die unvermeidliche Handlungsweise jedes Wesens ist, und immer heiter bleiben. Auf die Welt schauen wie ein Mensch, der auf dem höchsten Berg der Umgebung steht und die unter ihm sich ausbreitenden Täler und niedrigeren Gipfel betrachtet.

13. Kindermund

Der Kleine kommt zur Mutter und sagt, in der Hoffnung, sie zum Spielen zu gewinnen: »Mutter, ich bin so allein.« Die Mutter erklärt ihm: »Mein Kind, du bist nie allein, immer ist der liebe Gott mit dir.« Der Kleine antwortet schroff: »Nein, Er ist nicht mit mir, Er ist nicht da.« Dann nach kurzem Bedenken: »Und wenn Er dennoch da ist, dann bin ich eben *mit* dem lieben Gott ganz allein.«

Die Mutter betet mit ihrem Kleinen: »… Im Namen des Vaters, des Sohnes und des Heiligen Geistes, Amen.« Da fügt der Kleine hinzu: »Und der heiligen Mutter Gottes.« Auf die Frage, wieso er noch die Mutter Gottes erwähne, erwidert er lakonisch: »Sie muss doch für die Drei kochen!«

Nach einer Meinungsverschiedenheit zwischen den Eltern und dem kleinen Sohn meint der Kleine: »Ich gehorche euch – aber nicht etwa weil ihr recht habt, sondern nur, weil ihr meine Eltern seid.«

»Sag einmal, Christian«, fragte eine besorgte Mutter, »wie kommt es, dass ich dich abends nie an deinem Tisch sehe, um Aufgaben zu machen? Wie hast du denn dein Examen bestanden?« Sie befürchtete nämlich, ihr achtjähriger Sohn schreibe seine Aufgaben von anderen ab. Doch ohne einen Augenblick zu zögern, antwortet der Sprössling: »Das ist Yoga, Mutter!«

14. Worte des Vivekananda

»Der Körper ist nur die äußere Hülle des Geistes. Was immer der Geist dem Körper befiehlt, der Körper muss gehorchen.

Wer wirklich ein Yogi sein möchte, muss ein für allemal jenes Herumkosten an den Dingen sein lassen. Ergreife eine einzige Idee. Mache diese Idee zum Inhalt deines Lebens; denke daran; träume davon; lebe aus dieser Idee. Lasse Gehirn, Muskeln, Nerven, jeden Teil deines Körpers von dieser Idee erfüllt sein und kümmere dich um sonst keine. Das führt zum Erfolg, und auf diese Weise werden die Großen des Geistes geformt.

Eine Handvoll starker Männer würden die Welt bewegen. Wir brauchen ein Herz, das fühlt, ein Gehirn, das denkt, und einen kräftigen Arm, der handelt.

Ich stehe für die *Wahrheit*. Die Wahrheit wird sich nie mit Falschheit mischen. Auch dann, wenn die ganze Welt gegen mich ist, muss die Wahrheit schließlich siegen.

Diejenigen, welche immer niedergeschlagen und mutlos in diesem Leben sind, können nichts vollbringen. Von Leben zu Leben kommen und gehen sie jammernd und trauernd. Die Helden genießen die Erde. Das ist die unfehlbare Wahrheit. Sei ein Held. Sage immer: »Ich habe keine Angst.« Sage das einem jeden: »Habe keine Furcht. Sei furchtlos. Sei furchtlos.«

Immer soll die Seele frei sein. Wir müssen frei sein von jeder Bindung, auch wenn sie noch so angenehm ist.

Die am höchsten stehenden Menschen sind ruhig, still und unbekannt. Es sind die Menschen, die wirklich die Macht des Gedankens kennen; sie wissen, dass, selbst wenn sie sich in eine Höhle einschlössen, dort bloß fünf wahre Gedanken dächten und dann stürben, diese fünf Gedanken in alle Ewigkeit fortleben würden. Denn fürwahr, solche wahren Gedanken werden durch Berge dringen, Meere überqueren und über die ganze Welt wandern. Sie werden tief in die Herzen und Gehirne der Menschen dringen und Männer und Frauen erwecken, die ihnen in Menschenwerken sichtbar Ausdruck verleihen.

Das ganze Geheimnis des Lebens ist, keine Furcht zu haben. Fürchte nie, was aus dir wird. Sei von niemandem abhängig. Erst dann bist du frei, wenn du alle Hilfe ablehnst.

Schaue zurück auf deinen langen Weg, vom Stadium der Amöbe bis zum Menschen. Wer hat das alles zustande gebracht? Dein eigener Wille. Kannst du die Allmacht des Willens verneinen? Das, was dich so hoch hinaufgebracht hat, kann dich auch noch höher bringen. Was du brauchst ist Charakter und Stärkung der Willenskraft.

Die absolute Kontrolle über die Natur in uns, und nichts Geringeres, soll unser Ziel sein. Wir müssen Herr und nicht Sklave der Natur sein; weder Körper noch Gedanken und Gefühle sollen uns beherrschen. Wir sollen auch nicht vergessen, dass der Körper uns gehört, nicht wir dem Körper.

Konzentration bringt dem Körper, den Gedanken und Gefühlen vollkommene Ruhe, so oft wir sie üben.

Jedes Mal, wenn wir Hass oder Wut beherrschen, bedeutet das, dass wir viel gute Energie zu unseren Gunsten aufgespeichert haben; diese Energie wird umgewandelt in höhere Kräfte.

Ruhig zu sein, ist der größte Ausdruck von Kraft. Tätigkeit ist die Offenbarung von geringerer, Ruhe hingegen von höherer Kraft.

Klammere dich nicht an alten Aberglauben, halte dich immer offen für neue Wahrheiten.

Kein blinder Glaube kann dich erlösen, arbeite selber an deiner Erlösung.

Das Gute ist der Wahrheit nahe; aber es ist noch nicht die Wahrheit selbst. Wenn wir gelernt haben, uns vom Schlechten nicht beeinflussen zu lassen, müssen wir lernen, unser Glück nicht vom Guten abhängig zu machen. Wir müssen entdecken, dass wir jenseits von Gut und Böse sind.«

Du Gott der Kraft

Swami Vivekananda gewidmet

Du Gott der Kraft!
Der jäh erscheint der Welt,
Zu Staub zerschlägt auch ihre Fesseln!
Der kommt wie ein Komet,
Zur Tat bewegt des Menschen schlummernd Herz!
Mit Donnerstimme
Die tote Menschenseele erweckest du!
O Krieger!
Allein über das Schlachtfeld schrittst du unter
Scharen lobpreisender Götter hin.
Ein Wetterleuchten blitzt an Helmes Statt,
Dass blend' den Feind!
Den ew'gen Marsch der Menschheit
Trommelst du auf den Veden,
Und hell schallt' deiner Posaune
Klang über Berg und Tal:
»Steh auf! Wach auf! und bleib nicht
Stehen, bis du erreicht das Ziel!«

Du Bharatas[1] edelster Sohn!
Deine Kinder riefen, du hörtest, du
Kamst, an der Hand uns zu nehmen
Und sprachst:
»Werft ab euren Schlaf, eure Trägheit!
Werft ab die Gefangenenketten!
Werft ab eure Schwäche, werft ab euer Leid!
Gebunden ist, wer es glaubt, und frei ist,
Wer sich sagt frei!
Steht auf! Wacht auf! und schreitet!«

---

1 Bharata und Aryavartha sind verschiedene Namen Indiens.

Du Krieger! Du leuchtende Fackel des Lichts!
Einer deiner Gedanken genügt,
Dass Mut durch unsere Adern fließ',
Und stürze sich ins Herz,
Und sprech' in kühner Tat!
Deine Botschaft hören wir durch alle Ewigkeit:
»Sei tapfer!
Sei furchtlos!
Sei frei!
Beug dich nicht und bleib nicht stehen!
Steh auf! Wach auf! und schreite!«

Gebeugt in Knechtschaft lagen wir tief
Gedeckt mit dem düsteren Staub von
Jahrhunderten. Ergriffen von deiner Kraft
Erwachte Bharata und atmete auf.
Was du einst nur in sein Ohr gehaucht
Widerhallt nun in seinem Herzen:
»Steh auf! Wach auf! Aryavartha[2]!
Steh auf! Wach auf! und bleib nicht
Stehen, bis du das Ziel erreicht!«

Gerissen des Traumes Vorhang,
Vorbei der Schlaf, erhebt sich Bharata
Wiederum zu verkünden der Welt die
Botschaft seines Helden, und dessen Willen
Zu erfüllen, ruft es
Über Berg und Tal:
»Steh auf! Wach auf! und bleib nicht
Stehen, bis du das Ziel erreicht!«

---

2 Bharata und Aryavartha sind verschiedene Namen Indiens.

15. Weisheiten aus dem Mahabharata

Was wiegt schwerer als die Erde?
Was ist höher als der Himmel?
Was eilt schneller als der Wind?
Was ist zahlreicher als Gras?

Die Worte einer Mutter wiegen schwerer als die Erde.
Der Vater steht höher als der Himmel.
Der Geist eilt schneller als der Wind, und
Die Gedanken sind zahlreicher als die zahllosen Halme des Grases.

***

Wer ist ein Freund auf der Reise?
Wer ist ein Freund zu Hause?
Wer ist der Freund des Kranken?
Wer ist der Freund des Sterbenden?

Der Freund auf der Reise ist die Karawane.
Der Freund zu Hause ist die Ehefrau.
Der Freund des Kranken ist der Arzt.
Der Freund des Sterbenden ist die Gnade.

***

Welcher Feind ist am schwersten zu besiegen?
Welche Krankheit hat kein Ende?
Welcher Mensch ist gut und
Welcher ist schlecht?

Am schwersten ist der Zorn zu besiegen.
Habgier ist die Krankheit ohne Ende.
Gut ist, wer alle Wesen liebt, und
Schlecht ist der Mensch, dessen Herz weder Barmherzigkeit noch Mitleid kennt.

***

Was ist der Weg zum Himmel?
Wahrhaftigkeit.
Wie findet ein Mensch das Glück?
Durch richtiges Benehmen.
Was muss er unterwerfen, um Kummer zu vermeiden?
Seine Gedanken.
Wann wird ein Mensch geliebt?
Wenn er ohne Eitelkeit ist.

IV. INDISCHE MÄRCHEN UND LEGENDEN

1. Indische Erzählungen

Der Brunnenfrosch

Es lebte einmal ein Frosch in einem Brunnen. Er hatte sehr lange dort gelebt, denn er war dort geboren und auch dort aufgewachsen. Es war ein sehr kleiner Frosch. Eines Tages kam ein anderer Frosch, der im Meer gelebt hatte, und fiel in den Brunnen. Der Brunnenfrosch fragte den Neuangekommenen: »Woher kommst du?« Der Meerfrosch erwiderte: »Ich komme vom Meer.« Der Brunnenfrosch erkundigte sich: »Das Meer! Wie groß ist das Meer?« Der Meerfrosch antwortete: »Es ist sehr groß!« Der Brunnenfrosch streckte seine Beine und fragte: »Ah, ist dein Meer so groß?« Der Meerfrosch sagte: »Viel, viel größer!« Der Brunnenfrosch hüpfte mit einem Sprung von der einen Seite des Brunnens zur anderen und fragte: »Ist es so groß wie dieser mein Brunnen?« – »Mein Freund«, erwiderte der Meerfrosch, »wie kannst du das Meer mit deinem Brunnen vergleichen?« Der Brunnenfrosch jedoch behauptete: »Nein, nichts kann größer sein als mein Brunnen; wahrhaftig, nichts kann größer sein. Dieser Kerl ist ein Lügner. Er muss hinausgeworfen werden!« Genau so verhält es sich mit den engstirnigen Menschen. In ihrem eigenen kleinen Brunnen sitzend, denken sie, dass die ganze Welt nicht größer ist als ihr Brunnen.

Der gierige Bettler

Es geschah, dass ein Bettler in seiner Hängematte lag und mit offenen Augen davon träumte, wie er reich werden könnte. Über ihm hing ein Topf voll Reis, welchen er durch Betteln gesammelt hatte. Täglich kochte er sein kärgliches Mahl und versorgte den Rest des Reises in dem Topf.

»Wenn eine Hungersnot ausbricht, werde ich den Reis für drei Goldstücke verkaufen«, dachte er, »und damit werde ich zwei weibliche Ziegen kaufen. Deren Milch und deren Zicklein werde ich verkaufen und Kühe erwerben. Ihre Kälber werde ich zu Geld machen und Büffel und Pferde kaufen. Wenn ich diese verkaufe, werde ich viel Gold besitzen. Ich werde Land und Vieh, Pferde und Herden kaufen und werde glücklich leben. Dann wird mir ein wunderschönes Weib mit Mitgift angetragen werden. Sie wird mir einen Sohn gebären. Er wird auf meinen Knien spielen, und ich werde ihm süße Lieder singen. Wenn er in die Nähe der Pferde geht, könnte es sein, dass sie ihn treten, und ich werde meine Gattin bitten, ihn in Sicherheit zu bringen. Und wenn sie mir nicht gehorcht, so werde ich sie schlagen.« – So lebhaft waren die Bilder seiner Träumerei, dass er, davon hingerissen, mit der Faust ausschlug und – den Topf mit Reis traf. Dieser zerbrach, und der Reis rieselte mitten in sein mit offenen Augen träumendes Gesicht.

Der eitle Lehrer

Ein Brahmanen-Lehrer ging zum König und schickte sich an, diesem seine Kenntnisse der Bhagavad Gita darzulegen. Der weise König erkannte die Eitelkeit des Mannes und sagte: »Studiere sie zuerst selbst. Wenn du sie kennst, werde ich zu dir kommen, oh Pandit.« – »Warum? Ich kenne jeden Buchstaben dieser heiligen Schriften!« Nichtsdestoweniger ging er nach Hause und studierte das Buch. Zum König zurückgekehrt, sagte er: »Ich habe jedes Wort auswendig gelernt. Ich werde dich unterweisen, oh Maharaja!« Der König erteilte ihm dieselbe Antwort wie vorher. Darüber erzürnt ging der Lehrer wieder nach Hause und setzte sich noch einmal zum Studium hin. Schon am nächsten Tag erschien er wieder vor dem König und wiederholte sein Begehren. Der König lächelte jedoch und sprach: »Oh Brahmane, sobald du die Gita kennen wirst, werde ich zu dir kommen.« Niedergeschlagen und verärgert ging der Lehrer nach Hause und fragte sich: »Was meint wohl der König? Was kann es in der Gita geben, das ich noch nicht kenne?« Er verriegelte seine Tür und begann jede Zeile, jeden Gedanken und jedes Wort des heiligen Buches zu studieren. Tage vergingen, Monate vergingen und Jahre vergingen. Eines Tages dachte der König: »Was ist wohl mit jenem Pandit geschehen? Wo kann er sein?« Und so machte er sich auf die Suche nach dem eitlen kleinen Mann. Endlich, nachdem er vergebens die ganze Stadt durchsucht hatte, kam er zu einem kleinen vernachlässigten Haus, und dort, in einem Raum, fand er eine bewegungslos sitzende Gestalt, die in Licht, Frieden und Liebe erstrahlte. Seine Eitelkeit hatte ihn verlassen, denn Licht war ihm zuteil geworden. Er hatte Licht gesehen und war selbst Licht geworden. Zu Füßen der wundervollen und schweigenden Gestalt niedersinkend, sagte der König: »Ich sehe dir an, dass dir Licht gedämmert hat. Wenn du dich immer noch herablassen willst, mich zu lehren – hier ist einer deiner Diener.«

Wer ist der Wichtigste?

Es geschah einmal, dass zwischen den fünf Sinnesorganen und der lebenswichtigen Kraft »Prana« ein heftiger Streit ausbrach. Jeder der Beteiligten behauptete, der unerlässlichste Arbeiter im menschlichen Körper zu sein. Die Augen beanspruchten die unerlässlichsten Arbeiter zu sein, weil sie die Macht des Sehens besaßen, wessen die anderen Organe unfähig waren. – Die Ohren erhoben Anspruch die unerlässlichsten zu sein, weil sie alles zu hören vermochten. – Die Geschmacksorgane beanspruchten Überlegenheit, indem sie erklärten, dass der Körper ohne Nahrung zugrunde gehen müsse.

Als alle ihre Argumente ergebnislos blieben, einigten sie sich und machten den Vorschlag, dass ein jedes seine Unerlässlichkeit beweisen solle, indem es seine Funktion zurückziehe. Das Los, sich zurückzuziehen, fiel als Erstes dem Prana zu. Kaum hatte das Prana begonnen, den Körper zu verlassen, als auch schon ein Schrei der Bestürzung und der Verzweiflung der fünf Sinnesorgane ertönte, da ein jedes von ihnen die das Leben aufrechterhaltende Kraft zu verlieren begann. In allgemeinem Einverständnis kamen sie überein, dass das Prana der Größte und Unerlässlichste unter ihnen sei.

Der Dieb und die Königstochter

Ein Dieb schlich sich in finsterer Nacht in den Palast eines Königs und hörte, wie der König zu der Königin sprach: »Ich werde unsere Tochter einem jener Sadhus (heilige Männer), die am Ufer des Flusses leben, zur Frau geben.« Der Dieb dachte für sich: »Nun, das nenne ich Glück! Ich werde mich morgen als Sadhu verkleidet unter die heiligen Männer ans Flussufer setzen. Vielleicht gelingt es mir, die Königstochter zu erhalten.« Dies tat er am nächsten Tag. Als nun die Offiziere des Königs erschienen und die Sadhus ersuchten, die Tochter des Königs zu ehelichen, wollte sich keiner dazu einverstanden erklären. Zuallerletzt traten sie zu dem als Sadhu verkleideten Dieb und machten ihm den gleichen Vorschlag. Der Dieb verharrte in Schweigen. Die Offiziere kehrten daraufhin in den Palast zurück und berichteten dem König, dass ein junger Sadhu vielleicht beeinflusst werden könne, die Prinzessin zu heiraten, und auch, dass keiner der anderen seine Zustimmung gegeben habe. Noch an demselben Tag suchte der König persönlich den Sadhu auf und bat ihn, ihm die Ehre zu erweisen, die Hand seiner Tochter anzunehmen. Doch das Herz des Diebes hatte sich bei dem Besuch des Königs gewandelt. Er dachte: »Siehe da, kaum trage ich das Gewand eines Sadhu, kommt schon der König zu mir und ist ganz höfliche Bitte! Wer kann sagen, ob die Zukunft, wenn ich wirklich ein Sadhu werde, nicht bessere Dinge für mich in Bereitschaft hält?« Diese Gedanken beeinflussten ihn so stark, dass er, anstatt sich unter falschen Vorwänden zu vermählen, seinen Lebenswandel noch am gleichen Tag besserte und sich bemühte, ein wahrer Sadhu zu werden. Er verheiratete sich nie und wurde einer der gläubigsten Asketen seiner Zeit. Schon die Nachahmung des Guten führt manchmal zu einem unerwarteten Erfolg.

Die Maus und ihre Freier

Yajnavalkya, der Weise, verrichtete, während er im Ganges badete, sein heiliges Ritual, als eine kleine weibliche Maus, dem Schnabel eines Habichts entfallen, vor ihm ins Wasser fiel. Sie wäre sicherlich ertrunken, wenn der gutherzige Weise sie nicht gerettet hätte. Nach beendeter Reinigungs-Zeremonie verwandelte er mittels seiner magischen Kräfte die Maus in ein kleines Mädchen, welches er seiner kinderlosen Frau zuführte und sagte: »Lasse es deine Tochter sein, meine Liebe. Lasse es unter deiner Liebe und Wachsamkeit zur Reife erblühen.«

Aus lauter Freude gewährte die beglückte Mutter ihrem Kind jegliche Freiheit und verwöhnte und verzärtelte es. Als nun das Mädchen das heiratsfähige Alter erreicht hatte, sagte die Mutter: »Lasse nicht gesagt sein, dass keiner unsere Tochter begehrt habe. Finde, oh mein Gatte, den vornehmsten Bewerber für ihre Hand.«

»So sei es«, sprach der Weise und gebot Surya, dem Herrn des Lichtes, vor ihm zu erscheinen. Er bot ihm seine Tochter zum Weib; das junge Mädchen jedoch weigerte sich, indem es sagte: »Vater, ihn kann ich nicht zum Gatten nehmen, denn er ist viel zu heiß. Rufe jemanden auf, der mächtiger ist als er.« In seiner Verzweiflung fragte der Einsiedler: »Sage mir, oh Herr des Lichtes, gibt es einen mächtigeren als du?« – »Ja«, sprach Surya, »die Wolke hat weit größere Verdienste als ich, denn wenn sie mich bedeckt, verschwinde ich.«

Sobald die Wolke erschien, wandte das Mädchen sein Gesicht zur Seite und begründete seine Absage mit den Worten, sie sei zu nass und zu kalt und ihr Antlitz sei viel zu düster anzusehen.

»Wer dann ist dir überlegen, und wer übertrifft dich in allem?«, erkundigte sich der Weise. »Der Wind«, so sprach die Wolke, »ist mir unendlich überlegen, denn er ist die größte Macht im Himmel, und er vermag nach Willkür uns zu formen und zu zerreißen.«

Als der Wind erschien, sagte die Jungfrau: »Nein, Vater, auch ihn nicht, denn er ist rastlos und wird nie zu Hause bleiben. Wähle einen mächtigeren als ihn.«

»Wer ist mächtiger als du?«, fragte der Weise. Und der Wind erwiderte: »Vater Berg, wegen seiner Kraft und Standhaftigkeit berühmt, ist mächtiger als ich.«

Als Vater Berg in Erscheinung trat, sagte das Mädchen: »Nein, Vater, auch ihn mag ich nicht. Er ist zu rau, zu steif, zu unbeholfen und zu hässlich. Ich bitte dich, wähle einen, der ihm überlegen ist.«

»Wer denn ist dir überlegen, Vater Berg?«, fragte der Weise. Und der Berg antwortete: »Mäuse sind mir überlegen, denn sie durchbohren mich.«

So befahl der Weise das Erscheinen einer Maus und gab sie seiner Tochter. Außer sich vor Entzücken, erkannte sie ihre eigene Gattung und bettelte: »Oh Vater, verwandle mich wieder zur Maus und lasse mich ihm die Hand zur Hochzeit reichen.«

Durch des Weisen Macht und Heiligkeit wurde das Mädchen wieder zur Maus, und er vereinigte die beiden in heiliger Ehe.

Obschon die edelsten Freier um ihre Hand angehalten, verweigerte sie sich der Sonne, der Wolke, dem Wind und dem Berg und beschloss, eine Maus zu ehelichen und auch selbst eine zu sein.

2. Vyasa und Sukadeva

Vyasa, der große Weise Bharatas, wünschte sich einen Sohn. Voller Demut betete und meditierte er in seiner Einsiedelei im Walde. Aber der Sohn weigerte sich, geboren zu werden, weil er befürchtete, dass seine Geburt viel Kummer und auch den Tod seiner Eltern verursachen

würde. Uma, die Göttin des Himmels, zog unaufhörlich den Schleier der Maya von den Augen des Knaben, so dass er die vergängliche Natur aller erschaffenen Dinge sehen konnte. Deshalb wollte er seinen Eltern nicht geboren werden; und er wusste auch, dass die Illusion der Schöpfung ihn nie glücklich machen könnte. Vyasa jedoch flehte zur Göttin, damit sie wenigstens für einen Augenblick die Wahrheit vor den Augen des Knaben verhüllen möge. Uma erhörte ihn, und im selbigen Augenblick wurde der Knabe geboren. Seine Eltern nannten ihn Sukadeva. Er war sechzehn Jahre alt, als sich seine Augen zum Gruß dieser Welt öffneten. Doch die Vergänglichkeit dieser Welt erblickend, machte er sich auf und verließ sein Heim.

Sein trauriger Vater folgte ihm und flehte, dass er zurückkommen möge. Sukadevas Augen aber blickten unverwandt auf die ewige Reinheit des Himalaya, die seinen Geist immer stärker zu sich zog. Je mehr er sich dem weißen Thron der Götter näherte, umso durchsichtiger wurde sein Leib, und als er erkannte, dass er aus der gleichen Substanz geschaffen war wie das Universum, schmolz er ein in das All. Vyasa weinte in tiefer Verzweiflung. Seine Stimme zerriss die Stille der Gebirge, als er rief: »Oh mein Sohn, Sukadeva! Oh mein Sohn! … Oh mein Sohn!« Doch die majestätischen Berge widerhallten als Antwort nur: OM … OM … OM …

Aber unentwegt und in immer wachsender Verzweiflung rief Vyasa nach seinem Sohn. Da kehrte Sukadeva von Mitleid erfüllt zurück und sagte: »Vater, was kannst du mir geben?« Da stand Sukadeva, überflutet von einem blendenden Schein, leuchtend wie die Mittagssonne, seine Augen vollkommenes Wissen und Seligkeit ausstrahlend und sein Antlitz erfüllt von Frieden. Vyasa war selber ein großer und verehrter Heiliger Bharatas, aber er erkannte, dass er da in der Gegenwart eines Menschen stand, dessen Erkenntnis größer war als seine eigene. Er faltete die Hände und, in Demut vor Sukadeva stehend, sagte er: »Oh mein Sohn, was könnten dir diese armen Hände geben? Was könnten diese armen Lippen zu dir sprechen? Ich besitze nichts als Armut. Aber es lebt in unserem Lande ein weiser König, Janaka, der durch seine Regierung und Erfüllung der täglichen Pflichten Frieden und

Vollkommenheit erlangt hat. Gehe zu ihm, und er möge dir Wahrheit künden.«

Da wandte Sukadeva seine Schritte zum Palast des Königs. Janaka wusste von dem Kommen des Sohnes des Weisen Vyasa und traf die nötigen Vorbereitungen, um die Wahrhaftigkeit Sukadevas auf die Probe zu stellen. Die Wächter des Palastes verwehrten dem Jüngling den Eintritt und wiesen ihn roh hinaus. Sukadeva jedoch wusste, dass er den König sehen musste und dieser ihn erwartete. So setzte er sich vor die Tore des Palastes und wartete ohne jegliche Nahrung drei Tage und Nächte. Sukadevas Gesicht zeigte keine Unzufriedenheit und keine Spur von Beleidigtsein – sein Gesicht strahlte Frieden aus. Am dritten Tage kam der König selber mit seinem Gefolge und empfing Sukadeva mit großem Pomp und Glanz. Er wurde in den goldenen Palast geführt. Er wurde gebadet, gekleidet und mit köstlichen Speisen bewirtet. Aber sein Gesicht war immer dasselbe. Er erhielt kostbare Geschenke – aber sein Gesicht war immer dasselbe, denn er war innerlich frei und haftete nicht an äußeren Dingen. Nachdem er viele Prüfungen bestanden hatte, gab ihm der König einen Becher Milch, gefüllt bis zum Rand. Diesen hatte er dreimal um den großen Saal zu tragen, mitten durch wunderschöne, verführerische Frauen, und kein Tropfen Milch durfte verschüttet werden. Die lockende Musik, die tanzenden Mädchen konnten Sukadeva nicht aus seiner Ruhe bringen – sein Gesicht blieb immer dasselbe. Endlich, als die schwierigste aller Prüfungen, verwandelte sich des Königs mächtigster Minister in eine wunderschöne Frau und stand vor dem jungen Mann in zauberhaftem Reiz. Sie war so schön, dass niemand ihren Anblick ertrug und alle die Augen senkten. Sukadeva aber ging hin zu der schönen Jungfrau, setzte sich neben sie, redete sie an als »Mutter« und sprach zu ihr über Gott. Da verwandelte sich die schöne Frau wieder in den Minister. Er ging zu seinem König und sagte: »Wisse, oh König, der Größte unter den Menschen ist Sukadeva.« Da rief der König den jungen Mann zu sich und sprach: »Sukadeva, alles, was zu wissen ist, das weißt du. Ich habe dich nichts zu lehren. Du magst zu deinem Vater zurückkehren.«

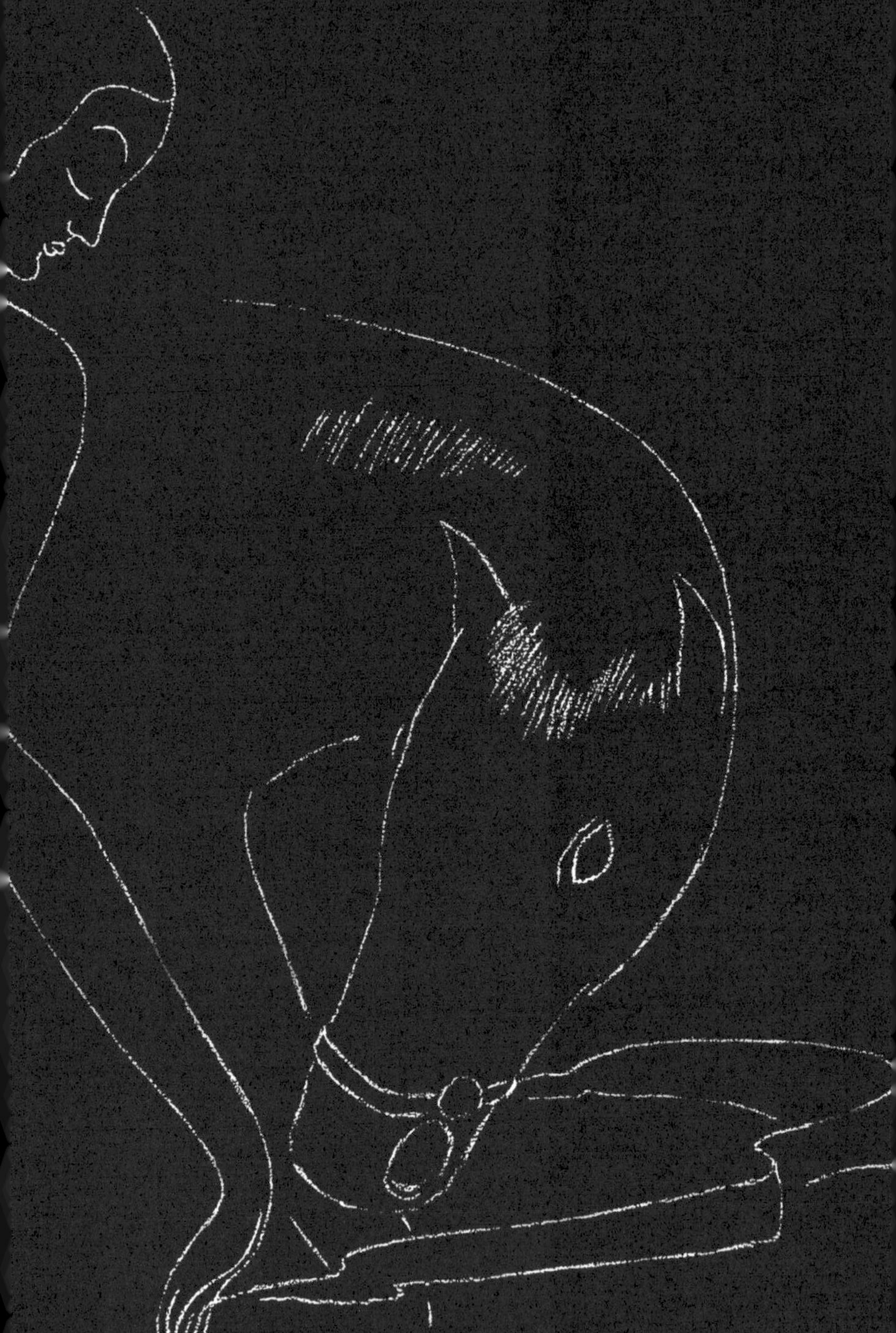

3. Buddha-Legenden

Vor mehr als 2500 Jahren wurde im schönen Land Bharata, einem kleinen Fürstentum des Nordens, ein Kind von königlichen Eltern geboren. Sieben Tage später starb seine Mutter. Seine Sterne verkündeten seltsame Begebenheiten, welche das Königreich landauf landab beängstigten. Es würde entweder als mächtiger Kaiser herrschen oder aber, dem unerbittlich erschreckenden Antlitz des Lebens begegnend, ein Asket werden. Die Prophezeiung enthielt die Weissagung, dass es durch vier Ursachen vom Leben abgekehrt werden würde: Alter, Krankheit, Tod und einem wandernden Mönch. Der geängstigte König bat seine weisen Ratgeber um ihre Ansicht und begann, seinen Sohn innerhalb der weitläufigen Schlossmauern vor jedem dieser verderblichen Vorzeichen zu behüten. Gehegt und gepflegt unter der zärtlichen Obhut des Königs, wuchs der junge Prinz Siddhartha auf. In seinen drei wohl bewachten Palästen waren alle Annehmlichkeiten des Lebens zu finden, und die Augen des Prinzen sahen keinen Alten, keinen Kranken, keinen Sterbenden und keinen Einsiedler. Seine Ohren vernahmen auch nichts vom Schicksal aller Sterblichen. – Die Zeit verging. Die Jahre der Kindheit waren vorbei, der Prinz reifte zum Jüngling heran und erreichte das heiratsfähige Alter. Der König hegte die größte Hoffnung, dass die heiligen Bande der Ehe den Prinzen Siddhartha dazu anhalten würden, seinen königlichen Pflichten nachzukommen und er eines Tages als Kaiser herrschen werde. Um seinen geheimen Wunsch zu verwirklichen und für den Prinzen eine passende Lebensgefährtin zu finden, gab der König seinem Sohn eine große Schmuckschatulle voll herrlicher Juwelen, damit er sie den schönen Prinzessinnen des Landes schenke. Das letzte kostbare Juwel war vergeben, der letzte freundliche Blick der Empfängerin empfangen worden – doch keine konnte die Liebe des edlen Prinzen erwecken. Zuletzt kam sie aber doch: Sie war schlank wie ein Reh, hatte große Lotosaugen und glich einer Gottheit des Himmels, die an Schönheit die Sterblichen übertrifft. Scheu schaute sie auf und bat um ihren Anteil. Es waren keine Juwelen mehr übrig, außer denjenigen, welche der Prinz selbst trug. Da zog er seinen eigenen kostbaren Ring vom Finger und legte ihn in jene Hände, welche die seinigen zu gewinnen strebten. Ihre Augen begegneten einander – und in jedem erwachte die Liebe zum anderen.

In jenen alten Zeiten war es Sitte, dass nur derjenige die Braut redlich gewinnen konnte, der alle anderen Freier sowohl im Bogenschießen und den übrigen Kriegsspielen als auch in geistiger Kraftentfaltung besiegte. Der große Tag kam. Hunderte von Königen und Prinzen vereinigten sich, um ihre Kräfte zu messen. Jeder gab sein Bestes, doch keiner konnte es mit Prinz Siddhartha aufnehmen, der seine Braut Yashodhara mit überragenden Taten gewann. – In Liebe vereinigt, lebten sie glücklich inmitten der unzählbaren Genüsse, welche die Paläste ihnen bieten konnten. Die besten Musiker, Sänger und Tänzer vom Land Bharata weilten dort: sie bereicherten das Schlossleben mit ihrer Heiterkeit und Fröhlichkeit, und der Palast glich wahrhaftig dem himmlischen Hof Indras. Trauer war unbekannt, Krankheit gab es nicht, Greise wurden nirgends gesehen und kein Einsiedler war nahe. Doch hatte der König niemals die schwerwiegenden Worte seiner weisen Brahmanen vergessen, und er hatte Befehl gegeben, den Prinzen niemals auf jene schlimmen Vorzeichen stoßen zu lassen. Er war immer damit beschäftigt, neue Vergnügungen zu erfinden.

Der Schöpfer aller Wesen und die Götter der Himmel hatten den Prinzen schon lange vor seiner Geburt für eine große Mission auf Erden auserwählt – denn er war in Wahrheit einer von ihnen. Er sollte ein neues Licht auf dem Weg der Völker der Erde verbreiten und ihnen einen Pfad aus Gebundenheit und Leiden zeigen. Die großen Himmlischen sahen, dass die Zeit nun gekommen war, da der Prinz sich erheben und seine göttliche Mission erfüllen sollte. Ihr Wunsch durchdrang das Weltall und die drei Welten im Augenblick – und drang so in das Herz des Prinzen. Auf einmal hörte das Feuer der Sinne auf, in ihm zu brennen. Ein Widerwille gegen die flüchtigen Freuden des Fleisches überkam ihn, nun er sah, das Leben könne ihm nicht mehr bieten, als er schon hatte. Welche Freuden er auch suchte, sie vergingen bald und veranlassten den Prinzen, über den Sinn des Lebens nachzudenken. Er wollte mehr vom Leben sehen und wissen. Er ließ seinen Wagenlenker Channa herbeirufen und befahl ihm, ihn in seine Stadt zu führen, um sie zu besichtigen.

Befehle wurden gegeben, die Stadt zu reinigen und sie für den Prinzen so herzurichten, dass sie einen erfreulichen Anblick böte. Nach dem Gebot des Königs durften weder Alte, noch Kranke, noch Tote in den Straßen gesehen werden, und kein Einsiedler durfte herumgehen … Doch wie groß auch die Sorgfalt gewesen war, jene vier Vorzeichen aufzuheben – eine Gottheit erschien in Gestalt eines armen, alten Menschen. Er ging gebeugt unter der Last seiner Jahre und schleppte seinen kränklichen Körper hin, bei jedem Schritt nach Atem ringend. Der Prinz hielt seine Pferde an und beobachtete, wie jenes seltsame Wesen sich vor ihm bewegte. Nie hatten bisher seine Augen solches gesehen. Nie hatte er bisher vom Dasein der Alten gewusst. Als er erfuhr, dass dies das traurige Los aller Sterblichen sei, wurde er in höchstem Grad von Mitleid bewegt und von jenem Anblick überwältigt. Er hörte, dass der Greis seinen letzten Tagen entgegensehe und bald vom Leben verlassen sein würde. Dieser Anblick gab dem Prinzen die Gewissheit, dass er sich in Bezug auf des Menschen Schicksal getäuscht hatte. Kummervoll kehrte er in seinen Palast zurück und gab sich der Betrachtung über die inhaltschwere Frage von Leben und Tod hin.

Die Zeit verging. Die Vergänglichkeit des Lebens brachte ihn zur Verzweiflung. Er wünschte, einen Ausweg aus dem unausweichlichen Los der Menschen zu finden. Er besuchte die Stadt ein zweites Mal. Da fiel sein Blick auf einen schwer Leidenden. Bekümmert fragte er Channa, ob des Menschen Los auch Schmerz sei. Ein andermal sah er einen leblosen, bleichen, unbeweglichen Körper – hergerichtet, um fortgetragen und verbrannt zu werden. Sein festes Vertrauen in diese Welt war erschüttert.

Eines Tages traf ein seltsamer Anblick sein Auge. Als er auf seinem Wagen durch die Stadt fuhr, sah er einen Menschen in gelbem Gewand, dessen Blick heiter und friedvoll war. Auch dieser war einer aus dem himmlischen Heere, der die Gestalt eines Asketen angenommen hatte, um des Prinzen Gemüt von der Welt fortzuziehen. Der Prinz stieg von seinem goldenen Wagen, näherte sich dem Einsiedler und äußerte den Wunsch, zu wissen, wer er sei.

»Wisse, oh Königssohn, ich bin einer, der die vergebliche Jagd nach Genuss aufgegeben und den Frieden gefunden hat. In dieser Welt bleibt nichts beständig, alles muss vergehen, wie lieb es einem auch sein möge«, antwortete der Bettelmönch, der aber nicht in seinem Gehen innehielt, sondern in der gewaltigen Menge verschwand. Von den Worten des Einsiedlers betroffen, konnte der Prinz in jener Nacht keinen Schlaf finden. Er beabsichtigte, die Welt aufzugeben und den Weg des ewigen Friedens, von dem der Yogi gesprochen hatte, zu betreten. Als der König alle jene Begebenheiten vernahm, wurde er sehr ernst und von Furcht überwältigt. Er sah sein Vorhaben, aus Prinz Siddhartha einen Kaiser zu machen, misslingen. So versuchte er nun, den Sinn seines bekümmerten Sohnes zu ändern, indem er von den Gefahren eines Wanderlebens sprach. Nichts konnte indessen den Sinn Siddharthas ändern, denn sein Geist war nun erfüllt von den Gedanken des Einsiedlers, den er gesehen hatte. Die Freuden des Palastes konnten ihn nicht länger gefangen halten. Die Familienbande konnten seine Seele nicht länger binden. Obwohl seine schöne Yashodhara einem Sohn das Leben geschenkt hatte, sah er lebhaft die Schatten des Todes auch auf die Gestalten seiner Lieben fallen. »Wie kann man ein bleibendes Glück in einer veränderlichen Welt finden?«, dachte er. »Wie können die Trugbilder dieser Welt dem Menschen ein Trost sein? Wie kann Yashodhara – oder mein Sohn Rahula – je dem Schicksal der Sterblichen entgehen?«

Eines Nachts, als alles im Palast schlief, fühlte er, dass seine Stunde gekommen sei: Er musste sich erheben und gehen. Er warf einen letzten Blick auf das schlafende Kind und seine Mutter und ging aus dem Saal. Die himmlischen Heerscharen versammelten sich, um den Prinzen fortgehen zu sehen. Channa, dem Wagenlenker, wurde in tiefster Nacht befohlen, das Pferd Kantaka zu holen. Traurig gehorchte er seinem Herrn. Vergeblich bat er den Prinzen, von seiner Abreise abzusehen; doch nichts konnte dessen Entschluss ändern. Vier geflügelte Gottheiten trugen das Pferd aus den Toren des Schlosses, so dass kein Lärm die Wächter wecken konnte. Zum letzten Mal auf dem Rücken seines herrlichen Hengstes ritt der Prinz bis zum Rand der Stadt, den er vor dem ersten Morgengrauen erreichte. Er gab sein Pferd Channa zurück, bat ihn, umzukehren, sich in den Palast zurückzuziehen und dem König tröstend mitzuteilen, dass sein Sohn einem Weg folge, welcher jenseits von Geburt und Tod führe, dass er Rettung für die ganze Menschheit suche. Das Pferd leckte dem Prinzen freudig die Hand, während Channa sich vor seinem Herrn niederwarf und bekümmert fortging.

Nun wandte sich der Prinz für immer von der Welt ab und suchte Entrinnen aus deren Eitelkeit, Vergnügungen und Schmerzen. Der unendliche Wald empfing ihn, der entschlossen war, ein mächtigeres als ein irdisches Königreich zu finden. Kaum hatte er das Reich der Natur betreten, erschien ein Deva, ein himmlischer Hüter, in Gestalt eines Jägers in zerfetzten Kleidern. Von Mitleid beseelt, schenkte ihm der Prinz seine mit Edelsteinen besetzten Gewänder und bedeckte sich mit den Lumpen des Jägers. Später anerbot sich ein anderes himmlisches Wesen in der Verkleidung eines Barbiers, des Prinzen Haupt zu scheren. Der Prinz, der bereit war, den Weg eines Einsiedlers zu beschreiten, ließ es geschehen. Auf seinem Wanderweg kam Siddhartha in viele Einsiedeleien und begegnete vielen heiligen Männern. Jeder lehrte ein System, das die Menschheit aus Düsterkeit, Unglück und Tod in ein himmlisches Sein führen sollte, und dennoch vermochte ihm keiner den Weg zu weisen, welcher zur Beendigung von Lust und Leid, von Geburt und Tod führte. Viele bemitleideten den Prinzen und sprachen von den Härten eines asketischen Lebens ohne Bequemlichkeit. Andere wiederum versuchten, ihn zur Umkehr zu bewegen und rieten ihm, zurückzukehren in das für den Menschen bestimmte Leben voller Freuden und Vergnügungen. »Wo Freude ist, dort ist auch Schmerz«, dachte der Prinz, – »denn die Freude vergeht und zurück bleibt der Schmerz.« Er sann über die vergänglichen Lustbarkeiten des Palast-

lebens nach und erinnerte sich des Elends, das er bei seinem Besuch in der Stadt angetroffen hatte. Lebhaft stieg die Erinnerung seiner Begegnung mit Alter, Krankheit, Tod und Einsiedlertum in ihm empor. »Was geboren wird, muss sterben«, überlegte der Prinz, »und nichts auf dieser Erde kann dem Tod entgehen.« Entschlossen, das Rätsel von Leben und Tod zu ergründen, gelobte der Prinz, nicht eher von seinem Sitz aufzustehen, als bis er die Antwort gefunden hätte. Er nährte sich von wenig Korn, das kaum genügte, das Leben in seinem Körper zu erhalten. Die harten Entbehrungen zeichneten seinen Körper, und wer immer ihn sah, war erfüllt von Ehrfurcht und Angst. Inzwischen erschienen viele Abgesandte aus seines Vaters Königreich. Sie bemühten sich vergebens, den Prinzen von seinen festen Gelübden abzubringen. »Sollte ich die Erleuchtung nicht erreichen«, sprach er, »und sollte ich in meinem Streben sterben, so bringt mich zu meines Vaters Haus und begrabt dort meinen Leib.« Tag wurde zu Nacht und Nacht wurde zu Tag. Keine Erleuchtung kam. Die Jahreszeiten wechselten vom fröhlichen Frühling zu des Winters Düsterkeit, doch keine Erleuchtung kam. Sein Körper wurde schwach und blass wie derjenige eines Menschen, der dem Sterben nahe ist, aber die strengen Selbstpeinigungen blieben ergebnislos. So nahm er wieder Speise und Trank zu sich, dargebracht von den einfachen Menschen aus dem Dorf.

Es wurde erzählt, dass Sujata, die fromme Tochter des Dorfoberhauptes – welcher selbst Zeuge der Begebenheit war – im Traum durch Engel aufgefordert worden sei, den Bodhisattva aufzusuchen, um ihm Speise anzubieten. Sie fütterte die Milch von tausend Kühen fünfhundert andere Kühe, und mit deren Milch fütterte sie wieder zweihundertfünfzig Kühe und so fort bis hinunter auf fünfzehn Kühe. Mit deren Milch bereitete sie eine Schale Milch und Reis von größter Reinheit. Als der Prinz zum Dorf kam, um Nahrung zu erbitten, bot sie ihm diese Schale als sakrale Speise dar, welche er annahm.

Der Bodhisattva, der berufen war, Buddha zu werden, näherte sich dem Baum der Weisheit, wo die Buddhas aus alter Zeit gesessen hatten, um darunter Platz zu nehmen. Das Getier des Himmels, Vögel und wilde Tiere, die Bewohner des Urwaldes, drängten sich, um den Erhabenen zu betrachten, und Lebewesen aller Art folgten ihrem würdigen Besucher, jedes sich bemühend, bei dem Wunder der Buddhaschaft gegenwärtig zu sein.

Die Himmel öffneten sich, und zahllose Devas und himmlische Wesen sangen, dem Prinzen Erfolg wünschend, ihr Lob. Sogar die Götter schwebten herab, um Zeugen eines neuen Wunders zu sein und um den Einen zu sehen, der entschlossen war, die drei Welten zu besiegen und Herrscher eines Königreiches zu werden, das mächtiger sein würde als alle irdischen Königreiche. Wie zehntausend Sonnen leuchtete der Bodhisattva. Seine Strahlen durchdrangen die drei Welten – die der Hölle, der Erde und des Himmels.

Mara, der Böse, war beunruhigt und von den plötzlichen Lichtstrahlen, die vom Baum der Weisheit in sein Reich der Finsternis eindrangen, geblendet. Sofort erkannte er die Absicht des Bodhisattva, welcher entschlossen war, Unsterblichkeit zu erlangen und dadurch alle diejenigen zu befreien, welche in seiner Macht standen. Seine Armee von Gespenstern, Kobolden und blutdürstigen Dämonen zusammenraffend, marschierte Mara gegen den Baum der Weisheit, um den Neuangekommenen zu vernichten. Unterdessen erreichte der Erhabene den Baum und nahm seinen Sitz ein, das Antlitz nach Osten gewandt, entschlossen, sich nicht eher zu rühren, als bis er vollkommene Erleuchtung erlangt hätte. Mara, dessen Bosheit grenzenlos war, erschien vor dem Bodhisattva in der Verkleidung eines Boten von Kapilavastu, des Prinzen Vaterstadt, und drängte ihn, zurückzukehren und Beistand zu leisten, da sich der Tyrann Devadatta des Fürstentumes bemächtigt habe.

Der Prinz, der die wahre Ursache der Begebenheiten in seines Vaters Fürstentum fühlte und sah, dass Schwäche die Ursache alles menschlichen Leidens war, blieb in seinem Entschluss, Buddhaschaft zu erreichen, unverzagt.

Da sein Anschlag misslungen war, sandte Mara seine drei wunderschönen Töchter, um den Prinzen mit ihrer Schönheit, ihrer Liebe, ihrem Tanz und ihrem Gesang in Versuchung zu führen. Der Erhabene aber erinnerte sich seines Lebens im Palast inmitten vergänglicher Freuden und Genüsse und erkannte die schwindende Natur alles Irdischen. Da sprach der Erhabene zu den schönen Töchtern Maras, die den himmlischen Tänzerinnen des Gottes Indra glichen: »Von allem, was von Dauer ist auf Erden, dauern Vergnügungen am kürzesten, meine Schönen. Soll ich nicht eher nach dem streben, was jenseits des Vergänglichen liegt?« Voll Reue und Scham über ihre Niederlage verließen sie den Prinzen, indem sie sagten: »Erreiche dein Ziel, oh Erhabener, und erlöse alle, indem du dich selbst erlösest.«

Maras Ärger kannte keine Grenzen. Er sah ein, dass weitere Versuche, den Prinzen zum Gehen zu bewegen, fruchtlos bleiben würden. Sein letzter Plan war, den Prinzen anzugreifen und zu vernichten. Zu diesem Vorhaben versammelte er seine großen und scheußlichen Heerscharen der Hölle, welche so schrecklich anzusehen und so gewaltig waren, dass alle Götter und Engel voller Grauen entflohen. Von allen Seiten erhoben die Dämonen ihre Speere, Pfeile und Keulen gegen den Prinzen, welcher unbeweglich wie der Himalaya selbst verharrte. Wie vom Winde verwehte Herbstblätter zerstreuten sich die Scharen von Gespenstern und Ungeheuern, und ihre Waffen fielen wie Blumen zu den Füßen Siddharthas nieder.

Als alle Versuchungen versagten, entschloss sich Mara, seinen das Ziel nie verfehlenden und in den drei Welten gefürchteten Diskus zu schleudern. Gegen den Berg Meru geschleudert, würde dieser in Staub zerfallen; in den Ozean geschleudert, würden die Wasser verdunsten; in den Himmel geschleudert, würde der Regen versengt werden und die Finsternis über die Erde fallen. Doch auch jene fürchterliche Waffe vermochte nicht mehr, als sich dem Bodhisattva bis ein wenig über dem Kopf zu nähern, dann fiel sie mit Ehrfurcht und Andacht, die sitzende Gestalt dreimal umkreisend, zu deren Füßen nieder und verzichtete auf alle ihre Gewalten.

Als Mara sein Können erschöpft hatte, befahl er dem Prinzen zornig zu gehen, weil dieser Baum ihm gehöre. »Was ich durch unzählige Geburten erworben habe, gehört mir durch eigenes Verdienst, oh Fürst der Finsternis. Wie kann es dir gehören, der du nie danach gestrebt hast?«, fragte der Prinz. – »Es gibt niemanden, der mehr Verdienst hat als ich«, erwiderte Mara zornig, und seine ganzen Heerscharen bezeugten es. »EINE, die über mir wachte und sah, wie ich die Tore dieser Welt durch manche Geburt betrat und wieder verließ, SIE rufe ich zur Zeugin«, sagte der Erhabene, und nach der Erde greifend, berührte er sie. Von dieser Berührung der Wahrheit bebte die Erde siebenmal, und die große Göttin der Erde erschien in all ihrer Schönheit, Kraft und Pracht auf ihrem Thron sitzend und sprach: »Ich bezeuge!« Ihre Stimme erschütterte die vier Ecken des Himmels; die Luft verharrte bewegungslos, und die Sonne hörte zu scheinen auf, als diese Worte durch das Weltall vibrierten und die Ungeheuer der Hölle fortfegten. Mara sank zu Füßen des Gesegneten und bettelte immer wieder um Vergebung. Nie vorher hatte er Erniedrigung und Niederlage durch eines Menschen Hand erlitten. Was ihn am meisten bekümmerte, war der Gedanke, dass zahllose Wesen ihre Befreiung erreichten und infolgedessen von nun an nicht mehr in seiner Macht sein würden.

Mara war jetzt vollkommen besiegt. Nie mehr würde er den Prinzen in seiner Gewalt haben. Nie mehr konnte der Erhabene durch die Macht des Fleisches verführt werden. Bevor die jungfräulichen Stunden der Morgendämmerung aufzogen, hatte der Prinz seinen größten Sieg errungen. In den drei Welten gab es nichts, das ihn besiegen konnte. Unbeweglich wie der Himalaya selbst, saß er unter dem Baum der Weisheit und besiegte den Raum, da sein Geist mit dem All EINS wurde. Wie der Regentropfen in das Meer fließt und selbst das Meer wird, so betrat sein Geist das Meer der Ewigkeit, um selbst das Ewige zu werden.

In einer auserwählten Stunde erkannte er die Ursache der gesamten Schöpfung, wie Welten mit Myriaden von Sonnen und Monden geboren werden, und er erkannte deren endliche Auslöschung. Er erblickte die Ursache von Geburt und Tod, er sah die Ursache von Leid, Schmerz und Tod und erblickte den Pfad, welcher zur Vernichtung des Todes führte. Bevor die Sonne aufging, wurde er Buddha, der Erleuchtete. Befreit von dem Kerker seines Körpers, überglücklich und jubilierend über seine Freiheit, brach er in ein Lied aus, welches von den niedrigsten Welten zu den höchsten Himmeln widerhallte.

»Ah, du Erbauer dieser sterblichen Hülle,
Durch zahllose Jahrhunderte habe ich nach dir gesucht
Und dich endlich gefunden, verborgen in dieser
Hülle als ihr letztes Geheimnis.
Nie mehr sollst du mich locken,
Um diesen Käfig des Nichts zu betreten.
Deine Macht habe ich vernichtet,
Und deinen Grundstein habe ich zerstört,
Und kein Wunsch bewegt mich mehr, in deinem Hafen zu ankern.«

Tage, Nächte und Wochen vergingen, und der Gesegnete verharrte in diesem glückseligen Zustand, die Welt vergessend, bis er endlich den großen Sinn seines Lebens vor sich entfaltet sah, wie eine Knospe sich öffnend, ihren reichen Duft der Luft darbietend. Er sann über Geschehenes nach, die Greise, die Leidenden, die Sterbenden und die Einsiedler, welche der Welt entsagend die Unsterblichkeit gesucht hatten, und wie ihn all dies dazu geführt hatte, ein himmlisches Königreich zu erobern, um es der leidenden Menschheit zu schenken.

Sein Herz füllte sich bei dem Gedanken an das viele Elend mit Mitleid, und so beschloss er, den Pfad zu weisen, der aus der Unwirklichkeit dieser Welt hinausführt, der aus Leiden und aus dem ewigen Wechsel von Geburt und Tod erlöst.

In der Stadt Benares lebten fünf Einsiedler, mit welchen er sich in strenger Buße geübt hatte, und er sann über ihre Unfähigkeit, ihm damals zu helfen, nach. Er beschloss, sie das Gesetz zu lehren. Des Buddha ansichtig werdend, sagten sie zueinander: »Sicherlich ist es ihm misslungen, die Frucht seiner Buße zu ernten, und er kehrt jetzt Hilfe suchend zu uns zurück. Lasst uns ihm Platz anbieten, da er von königlichem Blut ist, aber wir werden uns nimmer erheben, um ihn zu begrüßen.« Dieser Gedanke erreichte den Erhabenen, und er sah ihre Schwäche und ihren Hochmut. Seine liebende Güte, die aus ihm wie sieben Strahlen reinsten Lichtes hervorbrach, erreichte und überwältigte sie, und wie ein Orkan Bäume zu entwurzeln vermag, so entwurzelte die Gewalt seiner Liebe die Eitelkeit der Einsiedler. Sich erhebend, begrüß-

ten sie den Gesegneten mit Ehrfurcht und Liebe und ehrten ihn, wie es einem Buddha gebührt. Als sie erfuhren, dass er Buddha geworden war, setzten sie sich zu seinen Füßen und baten, zum Pfad, welcher aus der Verblendung zum Licht führte, zugelassen zu werden. »Unter den Dingen, die der Mensch meiden muss«, sprach der Gesegnete, »sind vor allem unnötige Wünsche und Kasteiung des Körpers[3]«. Die Einsiedler empfingen das Licht seiner Worte und beschritten den Pfad.

Der Buddha erhob sich und sah, dass nun die Zeit gekommen war, seine Schritte seiner Vaterstadt zuzulenken, um seinen alten Vater, König Suddhodhana, Yashodhara, seine Gattin, und Rahula, seinen Sohn, sowie die einfachen Bürger der Hauptstadt Kapilavastu zu besuchen. Vom Kommen ihres Gatten Kunde erhaltend, machte sich Yashodhara auf, ihn mit glücklichem Herzen zu begrüßen. Seit er den Palast verlassen hatte, lebte sie nicht mehr wie eine Prinzessin, sondern wie eine Einsiedlerin, aß dürftige Speisen und bedeckte ihren Körper mit grobem Tuch. Mit Tränen der Freude eilte sie zur Begegnung mit ihrem Herrn, und vor ihm niederkniend, küsste sie seine Füße mit inniger Zärtlichkeit. Der König versuchte, ihr Einhalt zu gebieten, indem er sprach: »Nicht einmal ein König darf es wagen, die Füße eines Buddha zu berühren. Erhebe dich, mein Kind, was tust du da?« Der Gesegnete jedoch duldete diese fromme Handlung und sagte: »Durch manche Geburt hat sie mir zu dienen gesucht, und durch das Üben strengster Askese ist sie endlich meine Gefährtin geworden. Darum hindere sie nicht an dem, was sie tut.« Wie die Sonne die Finsternis der Nacht durchbricht, so brachte die Gegenwart des Gesegneten Licht und Trost für jedermann. Wie der Duft der Blumen das Herz erfreut, so erfreuten die Worte des Gesegneten alle Anwesenden. Wie Wasser die Lippen des Durstigen kühlt, so linderten die Worte des Gesegneten die Leiden der Menge. Der König, Yashodhara, Rahula und alle diejenigen, die die Worte des Gesegneten vernahmen, folgten seiner Lehre.

---

3 Zu viel oder zu wenig essen, zu viel oder zu wenig schlafen und alles, was dem Körper schadet.

Das Herz des Volkes war von Freude erfüllt, als es sah, dass sein Prinz Buddha geworden war. Mittag war vorbei, als der Gesegnete, seine Bettelschale ergreifend, zur Türe schritt, um die Armen und die Demütigen um Nahrung zu bitten. Der König war gekränkt und bat den Buddha, ihn zum Palast zu begleiten, wo Speise und Trank auf königliche Weise aufgetragen wurden. Buddha aber sprach: »Es ist die Sitte meines Standes, Speise auf diese Art zu empfangen.« Das bedeutete, dass ein Buddha nicht mehr an Gebräuche und Gewohnheiten gefesselt, sondern frei ist, Speise zu empfangen, bei wem immer er wünscht, sei er reich oder arm, unwissend oder weise.

Eines Tages besuchte der Gesegnete ein benachbartes Dorf. Auf dem Weg dorthin musste er einen dichten Wald durchqueren. Die Dorfleute baten den Buddha, nicht hindurch zu gehen, denn ein grimmiger Dämon bewohne den Wald und töte jeden, an den er seine Hand legen könne. »Mein Weg führt durch diesen Wald, und ich muss gehen«, sagte Buddha. »Dem, der keine Angst im Herzen trägt, kann nichts Böses geschehen.« Kaum hatte er den Wald betreten, als er einen wilden Schrei vernahm. Sich wundernd, woher der Schrei gekommen sein möge, folgte er dem Laut. Groß war sein Erstaunen, als er keinen Dämon, sondern einen Einsiedler traf, der Selbstpeinigung übend, auf einem Bein stehend, den rechten Arm in die Höhe streckte. »Warum schreist du?«, fragte der Buddha. »Siehst du nicht, dass diese dornige Frucht, die ich in meine Hand presse, meine Hand durchsticht und mir unerträgliche Schmerzen verursacht?« – »Lass die Frucht fallen, und deine Schmerzen werden sofort aufhören«, erwiderte der Buddha. Maßlos erstaunt über diese Worte, gehorchte der Einsiedler, ließ die dornige Frucht fallen und litt keine Schmerzen mehr.

Es wird erzählt, dass der grimmige Räuber Angulimala, welcher einen besonderen Hass gegen den Buddha hegte, überall vergebens nach ihm suchte, um ihn zu vernichten. Eines Tages geschah es, dass der Buddha durch denselben Wald wanderte, in dem der Räuber lebte. Als Angulimala seinen Feind erspähte, rannte er ihm nach, aber obgleich er durch seinen schnellen Lauf berühmt war, konnte er den Erhabenen nicht erreichen. Wütend vor Zorn warf Angulimala seinen Speer nach seinem Feind. Der Speer jedoch verfehlte sein Ziel und fiel wie eine Blume vor die Füße Buddhas. Mit dem nächsten Speer erging es ihm nicht besser. »Bleibe stehen, oh Buddha«, brüllte der über alle Maßen erzürnte Räuber. »Bleibe stehen, sage ich, dass ich dich erreiche.« Der Erhabene antwortete: »Ich stehe, oh Angulimala. Du aber läufst, und deshalb kannst du mich nicht erreichen! Bleibe stehen, und du hast mich im Augenblick erreicht.«

Einmal, in einer trockenen Jahreszeit, als der Regen ausblieb und das Getreide vertrocknete, das Vieh zugrunde ging und Wasser weder in den Feldern noch in den Quellen zu finden war und eine Hungersnot drohte, brach ein Streit über einen schmalen Wasserstreifen aus, der die Gebiete zweier Prinzen trennte. Ein Krieg drohte auszubrechen. Buddha versuchte, diesen zu verhindern, und fragte die Prinzen nach der Ursache des Streites. »Wegen des Wassers«, erwiderten diese. Indem er ein wenig Wasser in die Hand schöpfte, fragte der Gesegnete: »Wie groß ist sein Wert?« – »Sehr klein«, erwiderten die Prinzen. »Wie groß ist der Wert der Menschenleben?« – »Sehr groß«, antworteten sie. »Lohnt es sich, etwas von großem Wert für etwas von kleinem Wert zu opfern?« Als die Prinzen gewahr wurden, dass sie über Unbedeutendes gestritten hatten, legten sie ihren Hader bei und verwendeten das Wasser zum Wohl aller. Überwältigt von der Liebe zu Buddha, betraten die Prinzen sowie das Volk seinen Pfad.

Zwei Männer sprachen über Religion, und als sich ihre Ansichten trennten, drohte der Streit handgreiflich zu werden. Ein Dritter mischte sich ein und fragte nach der Ursache des Streites. Als er erfuhr, dass es sich um Gott handelte, fragte er den einen: »Hast du Gott gesehen?« – »Nein, Herr«, lautete die Antwort. »Hat dein Vater Gott gesehen?« – »Nein, Herr« – »Hat dein Großvater Gott gesehen?« – »Nein, Herr«, erwiderte der Gefragte zum dritten Mal. Dasselbe fragte er den anderen, welcher auf dieselbe Weise antwortete. »Keiner von euch hat Gott gesehen, und dennoch streitet ihr über Ihn. Schaut Gott zuerst und dann sprecht«, sagte der Fremde, der niemand anders war als Buddha selbst.

Man erzählt von Buddhas größtem Feind, wie er Hass- und Rachegefühle genährt und zu vielen bösen Mitteln gegriffen habe, um den

Erhabenen zu töten. Somit waren seine Gedanken fortdauernd mit Buddha beschäftigt. Indem er immer an den Vollkommenen dachte, wurde er nach und nach gereinigt, gab seine eigene Unvollkommenheit auf, und schließlich wurde er ein Heiliger.

Einmal, am Ende seiner Unterweisung, beendete Buddha seine Predigt mit den Worten: »Es ist nun Zeit!« Ein Dieb verstand deren Bedeutung auf seine Weise und dachte, es sei nun Zeit zum Stehlen. Die Prostituierte dachte, es sei nun Zeit, ihre Gäste zu empfangen, und der Mönch dachte, es sei nun Zeit zu meditieren.

Eines Tages brüstete sich ein Jünger, dass seine übermenschliche Fähigkeit, über Wasser schreiten zu können, das Ergebnis von zwanzig Jahren Übung und Buße sei. »Wie viel kostet es, sich über den Fluss setzen zu lassen?«, fragte der Buddha. »Einen Pfennig«, erwiderte der Jünger. »Und du hast zwanzig Jahre dazu verwendet, etwas zu vollbringen, was dich nur einen Pfennig kosten würde!«

»Junger Asket, wohin führen dich deine eilenden Schritte in dieser stürmischen Stunde der Nacht? Betritt mein Gemach und raste deine Glieder, und ich werde dir süße Liebe schenken«, sagte das Mädchen der Nacht. »Ich werde kommen, oh Mädchen, aber in der richtigen Stunde«, antwortete Upagupta, ein Jünger des Erhabenen, als er in den schwarzen Schoß der sturmgepeitschten Nacht hinauseilte, um einem, der in Not war, beizustehen. – Jahre später, als er wieder an der Hütte des Mädchens vorbeiwanderte, rief ihn eine Stimme um Hilfe. In der Hütte bettete Upagupta den Kopf des sterbenden Mädchens in seine Arme, und ihre Lippen mit Wasser befeuchtend, sprach er: »Ich bin endlich gekommen, oh Mädchen. Ich bin endlich gekommen.«

***

Unzufrieden mit sich selbst und dem geringen Fortschritt, den er im geistigen Leben gemacht hatte, beschimpfte ein Jünger den Buddha. Verständnisvoll sprach der Meister: »Nehmen wir an, ein Geschenk, welches du jemandem anbietest, werde zurückgewiesen, – wem gehört es dann?« – »Mir natürlich«, erwiderte der junge Mann. »Auch ich weise dein Geschenk zurück, du magst es für dich behalten«, sagte der Lehrer milde.

***

Eine durch den Tod ihres einzigen Sohnes von Kummer und Leid gebeugte Mutter suchte, ihr totes Kind in den Armen, den Buddha auf und bat ihn um Hilfe. Sie erwartete, er werde es zu neuem Leben erwecken. »Bringe mir, oh Tochter, eine Handvoll Senfkörner aus einem Haus, das noch keinen Verlust durch den Tod erlitten hat«, sprach der Barmherzige. Die Frau suchte vergebens; denn sie vermochte kein einziges Haus zu finden, in dem der Tod nicht schon Einkehr gehalten hätte. Nach und nach verebbte der Kummer in ihr. Wieder zu sich kommend, ward sie sich bewusst, dass jedermann den Härten des Lebens begegnen müsse und es sogar durch Wunder kein Entrinnen von dem grimmigen Gesetz des Lebens und des Todes gibt.

***

Als er sah, dass all seine Bemühungen, den Buddha zu vernichten, fehlgeschlagen hatten, bediente sich der boshafte Devadatta eines rasenden Elefanten, um den Erhabenen zu töten. Er gab Befehl, dass niemand auf den Straßen bleiben solle. Da begaben sich die Leute an die Fenster und auf die Balkone ihrer Häuser, um den Sieg oder die Niederlage des Gesegneten mitzuerleben. Zur gegebenen Zeit und wie es seine Gewohnheit war, machte sich der Buddha auf seinen Weg, um Nahrung zu erbitten. Trotzdem er von der Verschwörung unterrichtet war, änderte er seine Gewohnheit nicht. Außer ihm befand sich keine Menschenseele in den stillen Straßen. Dem Elefanten war eine ungeheure Menge Bier eingeflößt worden; voll Raserei und halb wahnsinnig vor Trunkenheit stürmte er auf den Buddha zu. Plötzlich rannte aus einem nahen Haus ein kleines Kind auf die Straße. Das übel gelaunte Tier würde es getötet haben, hätte der Gesegnete nicht eingegriffen, indem er ausrief: »Töte es nicht, das unschuldige Kind! Nicht es war als dein Opfer bestimmt, sondern ich.« Bei diesen Worten drehte sich das Tier in die Richtung des Erhabenen und stürzte trompetend auf ihn zu. Doch siehe und staune: Je mehr es sich näherte, um so zahmer wurde es, und schließlich, überwältigt von der liebenden Güte, die dem Buddha entströmte, kniete es nieder und berührte mit seinem Rüssel, wie um Vergebung bittend, des Gesegneten Fuß. Als die atemlos staunenden Bürger das Wunder sahen, drängten sie aus ihren Häusern und liebkosten und lobten das Tier. Einige brachten ihm Früchte, während andere es mit Blumen überschütteten, bis es beinahe unter süß duftendem Jasmin, Lotos und Ringelblumen begraben lag.

Eines Tages, als der Erhabene seinem Garten zuwanderte, um dort während der Mittagshitze auszuruhen, wandte sich Yashodhara ihrem Sohn zu und sagte: »Beeile dich, mein Kind, und bitte deinen Vater um deine Erbschaft.« Der Knabe, nicht wissend, wer sein Vater war, fragte: »Wer, oh Mutter, ist mein Vater?« – »Betrachte den Löwen, der diese Straße entlang schreitet; er ist dein Vater!«, erwiderte sie.

Als nun Rahula seinen Vater um sein Erbteil bat und die Bitte nicht weniger als dreimal wiederholt hatte, gebot der Buddha seinem ersten Jünger Ananda, des Knaben Bitte zu erfüllen. Und so erhielt Rahula das gelbe Gewand eines Mönches.

Ananda fühlte, dass auch Yashodhara sich sehnte, in der Nähe ihres Herrn zu verweilen, und so näherte er sich ihm und fragte: »Dürfen nicht auch Frauen dem Orden beitreten? Sollen nicht auch sie deinen Fußstapfen folgen?« Der Gesegnete sprach: »In Wahrheit, Ananda, wie kann in Geistesdingen das Geschlecht von Bedeutung sein? Hat der Buddha jemals behauptet, eine Frau könne nicht beitreten? – Doch dies, oh Ananda, war an dir zu fragen.« – Und so wurde das gelbe Gewand auch Yashodhara gereicht, welche glücklich, wie die Nacht dem Tag, ihrem Herrn folgte.

***

Ein Wanderer wünschte zu wissen, wie Buddha sich in dieser Welt fühlte, und erkundigte sich: »Meister, lebt der Edle glücklich?«

Der Meister erwiderte: »Es ist, wie du sagst, junger Mann, ich lebe glücklich; denn auch ich bin einer von denen, die glücklich sind in ihrer Welt.«

Der Brahmane fuhr fort: »Bitter kalt, oh Meister, ist die Winternacht. Die Tage des Frostes sind nahe. Rau gestampft ist die Erde von den Hufen der Herden. Dies ist der Blätter Ruhebett. Leicht ist das gelbe Gewand des Mönches, durchdringend aber ist der schneidende Wind.«

Und wieder antwortete der Herr: »Es ist, wie du sagst, junger Mann, ich lebe glücklich; denn auch ich bin einer von denen, die glücklich sind in dieser Welt.«

***

In einer dunklen und feuchten Nacht steht der Erhabene vor der Hütte eines Kuhhirten. Der Regen fließt, und der Wind zerrt an der einsamen Gestalt.

Im Inneren der Hütte erhascht der Kuhhirt durch das Fenster den Flimmer eines Gesichtes und denkt: Ha, ha! Gelbgewand! Bleibe draußen! Für dich ist es gut genug! Und dann beginnt er zu singen:

»Mein Vieh ist geborgen, und hell brennt mein Feuer. Wohlbehütet ist mein Weib, und süß schläft mein Kind. Darum möget ihr regnen, oh Wolken, wenn ihr wollt, heute Nacht!«

Von draußen antwortete der Buddha: »Beherrscht ist mein Gemüt, gesammelt sind meine Sinne, und stark ist mein Herz. Darum möget ihr regnen, oh Wolken, wenn ihr wollt, heute Nacht.«

Der Kuhhirt von Neuem: »Die Felder sind geerntet, und das Heu ist gesichert in der Scheune. Satt ist der Fluss, und standhaft sind die Straßen. Darum möget ihr regnen, oh Wolken, wenn ihr wollt, heute Nacht.«

Und so geht es weiter, bis sich der Kuhhirt endlich erhebt und, zerknirscht und von Staunen erfüllt, zum Jünger wird.

***

Die Geschichte des Barbiers

Es ging der Gesegnete an meinem Haus vorbei,
an *meinem Haus* – des Barbiers!
Ich eilte, doch er verweilte und erwartete mich,
erwartete *mich* – den Barbier!
Ich fragte: »Darf ich sprechen, oh Herr, mit dir?«
Und er sagte: »Ja!« »Ja!« zu *mir* – dem Barbier!
Und ich fragte: »Ist Nirvana auch für solche wie mich?«
Und er sagte: »Ja!« Sogar für *mich* – den Barbier!
Und ich fragte: »Darf ich dir folgen?«
Und er sagte: »Oh ja!« Sogar *ich* – der Barbier!
Und ich fragte: »Darf ich bleiben, oh Herr, bei dir?«
Und er sagte: »Du darfst!« Sogar zu *mir* – dem armen Barbier!

(Zitat aus einer Stelle, in welcher Swami Vivekananda Schwester Nivedita das Wesentliche der Lehre Buddhas auseinandersetzt.)

***

Als ein wenig mehr als acht Jahrzehnte seit seiner Geburt verstrichen waren, wurde der Buddha auf folgende Weise vom Tod heimgesucht: Ein armer, aber gutherziger Schmied namens Chunda bot eines Tages dem Erhabenen Speise dar. Da diese aus Schweinefleisch bestand, vermochte sie eine gefährliche Krankheit in seinem Körper zu entfachen. Während seiner Wanderung nach Kushinagara wurde er von Schwäche befallen und litt große Schmerzen. Allen, die anwesend waren, wurde bewusst, dass der menschliche Körper nicht von Alter, Krankheit und Tod verschont bleiben konnte. Befürchtend, dass Chunda sich beschuldigen werde, durch seine Gabe die tödliche Krankheit hervorgerufen zu haben, und besorgt, dass andere den Schmied eines Verbrechens anklagen könnten, sandte der mitleidige Buddha Ananda, seinen geliebten Jünger, zu Chunda, um ihn mit folgenden Worten zu trösten: »Sage ihm, dass seine Opfergabe nur Segen bringen wird; denn sie hat diesem Körper zur Auflösung verholfen und hat bewirkt, dass ich des Nirvanas früher teilhaftig werde. Auch Sujata wird ihren Lohn erhalten für die Nahrung, die sie mir opferte, bevor ich Erleuchtung erlangte. Von all den mir dargereichten Gaben, oh Ananda, sind diese zwei die wertvollsten.«

Schöner noch als die Stunde seiner Geburt war die Stunde seines Todes. Viermal legte er sich zum Sterben nieder, und viermal erhob er sich, um einige zu unterweisen, die, auf der Suche nach Rettung und Licht, von weither gewandert kamen. Aus Liebe zu ihrem Meister wollten die Jünger dem letzten der Besucher nicht erlauben, dem sterbenden Buddha näher zu treten. Mit letzter Kraft, sich mühsam auf die Ellbogen stützend, sprach dieser sanft und leise: »Nein, nein; der, welcher gesandt wurde, ist immer bereit.«

Wie ein verwundeter Löwe, auf seinen letzten Atemzug wartend, lag dieser Löwe unter den Menschen auf seiner rechten Seite unter einem Baum.

Tausende scharten sich um den sterbenden Buddha, und es waren darunter Könige und Herrscher, Bürger und Bauern, Tiere des Himmels und der Erde, Götter sowie auch Engel. Als Ananda sich, vor Schmerz überwältigt, nicht mehr beherrschen konnte, sank er zu den Füßen seines Herrn und weinte bitterlich. Und der Erhabene sprach: »Weine nicht, oh Ananda, dein Herz darf nicht traurig sein. Wisse, dass wir uns von allem, was wir im Leben lieben, trennen müssen. Was geboren ist, muss dahingehen. So ist das Gesetz des Lebens. Lange bist du mit mir gewandert und hast mich umsorgt in allen Dingen. Von nun an sind wir eins. Strebe mit Fleiß, oh Ananda, und erringe die Freiheit von den Fesseln des Lebens und des Todes.« Seine rechte Hand emporhebend, segnete er alle in Ehrfurcht um ihn her knienden Menschen, und er versicherte ihnen, dass der von ihnen gewählte Weg der Erlösung einem jeden die Freiheit sichern werde, und er drängte sie, mit Geduld auszuharren. Mit seinem letzten Atemzug sprach er: »Der menschliche Körper muss sich auflösen, und nichts bleibt davon nach dem Tod. Deshalb bemühet euch und arbeitet an eurer Erlösung.«

Bald darauf betrat der Gesegnete das Nirvana – die vollkommene Erlösung von Leben und Tod. Wie die untergehende Sonne ihren dichten Vorhang der Finsternis über die Erde breitet, so ging die lebende Form des Buddha am menschlichen Horizont unter, jedoch nur, um in den Herzen aller Lebewesen das Herannahen des kommenden Lichtes der Unsterblichkeit zu verkünden.

Sundarasamudda und die Dirne

Einer wohlhabenden Familie wurde ein Jüngling wiedergeboren. Sein Name war Sundarasamudda Kumar. Die Lehren Buddhas erweckten in ihm eine große Sehnsucht, allem Irdischen zu entsagen, um das Leben eines Eremiten zu führen. Deshalb näherte er sich dem Gesegneten und äußerte seinen Wunsch. – »Keiner wird im Orden aufgenommen, der nicht die Zustimmung seiner Eltern besitzt. Gehe zu ihnen und erlange ihr Einverständnis und ihren Segen«, sagte der Meister. Nach langen Bemühungen gelang es dem Jüngling, seine Eltern vom Segen eines Lebens an der Seite Buddhas und von den Vorteilen, die ein mönchisches, von irdischen Kümmernissen und Leiden befreites Leben mit sich brächten, zu überzeugen. Schon bald nachdem er dem Orden beigetreten war, galt er als einer der bedeutendsten unter den Mönchen. Der Orden aber brachte ihm nicht die ersehnte Befriedigung, und so verließ er Jetavana und begab sich nach Rajagaha, wo er, von Almosen lebend, die größte Zeit in Meditation zubrachte.

In seiner Vaterstadt geschah es eines Tages, dass die Eltern des Jünglings dessen Schulkameraden beobachteten, wie sie voll Fröhlichkeit an einem Dorffest teilnahmen. Ihre Herzen begannen sich wieder nach dem fernen Sohn zu sehnen, und sie weinten bitterlich. Eine Kurtisane, die in der Nähe verweilte, bemerkte die zwei traurigen Menschen und fragte: »Sag mir, Mutter, warum weinst du?« Als die Kurtisane die Geschichte von dem Sohn vernahm, der der Welt entsagt und das Leben eines Wandermönches und Einsiedlers ergriffen hatte, sagte sie: »Was erhalte ich, wenn es mir gelingt, ihn von den Härten und nie versiegenden Kämpfen und Gefahren eines mönchischen Wanderlebens zu überzeugen? – Was geschieht, wenn ich ihn euch wieder zuführe, und was wird der Lohn für meine Mühe sein?« – »Die Hälfte unseres Vermögens und unseres Besitzes wird dir gehören, oh Kurtisane. Bringe ihn nur recht bald zu uns zurück«, bettelten die bekümmerten Eltern.

Ein großes Gefolge um sich versammelnd, machte sich die Kurtisane unter Glanz- und Prachtentfaltung auf, um ihr Vorhaben auszuführen.

Bald gelang es ihr, den Aufenthaltsort des Mönches ausfindig zu machen. In der Straße, in welcher er um seine täglichen Almosen bettelte, kaufte sie ein Haus, stattete es mit allem für ihr Vorhaben Notwendigen aus und wartete auf sein Erscheinen. Ihre Erfindungsgabe schien unerschöpflich zu sein. Wie erwartet, erschien eines Tages der Mönch mit seiner Bettelschale, und die schöne Frau bot ihm die auserlesensten Speisen an. Täglich machte der nichtsahnende Mönch seine Runde. Als Nächstes beauftragte sie einige Knaben gegen Bezahlung, in der Nähe, wo der Mönch die ihm angebotene Nahrung zu verzehren pflegte, viel Staub aufzuwirbeln und damit fortzufahren, auch wenn sie sie bitten sollte, damit aufzuhören. Als sich der Mönch zum Essen anschickte, erschienen die jugendlichen Unholde und wirbelten sämtlichen Staub der Straße auf. Alle Drohungen und Bitten der Frau blieben natürlich fruchtlos. »Siehe Herr«, sagte sie, »der Staub ist störend. Betritt mein Haus und speise in Frieden.« Gerührt durch die ihm angebotene Gastfreundschaft, nahm der demütige Mönch die Einladung an und erfreute sich der auserlesensten Speisen.

Einige Tage später beauftragte die Kurtisane die Knaben, vor dem Haus Lärm zu schlagen und belohnte sie auch für diesen Unfug aufs Freigebigste. Als sich der Mönch zum Essen niedergelassen hatte, begann ein entsetzliches Schreien, Brüllen und Kreischen, welches auch durch die Drohungen der Frau kein Ende finden wollte. »Siehe Herr«, sagte diese, »der Lärm ist unerträglich. Komm deshalb in mein Haus, iss und lasse deine müden Glieder ruhen.« Der unschuldige Mönch tat wie ihm geheißen und folgte dem Mädchen in das oberste Stockwerk ihres Hauses und genoss dort ein köstliches Mahl. Obschon er das

Gelübde des Mönches, für Nahrung an den Türen zu betteln, abgelegt hatte, erwachte sein Verlangen nach schmackhaften Speisen von Neuem. Erinnerungen aus der Wohlhabenheit seiner Kindheit tauchten in ihm empor.

Auf solche Weise ging es weiter von Tag zu Tag. Dann begann die Kurtisane, ihre List weiterspinnend, den Mönch mit ihren Reizen und ihrer Liebe zu locken.

Ein Sprichwort sagt: ›Auf vierzig Arten vermag eine Frau den Mann zu umgarnen. – Sie heuchelt Schüchternheit; sie lässt den einen Fuß auf dem andern ruhen; sie löst ihr Haar und lässt es vom Winde liebkosen; sie poliert ihre Fingernägel, schaut sie bewundernd an; sie gähnt und zeigt Zähne und Zunge; sie lächelt voller Schüchternheit; sie lächelt ohne Schüchternheit; sie lacht laut, damit andere es hören; sie bewegt ihre Hüften von links nach rechts und von rechts nach links; sie posiert, den einen Fuß auf die Treppe gestützt; sie neigt sich tief; sie lässt ihre Armreifen und Spangen erklingen; sie entblößt ihr Gesicht und verschleiert es, wenn bemerkt, von Neuem; sie hebt ihr Gewand und entblößt ihre Hüften und bedeckt sie hastig wieder, wenn beobachtet; sie zeigt ihre Brust und verhüllt sie wieder; sie zeigt ihren Nabel; sie zeigt ihre Achselhöhle; sie hebt die Augenbrauen; sie schmollt; sie stellt das Weiß ihrer Zähne zur Schau; sie liebkost ihre Lippen; sie streckt die Zungenspitze heraus und bewegt sie spielerisch von rechts nach links; sie tauscht Zärtlichkeiten aus; sie küsst und bittet geküsst zu werden; sie gibt Geschenke und erwartet, beschenkt zu werden; sie füttert ihn mit blinkenden Augen und erwartet, selbst gefüttert zu werden.‹ Während sie spricht, singt, weint und mit zärtlichen Bewegungen der Liebe tanzt, wendet sie keinen Blick von ihm und lacht! – Auf diese Weise lockte das Mädchen den Mönch und bediente sich aller Mittel, die ihr zur Verfügung standen.

Endlich flüsterte sie: »Herr, meine ganze Schönheit gehört dir, so wie mir die deinige gehört. Schenke mir deine Jugend, so wie ich dir die meinige schenken werde. In späteren Jahren werden wir beide uns von der Welt abwenden und den Pfad betreten, den du erwählet hast.«

»Kummer soll mich befallen! In welche Lage habe ich mich gebracht? Welche Sünde habe ich begangen? Wie gedankenlos habe ich gehandelt?« All dies erwog der Einsiedler, von bitteren Selbstvorwürfen gequält.

Obschon der Gesegnete im fernen Jetavana weilte, sah er augenblicklich, was in dem Herzen seines Jüngers vor sich ging und lächelte still vor sich hin. Ananda näherte sich seinem geliebten Meister und fragte ihn: »Warum lächelst du, oh Herr?« – »In der fernen Stadt Rajagaha, in dem Hause einer Dirne, kämpft einer der unseren seinen Kampf«, sagte der Herr. »Wessen wird der Sieg und wessen wird die Niederlage sein?«, fragte Ananda. »Sundarasamudda wird siegen und die Dirne unterliegen«, antwortete der Gesegnete. Obwohl er vor seinen Jüngern saß, erschien er dem bekümmerten Mönch in leuchtender Gestalt und sprach: »Erhebe dich, mein Sohn, und entsage der Lust und sei so befreit von der Begierde. Wer der Lust entsagt, ist wahrhaftig frei in dieser Welt.«

Jambunadas Hochzeitsmahl

Jambunadas einziger und größter Wunsch war, den Gesegneten als Gast zu seinem Hochzeitsmahl zu laden. Als der Erhabene vorüberzog, fühlte er des Bräutigams Begehren, und von seinen zahlreichen Jüngern gefolgt, betrat er dessen Haus. Die Räume waren klein, und dennoch war da Raum für jedermann, sogar für mehr. Die Speisen waren beschränkt, und dennoch reichte Jambunada sie dem Herrn und bat: »Iss, Herr, iss von dieser bescheidenen Nahrung, du und deine vielen Söhne.« Obwohl Speisen in Hülle und Fülle verzehrt wurden, schien deren Menge nicht kleiner zu werden, und der Bräutigam dachte bei sich: »Hätte ich meine Freunde und Anverwandten geladen, auch sie wären satt geworden.« Kaum war dieser Gedanke in ihm aufgestiegen, als auch schon Freunde und Anverwandte in großer Zahl erschienen; es schien, als wäre da Raum für noch viele mehr. Alle wurden sie aufs Prächtigste bewirtet, und alle schienen zufriedengestellt.

Als der Gesegnete all die Anwesenden glücklich versammelt sah, sprach er, um deren Herzen zu erfreuen: »Wahrlich, die Heirat bringt dem Menschen großen Trost und großes Glück im Leben, denn sie vereint zwei Herzen in Glückseligkeit. Wunderbarer noch ist es, der Wahrheit angetraut zu sein, denn wenn der Tod die süßesten irdischen Bande zerreißt, kann nichts den betrüben, der der Wahrheit angetraut ist. Und so sage ich euch, seid der Wahrheit angetraut. Wer immerwährende Vereinigung mit seinem Weib wünscht, muss ihr wahrhaftig treu sein wie der Wahrheit selbst. So wird er ihr zu wahrem Trost gereichen und sie ihm, denn wahrlich, beide sind der Wahrheit angetraut. In Wahrheit vertrauet einander, ehret und dienet einander. Eure Kinder werden wie Juwelen einer Krone sein und eure Herzen mit Glückseligkeit schmücken; sie werden wie ihre Väter und Mütter sein und deren Glück bezeugen. Wahrlich, wahrlich, ich sage euch, lasset jeden Mann und jede Frau in heiliger Ehe zur Wahrheit vereinigt sein und lasset keinen allein bleiben. Wenn der Tod erscheint, um euch zu trennen und der Körper in Auflösung übergeht, werdet ihr leben in der Wahrheit immerdar, denn unsterblich ist die Wahrheit, und sie dauert ewig.«

Als die Gäste diese gesegneten Worte vernahmen, erfreuten sich ihre Herzen, und ein jeder begann ein Leben in Rechtschaffenheit und Wahrheit.

Kennst du die Bedeutung des Wortes BUDDHA? – Es bedeutet, dass man beim Denken an das Bewusstsein selbst zum Bewusstsein wird.

Sri Ramakrishna

Buddha glaubte nicht an Macht oder Ähnliches. Er sprach nur von der Vernichtung der Begierden. Zur Meditation saß er unter einem Baum und sprach: »Dieser Körper hier soll verfaulen. Es ist besser, auf der Stelle zu sterben, als das Nirvana nicht zu erreichen. Dieser Körper ist ein großer Schelm. Nichts kann erreicht werden, ohne ihn zu beherrschen.«

Vivekananda

Dieser Körper soll ausdorren an dieser Stelle. Dieses Fleisch und diese Knochen sollen aufgelöst werden. Bis die Erleuchtung, die auch in Äonen schwer zu erreichen ist, nicht erlangt wird, soll dieser Körper sich nicht von der Stelle rühren.

Buddha

Schreite vorwärts, auch ohne Weg,
Fürchte nichts, kümmere dich um nichts,
Wandere allein wie das Rhinozeros,
Ruhig wie der Löwe, nicht zitternd bei Lärm,
Ruhig wie der Wind, nicht gefangen im Netz,
Ruhig wie das Lotosblatt, unbefleckt vom Wasser,
Wandere allein wie das Rhinozeros.

Dhammapada. Aus den Lehren Buddhas

Es ist wahr, oh Simba, dass ich Taten verurteile, aber nur solche Taten, die in Gedanken, Rede und Tat zum Bösen führen. Es ist wahr, oh Simba, dass ich Vernichtung predige, jedoch nur die Vernichtung von Stolz, Begierde, bösen Gedanken und Unwissenheit, niemals die Vernichtung von Vergebung, Liebe, Mitleid und Wahrheit.

Buddha

Die Sonne scheint am Tag; der Mond erhellt die Nacht; der Krieger glänzt in seiner Rüstung; der Brahmane leuchtet in seiner Meditation; der Erwachte aber leuchtet bei Tag und Nacht durch den Glanz seines Geistes.

Dhammapada. Aus den Lehren Buddhas

Für den, welcher nichts besitzt, ist es leicht zu entsagen. Wie groß war die Entsagung Buddhas, des Gesegneten, welcher Palastleben, Königsthron, Reichtümern, Macht und Ruhm entsagte?

S. Y.

Durch Ernsthaftigkeit, durch Zurückhaltung und Beherrschung vermag der Weise eine Insel zu bauen, welche durch keine Überschwemmung fortgespült werden kann.

Buddha

»Mönche! Es gibt vier ewige Wahrheiten (Arya Satya): Das Leiden, die Ursache des Leidens, die Vernichtung der Ursache des Leidens und der Pfad aus dem Leiden in die Befreiung. So lauten die vier ewigen Wahrheiten.«

Buddha

4. Savitri und Satyavan

Trauer erfüllte das Herz des edlen Königs Asvapati und seiner getreuen Gemahlin, da ihnen kein Sohn geschenkt ward, der nach ihnen den Thron besteigen und das Land regieren würde. Sie hielten lange und strenge Fasten und beteten zu der Göttin Savitri, der Gattin Brahmas, sie möge ihnen Kinder verheißen. Tief gerührt durch die Opfergaben erschien die lotosäugige Göttin dem Herrscherpaar und sprach: »Ihr Edlen! Eure Gebete sind erhört und Euer Wunsch soll erfüllt werden! Ihr sollt eine Tochter besitzen, und viele Söhne werden Euch geschenkt werden. Freut Euch, denn diese Tochter werden unvergleichliche Tugenden zieren!« Also sprechend, segnete die mächtige Göttin das erlauchte Paar und entschwand. Übers Jahr ward ihnen eine herrliche Tochter geboren, und weil Brahmas Göttin ihnen solche Gnade erwiesen hatte, ward das Kind nach der Göttin Savitri genannt. Es wuchs in Liebreiz, Wahrhaftigkeit und Weisheit heran und entzückte die Herzen der Menschen. Kein anderes irdisches Wesen kam ihm an Schönheit gleich, und kein Mensch vermochte ihm ins Antlitz zu schauen, das in herrlich göttlichem Licht erstrahlte.

Savitri war zur Jungfrau erblüht, jedoch noch immer ungefreit. Bekümmert darob, gemahnten sie die Eltern an ihre heilige Pflicht, einen

Gatten zu wählen. Also bestieg Savitri ihre silberne Sänfte und brach auf, begleitet von ihrem Hofstaat. Viele Königreiche durchforschte sie nach dem Einen, der ihr Herz höher schlagen lassen sollte; doch dieser Eine kreuzte ihren Weg nie. Ja, sie begegnete keinem, an dem sie Gefallen gefunden hätte! Nicht ein Einziger besaß die einfachen Tugenden, nach denen sie verlangte, und so schien alles Suchen umsonst. Als sie nun eines Tages durch einen Wald zog, kam sie zu einem Ashram, einer Einsiedelei, die der blinde König Dyumatsena mit seiner Königin und ihrem einzigen Sohn, Satyavan, bewohnte. Hier war alles friedlich und heilig; sogar die wilden Tiere vergaßen ihren Blutdurst und ruhten in der Nähe der Einsiedelei. Da erschloss sich Savitris Herz in Liebe und Zärtlichkeit, und es war Satyavan, den sie zum Gatten wählte.

Wie ein scheues Reh stand Savitri abermals vor ihrem Vater und begrüßte ihn mit gefalteten Händen. Narada, der große Weise, den der König tief verehrte und liebte, war zugegen. »Sei willkommen, mein Kind!«, sprach der König. »Hast du ganz Bharata wirklich nach dem besten Gatten für dich durchforscht? Sprich offen, auch vor Narada, denn er liebt dich nicht weniger als ich.« So erzählte denn Savitri von ihrer langen Reise, die sie durch viele kleine und große Königreiche geführt hatte. Und dann sprach sie von ihm, der ihr Herz erfreute und den sie zu ihrer besseren Hälfte gewählt hatte. Narada blieb in Gedanken versunken und schien wenig erfreut von dieser Wahl. »Nicht glücklich ist deine Entscheidung, mein Kind«, sprach der Weise. »Ich kenne Satyavan seit seiner Kindheit, und neben all seinen Tugenden hat er einen großen Fehler.« Im Herzen betrübt, stellte der König die Frage: »Hat er nicht Mut, Liebe und Weisheit, oh Narada?« »Alle Tugenden, die einem Prinzen ziemen, nennt er sein eigen; er ist tapfer wie ein Löwe und liebend wie ein Vater; die Weisheit ist ihm angeboren. Aber dennoch hat Satyavan einen Fehler, den weder er noch ein anderes Wesen für ihn tilgen kann«, sprach der Weise in die bedrückende Stille. »Und was ist dies für ein Fehler, den kein Sterblicher überwindet?«, fragte der König. »Das Schicksal will, dass Satyavan in zwölf Monden stirbt«, entgegnete der Weise und blickte voller Liebe auf die Jungfrau. »Hast du gehört, mein Kind? Vernahmst du den

Beschluss der Götter über das Geschick deines Satyavan? Wähle dir einen anderen Gatten, der lange lebt und dich mit Kindern und Glück segnet!«, bat der Vater. »Ich habe mich entschieden, edler Vater; mein Wort ist gegeben! Wenn die Stoßzähne des Elefanten herausgebrochen sind, kann man sie nicht wieder einsetzen. So ist mein Gelöbnis, fest und wahr, oh Vater! Ich wählte Satyavan und werde in diesem und im kommenden Leben an seiner Seite bleiben«, antwortete Savitri. »Die tugendhafte Tochter bleibt ihrem Wort treu, oh König! Keiner wird sie, deren Sinn auf den Gatten gerichtet ist, wankend machen«, bemerkte der Weise, und sich dem Mädchen zuwendend, sprach er: »Dieser Ehebund hat meinen Segen, Savitri.« Da verbeugte sich die Jungfrau und berührte voller Verehrung des Weisen und ihres Vaters Füße. Dann zog sie sich zurück.

Geschenke, Speisen und Gewänder mit sich führend, begab sich König Asvapati zu der königlichen Einsiedelei, wo die Hochzeit in Einfachheit und Frieden stattfand. Savitri war glückselig, mit Satyavan vereint zu sein, den sie als ihren Gott und Herrn anerkannte. Sie legte ihre reichen Gewänder und ihre Juwelen ab und kleidete sich so schlicht, wie es sich für das Leben in einer Klause schickt. Ihre Reinheit und Lieblichkeit beglückten alle, und so wie sie Satyavans Eltern als Vater und Mutter verehrte, diente sie ihnen als liebende Tochter. Die Herzen aller waren glückerfüllt, bis auf ihr eigenes Herz. Wohl verbreiteten Savitris Worte Sonnenschein und Hoffnung, aber die Sorge, dass die verhängnisvolle Stunde unaufhaltsam näher rückte, lastete schwer auf ihr.

Eines Tages nahm Satyavan Abschied von seinen Eltern. Er hielt die Axt in der Hand und machte sich auf, in den Wald zu gehen, um das Holz für die Opferflamme zu schlagen. Savitri wusste, dass an eben diesem Tag Yama, der Gott der Verschiedenen, erscheinen würde, um ihren Gatten mit sich zu nehmen. Sie trat zu dem erblindeten König, den sie als Vater verehrte, und bat ihn, sie mit Satyavan ziehen zu lassen. »Du hast uns während all dieser Monate in Liebe gedient und nie eine Gunst von uns gefordert, und nie hast du von uns ein Geschenk erwartet. Wenn dies das Einzige ist, was du begehrst, oh Tochter, so geh' mit deinem Gatten. Nur unterlasse, ihn bei seiner heiligen Pflicht zu stören.« Nach diesen Worten segnete der König Savitri. Satyavan suchte vergeblich, Savitri von ihrem Vorhaben abzubringen, und sprach ihr von aller Mühsal, die ihrer harrte. Sie versicherte nur, dass sie Satyavan nicht im Weg stehen würde und ihn an seiner heiligen Aufgabe nicht hindern wolle. »So treu, wie du, oh Savitri, hat noch keine Gattin ihrem Herrn gedient; niemals hast du von mir etwas gefordert! So komme denn, du Liebliche! Halte dich aber stets hinter mir, denn der Weg ist gar steinig und abschüssig.« Liebevoll blickte Satyavan auf Savitri und bahnte darauf den Weg für sie beide. Wohl war Savitri durch die langen, durchwachten Nächte, durch das Beten und Fasten geschwächt, aber ihre zarte Gestalt ließ sich die Müdigkeit nicht anmerken. Ihr Herz klopfte nur bei jedem Schritt schneller und schneller – näherte sich doch Satyavan mit jedem dieser Schritte seinem Ende! Sie waren bereits tief in den Wald eingedrungen, und als Satyavan mit seiner Axt einiges Holz geschlagen hatte, wurden ihm die Glieder schwer und sein Herz wurde schwach. Um ihn her wurde alles dunkel, und Savitri wusste, dass die Stunde gekommen war. Satyavan sank zu Boden und legte sein Haupt in Savitris Schoß, als er seinen letzten Atemzug tat. Savitri wurde elend zumute; einen magischen Kreis zog sie um den Körper ihres Herrn, der die Geister fernhalten sollte, dann nahm sie den Geliebten in die Arme und wachte bei ihm. Nicht lange darauf erschienen die Boten des Todes, um Satyavans Lebensfunken zu holen. Keiner vermochte aber in den magischen Kreis zu treten; keiner vermochte in den unsichtbaren Kreis der Liebe einzudringen; keinem gelang es, sich des Todespfandes zu bemächtigen, wie sie es auch anstellten, sie konnten sich nicht einmal nähern. Die Flamme von Savitris Liebe versengte sie, bis sie flohen. Als sie in das Totenreich zurückkehrten, trugen sie ihre Klage ihrem König und Herrn, Yama, vor. Da machte sich dieser selber auf, um Satyavans lichte Seele zu ergreifen. Eine wundersame Stille lag über dem Wald, in dem auch das Rascheln der Blätter erstarb, als plötzlich die mächtige, dunkelschimmernde Gottheit erschien. Sie war furchtbar anzuschauen und hatte Augen, aus denen Feuer sprühte. Sie beugte sich über den hilflosen Körper und löste das Licht aus ihm. Dann richtete sie sich auf und wandte sich langsam dem undurchdringlichsten Dickicht des Waldes zu. Savitri kannte keine Furcht und folgte der Gottheit. Als sich Yama, der Herr des Todes, umwandte, gewahrte er Savitris trauernde Gestalt dicht hinter sich. Da sprach er mit Donnerstimme: »Liebliche Tochter, kein Sterblicher vermag meinem Fuß zu folgen! Kehre um und vollziehe die Totenfeier!« »Nicht dir folge ich, sondern der geliebten Gestalt meines Herrn, oh Vater. An ihn bin ich mit Körper und Geist gebunden, in dieser Welt wie in der kommenden. Das Band der Ehe hat uns vereint, ewig-dauernd ist es! Wie könnte ich es da zerreißen?« So verteidigte sich Savitri. Erfreut durch so viel Weisheit, sprach Yama: »Bitte dir eine Gunst aus, meine Tochter. Nicht aber das Leben deines Gatten!« »So schenke meinem Schwiegervater das Augenlicht aufs Neue, du großer Herr und Gebieter«, bat Savitri. »Es sei«, sprach Yama und brach durch die Wildnis des Waldes. Wenig später bemerkte er Savitris leichten Schritt erneut hinter sich. »Halt ein, gehorsame Tochter, und kehre zurück!«, gebot die dunkle Gottheit. »Kein Sterblicher betritt mein Reich; sei es im Geist, sei es in seiner Gestalt!« »Großer Gott«, flehte Savitri, »er, dem ich mich zu eigen hingab, besitzt meine Seele. Was ist dieser Körper anderes als ein Schatten; meiner Seele Leuchten aber ist in ihm, den du zu deinem Gefangenen machtest.« »Oh, du getreue, liebliche Göttin der Sterblichen, deine Worte gefallen mir. Du magst dir eine andere Gnade ausbitten. Alle Wünsche stehen dir frei außer Satyavans Odem«, sprach der mächtige Geist. »Also möge mein Schwiegervater sein verlorenes Königreich und alle Güter wieder erlangen«, bat Savitri. »Auch diese Gunst sei dir erwiesen«, lautete die Antwort. Aber auch hernach hielten die kleinen, eiligen Schritte nicht inne. »Bist du noch immer bei mir, Savitri?«, stellte Yama die Frage; denn die getreue, trauernde Seele folgte ihrem entschlafenen Herrn. »Oh, Tochter, wäre Satyavan verdammt, für seine Sünden tausend Höllen zu erleiden, gewiss willst du ihm auch dann folgen?«, fragte Yama. »Um mit dem Geliebten dieses Leben zu teilen, würde ich dies willig auf mich nehmen; um das kommende Leben mit ihm zu teilen, würde ich dies noch williger auf mich nehmen. Sei es um Tugend, sei es um Laster! Welches Feuer echter Liebe verbrennt nicht Vergangenes! In Gut oder Böse, in Laster oder Tugend, in Himmel oder Hölle, in Leben oder Tod werde ich ihm folgen, dem ich angehöre«, antwortete Savitri. Tief bewegt durch solch tugendsame Worte, gewährte der Herr des Todes eine dritte Gunst; nicht aber Satyavans Seele. »Du großer Gott! Lass mich hundert gesunde Söhne gebären, die einst fähig sind, die Länder meines Schwiegervaters zu regieren«, bat sich Savitri aus. »Du sollst hundert Söhne besitzen, oh Savitri«, sprach Yama, »alle glücklich, in Pracht und Weisheit. Aber nun kehre zurück, du Liebliche, eben hier trennen sich unsere Wege: Der deine führt dich zurück in dein Reich, der andere führt mich in das meine.« »Oh, du großer, tugendhafter Gott, dessen Worte sich alle erfüllen! Du gefürchteter Gott der Sterblichen und verehrter Gott aller Götter, meine hundert Söhne können ja nicht ohne ihren Vater Satyavan geboren werden!«, sprach Savitri. Mit demütig gefalteten Händen stand sie vor der düsteren Gottheit. »Deine Liebe hat mich bezwungen, oh Savitri; kein Sterblicher hat jemals geliebt wie du. Nimm Satyavan zurück, und sei gesegnet mit allem, was das Leben schenken kann. Geh' hin, mein Kind, ich und der Himmel segnen dich!«, und also sprechend, entschwand der Herr des Todes. Savitri hastete zurück zu der Stelle, wo der tote Körper ihres Geliebten lag. Als sie sein Haupt in ihren Schoß bettete und ihr Gebet gen Himmel stieg, kehrte Leben in die erstarrte Gestalt zurück. »Wo bin ich, oh Savitri? Wo blieb die stolze schwarze Gottheit, die mich ergriffen hatte?« »Sie ist entschwunden, mein Herr! Ich will dir alles erzählen, aber lasse uns fürs Erste unsere Schritte heimwärts lenken, senkt sich doch bereits die Nacht über uns herab.«

Um diese Stunde herrschte in der Einsiedelei große Bestürzung. Alle waren voller Angst, denn Satyavan und Savitri waren nicht zurückgekehrt, und die Dunkelheit brach herein. Allein die Brahmanen waren voller Zuversicht, denn sie erachteten Savitris Tugend für stärker als alle Feinde. Auch hatte der erblindete Herrscher plötzlich das Augenlicht wiedererlangt, und dies galt als ein gutes Omen, das weitere Wohltaten ankündigte. Und es begab sich, dass das vermisste Paar die

Schwelle übertrat und mit großer Freude empfangen wurde; alle ließen sich um die Feuerstelle der Einsiedelei nieder, um der Erzählung Savitris über all das Geschehene zu lauschen. Wie fühlten sich alle gesegnet in der Gegenwart eines Wesens, das selbst der Tod nicht bezwingen konnte. Savitris Liebe hatte die Hand des Todes so lange festgehalten, bis sie ihr Opfer Satyavan wieder hergab.

Am folgenden Tag kam ein Bote mit der Nachricht, dass der Thronräuber niedergeschlagen war und das Volk seinen geliebten Herrscher zurückforderte. So zog denn die königliche Familie ein in Shalva, umjubelt von ihrem Volk. Wie es Yama, der Gott des Todes, verheißen hatte, geschah es: Savitri und Satyavan wurden mit hundert Söhnen gesegnet, und aus ihrem kleinen Staat erstand bald ein mächtiges, blühendes Königreich.

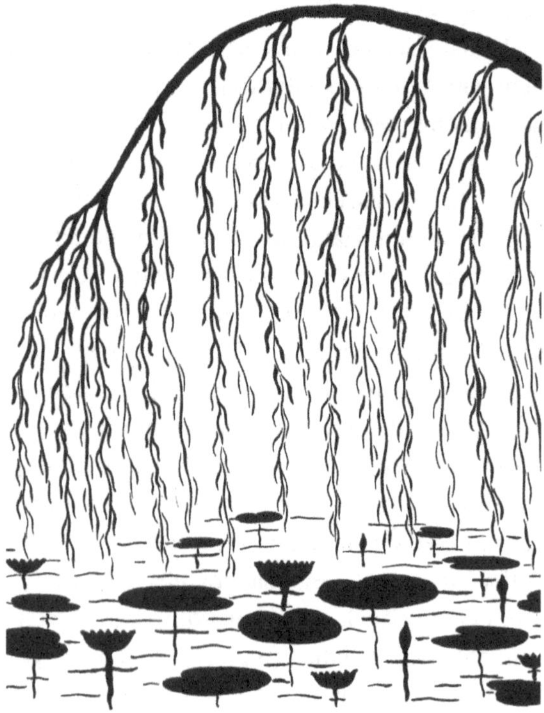

V. GEDICHTE

1. Gebet

Möge mein ganzes Leben, oh Herr,
ein immerwährender Lobgesang sein;
und möge ich jenes ewige Lied anstimmen, das,
wie ein Quell, unversiegbar dahinfließt.
Ein jeder Atemzug soll mich näher
zu Dir emporheben,
bis das mein Ohr nichts als Dein Wort vernimmt,
und mein Mund nichts anderes mehr verkündet
als Deine Botschaft.

2. *Die kleine Ampel*

Ich verharre in stillem Staunen und Wundern
vor dem klingenden Gesang meiner Seele.

Du speisest diese Ampel mit dem Öle des Verstehens,
durch Deine unsterbliche Liebe entzündet, oh Herr!
Nun will ich mich mühen, auf dass es immerfort leuchte.

Du speisest diese Ampel mit dem Öle des Verstehens,
und meine Zunge wird fortan schweigen, damit mein Ohr
tief drinnen Deiner ewigen Weisheit lausche.

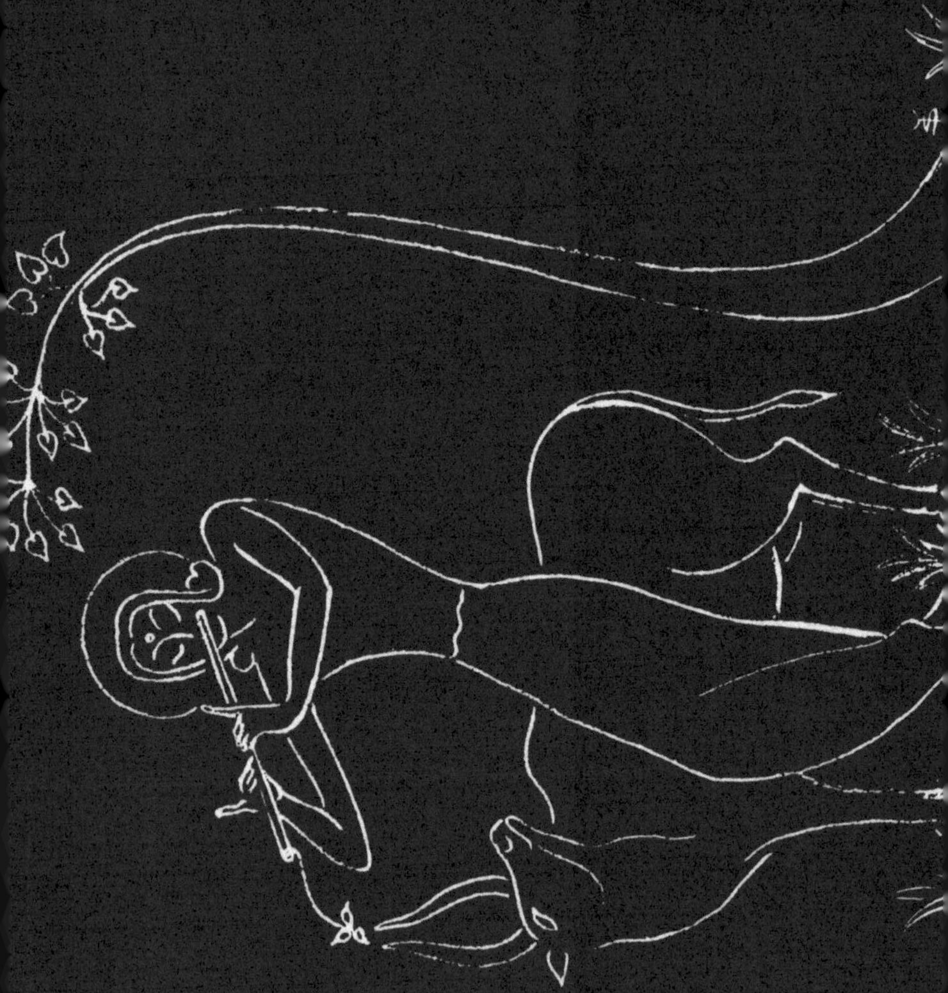

In ewigem Flackern glüht und leuchtet diese kleine Ampel.
Versunken in die Tiefen der Stille
hat nichts anderes mehr Bedeutung, als zu wissen: »ICH BIN!«

3. Auch das bist Du, oh Herr

Des Sturmes Toben, dess' rasender Atem härtesten Fels erschüttert,
das gigantische Eichen und Fichten entwurzelt im Spiel,
auch das bist Du, oh Herr.
Des Blitzes grelles Lodern, das Bäume steckt in Brand
und dessen Flammenzunge leckt und sengt das Grün der Matten,
auch das bist Du, oh Herr.
Des Donners Krachen, welches dröhnt in wilder Wut
und vom Berg hinab ins Tal des Regens Fluten jäh entfesselt,
auch das bist Du, oh Herr.
Der Sonne heißes Glühn, dess' Brand die Erde dörrt und sengt
und bringt die Hungersnot vors Tor,
auch das bist Du, oh Herr.
Und wenn die Pest im Spiele sich
die halbe Stadt als Zoll errafft,
auch das bist Du, oh Herr.
Und nacktes Elend, das da kriecht zu Reich und Arm ins Haus,
auch das bist Du, oh Herr.
Und wenn im Krieg die Stadt zu Staub zerfällt
und die Ruinen leer zum Himmel starr'n,
auch das bist Du, oh Herr.
Dies aber alles um Vergangenes abzuschütteln,
denn Du, nur Du allein bist das.
Dein Odem ist's, der löscht Vergang'nes aus
und haucht dem Künftigen das Leben ein.
Du Schöpfer Deines Spiels vom Leben und vom Tod,
Dein Antlitz voll Erbarmen hinter Schleiern ist verhüllt,
auch das bist Du, oh Herr.

So wie Wasser sich in Wolken wandelt und
als Regen niederfällt, durchlief ich
Myriaden von Geburten, nicht wissend, was ich war,
nicht wissend, was ich werde sein.
In allen Gestalten komme ich und gehe,
nicht kenn' ich Geburt, nicht kenne ich Tod.

***

Auf dem Marktplatz dieser Welt
wand're ich umher – wohin geht mein Schritt?
Aus dem Land des purpurrötenden Morgens
brachte ich meine Schätze von weit her.
Den anderen zur Schau, entfalt ich mein Bündel,
schwankenden Sinnes betrachten sie es
und wissen nicht, was sie wollen.

***

Auf diesem seltsamen Stern verbringe ich meine Tage.
Die Spur der Schritte hinter mir vergessend,
kenn' ich nicht den Pfad, den ich nun gehen werde.
Welche der Vielen ist meine himmlische Heimat,
die ich zurückgelassen am hochglitzernden Himmelsgewölbe?

***

Die murmelnden Bäche und singenden Flüsse
eilen hinab zum Strom, nur um zu enden
in der unendlichen Heimat des Meeres.
So eil' ich zu Dir durch die Täler
und über die Hügel Deiner Schöpfung,
die Schranken durchbrechend,
werde ich Eins mit Dir: Du Endloser!
werde ich Eins mit Dir: Du Ewiger!
werde ich Eins mit Dir: Du Immerwährender!

***

Wenn ich Deinen Namen singe, oh Gott, mein Herr,
dann löst mein Herz seine Fesseln,
und rudernd befind ich mich
auf Wassern, die keine Ufer netzen.

***

Mit eignen Händen webe ich mein Schicksal
und trage das Bündel meiner Pflichten.
In fremden Landen wand're ich als Fremder.
Beladen mit Verlangen komme ich
und bin gestärkt mit Hoffnung.
Oft sitze ich still, wenn sich des Lebens Tore schließen,
und werfe einen langen Blick zurück.

***

Lang ist die Wanderung, die vor mir liegt,
unzählbare Wege habe ich zurückgelegt,
und viele Welten habe ich durchwandert.
Trunken von der Schönheit Deiner Schöpfung,
habe ich auf manchem Stern geschlafen.

***

Mit dem ewigen Hauch des Himmels in meinem Busen
kennt mein Leben weder Anfang noch Ende.

***